AF813353

Gesetz
über das Wohnungseigentum und das Dauerwohnrecht
(Wohnungseigentumsgesetz)

vom 15. 3. 51 (Bundesgesetzbl. I S. 175)

Abkürzungsverzeichnis

Bä = Bärmann, WEG, München-Berlin (C. H. Beck) 1951
Ba = Baur, in Soergel, BGB, 8. Aufl., III. Bd., S. 215ff., Stuttgart-Köln (Kohlhammer) 1955
D = Diester, WEG, Köln (Dr. Schmidt) 1952
Ho = Hoche in Palandt, BGB, 15. Aufl., S. 1788ff., München-Berlin (C. H. Beck) 1956
Hu = Hubernagel, WEG, Stuttgart (Schäffer & Co.) 1952
We = Westermann in Erman, BGB, Münster/Westf. (Aschendorff) 1952
W-W = Weitnauer-Wirths, WEG, 2. Aufl., Berlin (Vahlen) 1955
Begr. = Amtliche Begründung zum Regierungsentwurf (1950), abgedr. bei Bä S. 152ff. und Hu S. 166ff.

In den Erläuterungen bezeichnen die Zahlen hinter den Abkürzungen die Anmerkungen zu den behandelten Paragraphen bei den angeführten Verfassern

Aus dem sonstigen Schrifttum:

Bärmann, Formularbuch zum WEG, München-Berlin (C. H. Beck) 1952
—, Zur Dogmatik des gemeinen Raumeigentums. AcP 155 (1956), 1ff.
Dulckeit, Die Verdinglichung obligatorischer Rechte, Tübingen (C. B. Mohr) 1951
Friese-Mai, WEG, Frankfurt a. M. (Kommentator-Verlag) 1951
Glaser, Wohnungseigentum und Dauerrecht in der Praxis, JR 55, 95f.
Haegele, Zur bisherigen Rechtsprechung über Wohnungseigentum und Dauerwohnrecht, Rpfl. 55, 175ff.
Paulick, Zur Dogmatik des Wohnungseigentums nach dem WEG, AcP 152 (1952/53) 420ff.
Wesenberg, Der Inhalt des Wohnungseigentums, DRiZ 51, 123
F. W. Koch, Die Rechtsnatur des Wohnungseigentums, Diss. Köln 1955
Weiteres Schrifttum siehe bei W-W S. XIVff. und D S. XVff.

Einleitung

Übersicht

I. Zwecke des WEG. Das WEG bezweckt

1. in wohnungswirtschaftlicher Hinsicht: der als Folge des 2. Weltkriegs entstandenen ungeheuren Wohnungs- und Raumnot dadurch zu steuern, daß es **a)** dem eine Wohnung Suchenden, der Mietraum heute in der Regel nur unter Leistung eines oft erheblichen und vielfach als sog.

„verlorener Zuschuß" zu zahlenden Baukostenzuschusses erlangen kann, eine Verwendung seines hierzu erforderlichen Kapitals ermöglicht, die ihn rechtlich bei weitem günstiger stellt als einen Mieter, **b)** auf diese Weise zu vermehrtem Bau von Wohnungen und anderen Räumen anreizt;

2. in städtebaulicher Hinsicht: Kleinkapital vor allem dem Wiederaufbau der zerstörten Stadtkerne, daneben aber auch dem Neubau von Siedlungen nutzbar zu machen.

II. Mittel hierzu. Die zu I. erwähnten Zwecke sucht das WEG auf zwei verschiedenen Wegen zu erreichen:

1. Raumeigentum. Unter Durchbrechung des aus dem römischen Recht (superficies solo cedit) in das BGB (§§ 93, 94) übernommenen Grundsatzes, daß ein Gebäude als wesentlicher Bestandteil des Grundstücks, auf dem es errichtet ist, dessen rechtliches Schicksal teilt und an realen Teilen des Gebäudes nicht verschiedene Eigentumsrechte bestehen können, gibt das WEG die Möglichkeit, Sondereigentum an Räumen und Bestandteilen eines Gebäudes (Wohnungseigentum, Teileigentum, Wohnungserbbaurecht, Teilerbbaurecht) zu begründen (§§ 1ff.).

2. Nutzungsrecht besonderer Art. In Anlehnung an das Wohnungsrecht des BGB (§ 1093) schafft das WEG ein besonderes dingliches Nutzungsrecht (Dauerwohnrecht, Dauernutzungsrecht) an Räumen eines Gebäudes, das im Gegensatz zum Wohnungsrecht veräußerlich und vererblich ist und wirtschaftlich entweder mietähnlichen oder eigentumsähnlichen Charakter haben kann (Vorbem. V vor § 31 WEG).

III. Stockwerkseigentum

1. Entwicklung. Das WEG knüpft an eine Einrichtung an, die im Gegensatz zum römischen Recht das mittelalterliche deutsche Recht in dem sog. „Stockwerkseigentum" („Geschoßeigentum", „Herbergsrecht") entwickelt und die sich trotz der ungünstigen Erfahrungen, die man mit ihm — vor allem infolge seiner unzureichenden gesetzlichen Regelung — gemacht hat, in gewissem Umfange bis heute erhalten hat (hierüber eingehend D S. 23ff.). Außerdem wurden bei der Schaffung des WEG die zahlreichen ausländischen Vorbilder berücksichtigt (vgl. W-W, Vorbem. 6—8 zum I. Teil; D S. 32ff.).

2. Regelung im EGBGB. Das BGB selbst kennt das Stockwerkseigentum nicht. Das EGBGB läßt es als landesrechtliche Einrichtung bestehen; dabei wird zwischen „echtem" und „uneigentlichem" Stockwerkseigentum unterschieden.

a) Echtes Stockwerkseigentum kann nach Art. 189 Abs. 1 Satz 3 EGBGB seit dem 1. 1. 00 nicht mehr begründet werden, bleibt aber nach Art. 182 bestehen, soweit es in diesem Zeitpunkte bestanden hat; das Rechtsverhältnis der Beteiligten bestimmt sich dann nach den bisherigen Landesgesetzen, die auch durch Landesgesetz geändert werden können (Art. 218).

b) Uneigentliches Stockwerkseigentum ist nach Art. 131 EGBGB das Miteigentum an einem mit einem Gebäude versehenen Grundstück, wenn jedem Miteigentümer die ausschließliche Benutzung eines Teiles des Gebäudes eingeräumt ist (vgl. § 1010 BGB); es ist als Ersatz für das im BGB fehlende echte Stockwerkseigentum gedacht. Landesrechtliche Vorschriften, die für solche Fälle das Gemeinschaftsverhältnis näher bestimmen, die Anwendung der §§ 749—751 BGB (Unabdingbarkeit des Anspruchs auf Aufhebung der Gemeinschaft) ausschließen und bei Konkurs eines Miteigentümers auch dem Konkursverwalter den Aufhebungsanspruch (§ 16 Abs. 2 KO) versagen, bleiben vom BGB unberührt, können also auch neu erlassen werden (Art. 3 EGBGB). Das daraufhin im Lande Württemberg-Baden erlassene Gesetz über das Miteigentum nach Wohneinheiten vom 12. 6. 50 (RegBl. S. 57) ist durch Gesetz des Landes Baden-Württemberg vom 16. 2. 53 (GBl. S. 9) wiederaufgehoben worden, doch sind die aufgehobenen Vorschriften auf die nach ihnen begründeten Rechte weiterhin anzuwenden. Bayern (Art. 42 des Übergangsgesetzes) hat das bestehende echte Stockwerkseigentum in uneigentliches umgewandelt, aber keine Vorschriften über die Neubegründung uneigentlichen Stockwerkseigentums erlassen.

3. Überleitung. Das WEG läßt die Vorschriften des EGBGB über das (echte und uneigentliche) Stockwerkseigentum unberührt, doch ermächtigt es die Länder, durch Landesgesetz Vorschriften zur Überleitung bestehender, auf Landesrecht beruhender Rechtsverhältnisse in die Rechtsformen des WEG zu treffen, sieht auch kostenrechtliche Erleichterungen für solche Umwandlungen in die neuen Rechtsformen vor (§ 63 WEG).

IV. Terminologie des WEG

1. Allgemeines. Die im WEG verwendeten Rechtsbegriffe bieten dem Verständnis zunächst gewisse Schwierigkeiten. Diese beruhen im wesentlichen darauf, daß das Gesetz **a)** aus wohnungspolitischen Gründen die Rechte an Wohnungen in den Vordergrund stellt, obwohl für Räume, die nicht zu Wohnzwecken dienen, grundsätzlich die gleichen Vorschriften gelten (§ 1 Abs. 5, § 30 Abs. 1, § 31 Abs. 3), so daß in der Regel nur die Wohnungen erwähnt, in Wirklichkeit aber auch Räume anderer Art gemeint werden, ohne daß dies durch Verwendung eines gemeinsamen Oberbegriffs ersichtlich wird; **b)** zur Bezeichnung der Rechtsbegriffe verschiedentlich Ausdrücke verwendet, deren Wortsinn ihrer juristischen Bedeutung nicht entspricht.

2. Einzelheiten. Hinzuweisen ist auf folgendes:

a) Die Überschrift des Gesetzes erwähnt nur das Wohnungseigentum (§ 1 Abs. 2) und das Dauerwohnrecht (§ 31 Abs. 1), während das Gesetz außerdem auch das Teileigentum (§ 1 Abs. 3), das Dauernutzungsrecht (§ 31 Abs. 2), das Wohnungserbbaurecht und das Teilerbbaurecht (§ 30) behandelt. Deutlicher war hier die Überschrift des Regierungsentwurfs vom 22.9.50: „Gesetz über das Sondereigentum und das Sondernutzungsrecht an Wohnungen und anderen Gebäudeteilen" (vgl. D § 31 A 4).

b) Der Ausdruck „Wohnungseigentum" ist insofern zu eng, als er nicht nur das Eigentum an Wohnungen umfaßt, sondern das Miteigentum an einem Grundstück bezeichnet, das durch Einräumung von Sondereigentum an einer Wohnung für jeden Miteigentümer besonders ausgestaltet ist (§ 1 Abs. 2, § 3 Abs. 1).

c) Der Ausdruck „Teileigentum" ist insofern zu weit, als er nicht erkennen läßt, daß hier nur das (mit dem Miteigentum am Grundstück verbundene) Sondereigentum an Räumen (und Gebäudeteilen), die nicht zu Wohnzwecken dienen, gemeint ist, während er seinem Wortsinn nach auch das Wohnungseigentum umfaßt (vgl. § 1 zu E III).

d) Ein Oberbegriff für Wohnungs- und Teileigentum fehlt. Im Interesse der juristischen Klarheit ist ein solcher indessen unentbehrlich. Im folgenden wird hierfür deshalb der Ausdruck „Raumeigentum" („Raumeigentümer") verwendet.

e) Für die Ausdrücke „Wohnungserbbaurecht" und „Teilerbbaurecht" gilt das zu b) und c) Gesagte entsprechend. Als gemeinsamer Oberbegriff wird im folgenden der Ausdruck „Raumerbbaurecht" gebraucht.

f) Der Ausdruck „Dauernutzungsrecht" ist zu weit, weil er das besondere Nutzungsrecht an Räumen nicht allgemein, sondern nur an solchen Räumen erfassen soll, die nicht zu Wohnzwecken dienen (§ 31 Abs. 2); er bildet keinen logischen Gegensatz zu dem Ausdruck „Dauerwohnrecht", der wiederum zu eng ist, weil er (entgegen seinem Wortsinn) ein Nutzungsrecht, nicht nur ein Wohnrecht bezeichnen soll. Als gemeinsamer Oberbegriff für beide wird im folgenden der Ausdruck „Dauerrecht" verwendet, weil der an sich besser zutreffende Ausdruck „Dauernutzungsrecht" schon für das entsprechende Recht an nicht zu Wohnzwecken dienenden Räumen verbraucht ist (s. Vorbem. I 2 vor § 31).

3. Übersicht. Danach ergibt sich für die Terminologie des Gesetzes folgendes Schema:

(Oberbegriff)	Wohnungen:	Nicht zu Wohnzwecken dienende Räume:
(Raumeigentum)	Wohnungseigentum	Teileigentum
(Raumerbbaurecht)	Wohnungserbbaurecht	Teilerbbaurecht
(Dauerrecht)	Dauerwohnrecht	Dauernutzungsrecht

V. Geltungsgebiet des WEG

1. Das WEG gilt in der Bundesrepublik Deutschland und in West-Berlin (Gesetz vom 2. 8. 51, GVBl S. 547).

2. Im Saarland gilt ein besonderes, dem WEG im wesentlichen nachgebildetes Gesetz über Wohnungseigentum und Dauerwohnrecht (WEG) vom 13. 6. 52 (ABl. S. 686).

I. Teil

Wohnungseigentum

Vorbemerkungen

Die Überschrift „Wohnungseigentum" deckt den Inhalt des Ersten Teils des Gesetzes nur teilweise, denn dieser behandelt außer dem Wohnungseigentum auch das Teileigentum (§ 1 Abs. 5) sowie das Wohnungs- und das Teilerbbaurecht (§ 30), also insgesamt Eigentums- und Erbbaurecht an Räumen und steht insofern im Gegensatz zum Zweiten Teil, der die Vorschriften über das besondere Nutzungsrecht (Dauerwohnrecht und Dauernutzungsrecht) enthält.

Der **Erste Teil** gliedert sich folgendermaßen:

I. Eigentum an Räumen (Wohnungs- und Teileigentum):
  1. Begriffsbestimmungen (§ 1)
  2. Gestaltung des Raumeigentums (Abschnitte 1—3):

a) Begründung (1. Abschn. §§ 2—9),
b) Gemeinschaft der Raumeigentümer (2. Abschn. §§ 10—19),
c) Verwaltung des gemeinschaftlichen Eigentums (3. Abschn. §§ 20—29).

II. Erbbaurecht an Räumen (Wohnungs- und Teilerbbaurecht, 4. Abschn. § 30).

§ 1

Begriffsbestimmungen

(1) Nach Maßgabe dieses Gesetzes kann an Wohnungen das Wohnungseigentum, an nicht zu Wohnzwecken dienenden Räumen eines Gebäudes das Teileigentum begründet werden.

(2) Wohnungseigentum ist das Sondereigentum an einer Wohnung in Verbindung mit dem Miteigentumsanteil an dem gemeinschaftlichen Eigentum, zu dem es gehört.

(3) Teileigentum ist das Sondereigentum an nicht zu Wohnzwecken dienenden Räumen eines Gebäudes in Verbindung mit dem Miteigentumsanteil an dem gemeinschaftlichen Eigentum, zu dem es gehört.

(4) Gemeinschaftliches Eigentum im Sinne dieses Gesetzes sind das Grundstück sowie die Teile, Anlagen und Einrichtungen des Gebäudes, die nicht im Sondereigentum oder im Eigentum eines Dritten stehen.

(5) Für das Teileigentum gelten die Vorschriften über das Wohnungseigentum entsprechend.

Übersicht

A. Raumeigentum im allgemeinen

I. Wohnungs- und Teileigentum. Das Raumeigentum besteht entweder an Wohnungen (Wohnungseigentum) oder an nicht zu Wohnzwecken dienenden Räumen eines Gebäudes (Teileigentum). Da das Gesetz keinen Oberbegriff (Raumeigentum) für beide verwendet, spricht es von beiden Arten des Raumeigentums gesondert. Rechtlich sind aber Wohnungseigentum und Teileigentum das gleiche; sie unterscheiden sich nur durch die Zweckbestimmung der Räume, an denen sie bestehen. Das kommt im Gesetz dadurch zum Ausdruck, daß § 1 Abs. 1—4 zunächst das Wohnungseigentum und das Teileigentum begrifflich bestimmt und dann im Abs. 5 ausspricht, daß die Vorschriften über das Wohnungseigentum entsprechend für das Teileigentum gelten; danach bezieht sich alles, was in den Abschnitten 1—3 des I. Teils über das Wohnungseigentum gesagt ist, unterschiedslos auf das Raumeigentum überhaupt.

II. Eigentumscharakter des Raumeigentums. Beim Raumeigentum handelt es sich um wirkliches — wenn auch durch die notwendige Rücksichtnahme der Raumeigentümer aufeinander in gewisser Hinsicht beschränktes — Eigentum, nicht etwa nur um ein beschränktes dingliches Recht an den Räumen wie beim Dauerwohn- oder Dauernutzungsrecht (§§ 31—42) oder um eine beschränkte persönliche Dienstbarkeit am Grundstück wie beim Wohnungsrecht nach § 1093 BGB. Damit wird der Eigentumsbegriff des BGB erweitert. Dieses kennt nur ein Eigentum an Sachen (§ 903), d. h. körperlichen Gegenständen (§ 90); Räume werden zwar insoweit wie Sachen behandelt, als sie Gegenstand eines Teilbesitzes (§ 865) oder schuldrechtlicher Verhältnisse (§ 580) sein können, doch sind an ihnen weder Eigentum noch beschränkte dingliche Rechte möglich (§§ 93—96). Etwas Gegenteiliges ergibt sich auch nicht aus § 905 BGB, der nur ein beschränktes Recht des Bodeneigentümers, Einwirkungen im Luftraum zu verbieten, begründet, aber kein Eigentum an Räumen gewährt (Prot. II 3 S. 122). Indem das WEG Eigentum (§ 1 Abs. 1) und beschränkte dingliche Rechte (§ 31) an Räumen anerkennt, behandelt es für seinen Bereich die Räume grundsätzlich wie Sachen i. S. des BGB (vgl. Wesenberg DRiZ 51, 123, dessen Auffassung des Raumeigentums als Untereigentum jedoch abzulehnen ist; hierzu D Anh. zu § 5 Nr. 8, § 13 A 4).

B. Raumeigentum als gemischtes Eigentum

I. Allgemeines. Der Begriff des Raumeigentums (Wohnungs- und Teileigentum) i. S. des WEG ist weiter, als der Wortsinn des Ausdrucks besagt: er meint nicht nur das Alleineigentum des Raumeigentümers an den Räumen, sondern auch seinen Miteigentumsanteil an dem Grundstück und den Gebäudeteilen, die im gemeinschaftlichen Eigentum aller Raumeigentümer eines Gebäudes stehen. Es treffen also im Raumeigentum, wie schon beim alten Stockwerkseigentum überwiegend angenommen wurde, zwei „Eigentumssphären" (Begr. I zu § 3) zusammen, nämlich das Alleineigentum des einzelnen Raumeigentümers an den ihm gehörigen Räumen und sein Bruchteilseigentum an den im Miteigentum aller Raumeigentümer stehenden und ihrem gemeinsamen Gebrauch dienenden Gegenständen (Grundstück und Gebäudeteile). Das WEG nennt das allen Raumeigentümern nach Bruchteilen zustehende Miteigentum (§ 1008 BGB) „gemeinschaftliches Eigentum", das jedem Raumeigentümer an den ihm gehörigen Räumen zustehende Alleineigentum — zum Unterschied vom Alleineigentum des einzigen Eigentümers eines Grundstücks — „Sondereigentum". Man hat also beim Begriff des Raumeigentums zu unterscheiden: 1. das Raumeigentum im engeren Sinne, d. h. das Sondereigentum des Raumeigentümers an den ihm gehörigen Räumen und Gebäudeteilen, und 2. das Raumeigentum im weiteren Sinne, d. h. die Vereinigung dieses Sondereigentums mit dem Anteil am gemeinschaftlichen Eigentum. Das WEG verwendet die Begriffe „Wohnungseigentum" und „Teileigentum" nur im zweiten (weiteren) Sinne; wenn es das Raumeigentum im ersten (engeren) Sinne meint, spricht es stets von „Sondereigentum".

II. Rechtsnatur des Raumeigentums im weiteren Sinne. Wenn das WEG im § 1 Abs. 2 u. 3 die Verbindung von Sondereigentum und Miteigentumsanteil schlechthin als „Wohnungseigentum" oder „Teileigentum" bezeichnet und in der Begriffsbestimmung das Sondereigentum als erstes Glied der Verbindung nennt, so geht es von der wirtschaftlichen Betrachtungsweise aus, bei der das Sondereigentum an den Räumen im Vordergrunde steht und der neuen (gemischten) Eigentumsform ihr eigentliches Gepräge gibt; das entspricht auch der herkömmlichen Ausdrucksweise, wie sie schon beim Stockwerkseigentum üblich war. Juristisch gesehen ist dagegen der Miteigentumsanteil das Primäre: was das Raumeigentum i. w. S. kennzeichnet, ist die Möglichkeit, das Miteigentum mehrerer Personen an einem Grundstück in der Weise zu beschränken, daß jedem Miteigentümer (abweichend von § 93 BGB) das Sondereigentum an bestimmten Räumen eines auf dem Grundstück errichteten oder zu errichtenden Gebäudes eingeräumt wird (§ 3 Abs. 1). Das Raumeigentum i. w. S. ist daher juristisch nichts anderes als ein besonders ausgestaltetes Miteigentum am Grundstück (Begr. I zu § 3). Zwischen § 1 Abs. 2 u. 3 einerseits und § 3 Abs. 1 besteht daher nur ein Unterschied in der Betrachtungsweise, aber kein „dogmatischer Widerspruch", wie Bärmann (NJW 51, 292) meint (vgl. auch D § 3 A 6). Die auf diesem Unterschied der Betrachtungsweise beruhende Unklarheit des Gesetzestextes (s. § 1008 BGB A 3e) löst sich für die juristische Konstruktion in dem hier ausgeführten Sinne (vgl. Begr. IV zu § 3).

III. Untrennbarkeit der Verbindung von Sondereigentum und Miteigentumsanteil. Diese Verbindung bildet ein einheitliches untrennbares Ganzes, kann daher nicht in ihre beiden Bestandteile aufgelöst werden. Rechte an dem Miteigentumsanteil erstrecken sich auch auf das Sondereigentum, und dieses kann nicht ohne den Miteigentumsanteil veräußert oder belastet werden (§ 6).

C. Gemeinschaftliches Eigentum

Der gegenständliche Umfang des gemeinschaftlichen Eigentums wird negativ durch den des Sondereigentums bestimmt: gemeinschaftliches Eigentum ist alles, was nicht Sondereigentum ist. Eine klare Trennung zwischen den Gegenständen beider Eigentumssphären ist zur Vermeidung von Streitigkeiten unbedingt erforderlich.

I. Gegenstände des gemeinschaftlichen Eigentums

1. Grundstück. In erster Linie gehört hierher das Grundstück, auf dem das Gebäude errichtet ist oder errichtet werden soll, und zwar das Grundstück im grundbuchrechtlichen Sinne (§ 3 Abs. 1 GBO), also nicht nur die Bodenfläche, auf der das Gebäude steht, sondern auch die unbebaute Fläche des Grundstücks (Höfe, Hausgärten, Lagerplätze, Trockenplätze u. a.). Kein Teil des Grundstücks darf dem gemeinschaftlichen Eigentum entzogen und zu Sondereigentum eines Raumeigentümers erklärt werden. Die unbebauten Grundstücksteile brauchen aber nicht der unmittelbaren Nutzung durch die Gesamtheit der Raumeigentümer zu unterliegen, sondern können auch (an einzelne Miteigentümer oder Dritte) verpachtet oder gemäß § 15 einzelnen Miteigentümern mit dinglicher Wirkung zur ausschließlichen Benutzung überlassen werden.

2. Gebäudeteile. Gemeinschaftliches Eigentum sind ferner die Teile, Anlagen und Einrichtungen des Gebäudes, die nicht im Sondereigentum eines Raumeigentümers oder (soweit es sich nicht um wesentliche Bestandteile — §§ 93, 94 BGB — des Gebäudes handelt, **RG** 158, 367) im Eigentum eines Dritten stehen (§ 1 Abs. 4). Zum gemeinschaftlichen Eigentum gehören daher

a) solche Teile, Anlagen und Einrichtungen des Gebäudes, die nicht Gegenstand des Sondereigentums sein können, selbst wenn sie sich im Bereich der im Sondereigentum stehenden Räume befinden (§ 5 Abs. 2), nämlich

aa) die Teile des Gebäudes, die für dessen Bestand oder Sicherheit erforderlich sind, wie Fundamente, tragende Mauern und Balkenkonstruktionen, Dach, Schornsteine,

bb) die Anlagen und Einrichtungen, die dem gemeinschaftlichen Gebrauch der Sondereigentümer dienen, wie insbesondere Treppenflure und Treppenaufgänge, Fahrstühle, Anlagen für die Versorgung mit Wasser, Gas, elektrischem Strom, Waschküchen, Trockenräume usw.,

b) Räume, die zwar Gegenstand des Sondereigentums sein können, aber nicht vertraglich zu Sondereigentum erklärt worden sind oder hinsichtlich derer das Sondereigentum nachträglich aufgehoben worden ist,

c) Gebäudebestandteile, die trotz ihrer Verbindung mit Räumen, die im Sondereigentum stehen, vertraglich zu gemeinschaftlichem Eigentum erklärt worden sind (§ 5 Abs. 3).

3. Nebengebäude. Garagen, Remisen, Lagerschuppen, Waschküchen, Werkstätten u. dgl., die sich auf dem gemeinschaftlichen Grundstück befinden, gehören als wesentliche Bestandteile des Grundstücks (§ 94 BGB) grundsätzlich zum gemeinschaftlichen Eigentum, doch kann Sondereigentum an ihnen unter denselben Voraussetzungen wie beim Hauptgebäude eingeräumt werden, und zwar nicht nur in Verbindung mit dem Sondereigentum an Räumen des Hauptgebäudes, sondern auch selbständig (D 10a, § 5 A 3).

4. Verwaltungsvermögen. Gemeinschaftliches Eigentum sind auch die Nutzungen und das Verwaltungsvermögen (D 14; Bä § 11 A 8; Ho § 27 A 2; a. M. W-W 4a und § 27 A 17; vgl. unten § 11 zu I 2c).

II. Abdingbarkeit

1. Unabdingbar ist das gemeinschaftliche Eigentum am Grundstück und den Teilen, Anlagen und Einrichtungen des Gebäudes, die nicht Gegenstand von Sondereigentum sein können (s. o. zu C I 2a).

2. Abdingbar ist das gemeinschaftliche Eigentum an den übrigen Bestandteilen des Hauptgebäudes und etwaiger Nebengebäude. Insoweit spricht die Vermutung zunächst für gemeinschaftliches Eigentum; steht jedoch fest, daß hinsichtlich bestimmter Räume Sondereigentum vereinbart ist, so spricht die Vermutung für das Sondereigentum auch an den zu den Räumen gehörenden Gebäudebestandteilen, soweit nicht die Begründung von Sondereigentum an ihnen nach § 5 Abs. 2 ausgeschlossen ist.

III. Rechtsnatur. Das gemeinschaftliche Eigentum ist Miteigentum nach Bruchteilen i. S. von § 1008 BGB und steht allein Raumeigentümern — und nur diesen (§ 3 Abs. 1) — ungeteilt an allen ihm unterliegenden Gegenständen zu; insbesondere ist eine rechtliche Trennung des Eigentums am Grundstück und des Eigentums am Gebäude oder seinen Bestandteilen unzulässig. Der Umfang des jedem Miteigentümer zustehenden Bruchteils wird durch Vereinbarung der Miteigentümer bestimmt. Besonders geregelt ist das Verhältnis der Raumeigentümer zueinander im 2. Abschn. (§§ 10—19), die Verwaltung des gemeinschaftlichen Eigentums im 3. Abschn. (§§ 20—29).

D. Sondereigentum

I. Begründung. Sondereigentum i. S. des WEG setzt stets eine Miteigentümergemeinschaft an einem Grundstück und dem darauf stehenden Gebäude voraus; da dies bei einer Heimstätte nicht zutrifft, kann hier kein Sondereigentum und daher auch kein Wohnungseigentum begründet werden (D 16; a. M. Bä § 30 A 4). Das Sondereigentum muß durch ausdrückliche Vereinbarung und für jeden Miteigentümer und kann nur an Räumen des Gebäudes begründet werden. Zur Begründung von Sondereigentum sind also mindestens zwei Personen als Miteigentümer des Grundstücks erforderlich.

II. Gegenstände

1. In erster Linie gehören hierher **die Räume selbst,** an denen das Sondereigentum begründet worden ist, d. h. der Luftraum, der durch Wände, Decke und Fußboden begrenzt ist; Sondereigentum soll nur eingeräumt werden, wenn die Räume in sich abgeschlossen sind (§ 3 Abs. 2).

2. Darüber hinaus unterliegen dem Sondereigentum die zu den Räumen gehörenden **Gebäudebestandteile,** die verändert, beseitigt oder eingefügt werden können, ohne daß dadurch das gemeinschaftliche Eigentum oder ein auf Sondereigentum beruhendes Recht eines anderen Raumeigentümers über das nach § 14 zulässige Maß hinaus beeinträchtigt oder die äußere Gestaltung des Gebäudes verändert wird (§ 5 Abs. 1). Dem Sondereigentum unterliegen jedoch nicht

a) die hiernach dem Sondereigentum unterwerfbaren, zu den Räumen gehörenden Gebäudebestandteile, soweit sie durch ausdrückliche Vereinbarung der Raumeigentümer dem gemeinschaftlichen Eigentum zugewiesen sind (§ 5 Abs. 3),

b) diejenigen Gebäudeteile, Anlagen und Einrichtungen, die sich zwar im Bereich der im Sondereigentum stehenden Räume befinden, aber nach § 5 Abs. 2 nicht Gegenstand des Sondereigentums sein können.

III. Inhalt

1. Das Sondereigentum ist **wirkliches Eigentum** i. S. des § 903 BGB, aber durch die notwendige Rücksichtnahme auf die übrigen Mitglieder der Raumeigentümer-Gemeinschaft gewissen Einschränkungen unterworfen (§ 14). Abweichend von § 93 BGB ist es ein besonderes Recht an wesentlichen Bestandteilen eines Gebäudes.

2. Zum Inhalt des Sondereigentums können auch **Vereinbarungen** über das Verhältnis der Raumeigentümer zueinander (2. u. 3. Abschn.) gemacht werden (§ 5 Abs. 4).

IV. Akzessorietät. Rechtlich ist das Sondereigentum ein Anhängsel des dem Raumeigentümer zustehenden Miteigentumsanteils, dessen Schicksal es teilt und als dessen Bestandteil i. S. des § 96 BGB es anzusehen ist (We 2; Ba 1a, § 6 A 1a; abweichend Bä I, § 6 A a. E., der Akzessorietät zwischen beiden Eigentumsarten annimmt; einschränkend D § 3 A 3—6, Anh. zu § 5 A 4).

E. Wohnungs- und Teileigentum

I. Allgemeines. Das Raumeigentum ist entweder Wohnungseigentum oder Teileigentum. Gemeinsam ist beiden Arten des Raumeigentums die Verbindung von Sondereigentum an Räumen mit dem Miteigentumsanteil am gemeinschaftlichen Eigentum und die Vorschrift, daß die Räume, an denen das Sondereigentum besteht, in sich abgeschlossen sein sollen; ein Unterschied zwischen beiden besteht nur hinsichtlich der Zweckbestimmung der im Sondereigentum stehenden Räume. Rechtlich ist zwischen beiden Arten des Raumeigentums kein Unterschied, da für beide dieselben Vorschriften gelten (§ 1 Abs. 5). Juristisch spielt die Unterscheidung daher keine Rolle. Auch die Verteilung von Wohnungs- und Teileigentum ist beliebig: in einem Hause können alle Räume zu Wohnungseigentum, in einem anderen Hause können alle Räume zu Teileigentum, in einem dritten Hause können die Räume teils zu Wohnungs-, teils zu Teileigentum vergeben sein; es ist auch möglich, daß nur ein Teil der Räume eines Hauses zu Wohnungs- oder Teileigentum vergeben, ein anderer Teil aber gemeinschaftliches Eigentum der Raumeigentümer geblieben ist.

II. Wohnungseigentum ist nach der Begriffsbestimmung im § 1 Abs. 2 das Sondereigentum an einer Wohnung i. V. mit dem Miteigentum an dem gemeinschaftlichen Eigentum, zu dem es gehört. Der Begriff der „Wohnung" ergibt sich aus den gem. § 59 WEG erlassenen Richtlinien für die Baubehörden vom 3. 8. 51 (Gem. Min. Bl. 51, 79): „Eine Wohnung ist die Summe der Räume, welche die Führung eines Haushaltes ermöglichen, darunter stets eine Küche oder ein Raum mit Kochgelegenheit. Zu einer Wohnung gehören außerdem Wasserversorgung, Ausguß und Abort. Die Eigenschaft als Wohnung geht nicht dadurch verloren, daß einzelne Räume vorübergehend oder dauernd zu beruflichen oder gewerblichen Zwecken benutzt werden." Nicht erforderlich ist, daß die Wohnung die Führung eines Familienhaushaltes ermöglicht; es kann sich auch um den Haushalt einer Einzelperson handeln. An Räumen, die zu Wohnzwecken dienen, aber die angegebenen Erfordernisse einer „Wohnung" nicht erfüllen, kann weder Wohnungs- noch Teileigentum begründet werden.

III. Teileigentum

1. Begriff. Nach § 1 Abs. 3 ist „Teileigentum" das Sondereigentum an nicht zu Wohnzwecken dienenden Räumen eines Gebäudes in Verbindung mit dem Miteigentumsanteil an dem gemeinschaftlichen Eigentum, zu dem es gehört. Das ist etwas wesentlich anderes als Eigentum an Teilen eines Gebäudes. Eigentum an Teilen eines Gebäudes ist auch das Wohnungseigentum, so daß zwischen den Ausdrücken „Wohnungseigentum" und „Teileigentum" nach ihrem Wortsinn kein Gegensatz, sondern ein Unterordnungsverhältnis besteht. Der Ausdruck „Teileigentum" ist sogar weiter als der Ausdruck „Raumeigentum", weil er das Sondereigentum nicht auf Räume beschränkt, sondern an Gebäudeteilen überhaupt zuläßt. Der gesetzliche Begriff des Teileigentums ist also viel enger als dessen Wortsinn (vgl. auch von Gierke, Zeitschr. f. d. ges. Handelsrecht u. Konkursrecht 52, 147).

2. Unterschied vom Wohnungseigentum. Das Teileigentum unterscheidet sich vom Wohnungseigentum nur dadurch, daß die Räume, die dem Sondereigentum unterliegen, anderen als Wohnzwecken dienen. Die Zwecke, denen diese Räume dienen, sind also lediglich negativ begrenzt; sie können insbesondere sein: **a)** gewerblicher Art, z. B. Betrieb einer Werkstatt, eines Ladengeschäfts, einer Klinik, einer Pension, eines Musikkonservatoriums, einer Handelsschule; **b)** beruflicher Art, z. B. Ausübung einer Praxis als Arzt, Zahnarzt, Rechtsanwalt, Steuerberater, Wirtschaftsprüfer u. dgl., Benutzung als Atelier eines Malers, eines Architekten, eines Bildhauers, eines Fotografen usw.; **c)** Verwendung als Lagerraum, Magazin, Garage u. dgl.; **d)** Benutzung als Büroraum, Kanzlei, Kontor u. a.

IV. Verbindung von Wohnungs- und Teileigentum. Möglich ist auch, daß die im Sondereigentum eines Raumeigentümers stehenden Räume teils Wohnräume sind, teils anderen als Wohnzwecken dienen, z. B. bei Verbindung einer Rechtsanwalts- oder Arztwohnung mit den Praxisräumen, der Wohnung eines Handwerkers mit seiner Werkstatt. Dann ist das Raumeigentum sowohl Wohnungs- wie Teileigentum; ein Unterschied in der rechtlichen Behandlung beider Arten von Räumen ist auch hier nicht vorhanden.

1. Abschnitt

Begründung des Wohnungseigentums

Der 1. Abschnitt regelt nicht nur die Begründung, sondern auch die Aufhebung und das Erlöschen des Raumeigentums, ferner Gegenstand und Inhalt des Sondereigentums und die grundbuchliche Behandlung des Raumeigentums.

§ 2

Arten der Begründung

Wohnungseigentum wird durch die vertragliche Einräumung von Sondereigentum (§ 3) oder durch Teilung (§ 8) begründet.

§ 2 bezeichnet einleitend die beiden Arten, auf die Raumeigentum begründet werden kann, nämlich,

1. wenn das Grundstück im Miteigentum mehrerer Personen steht: vertragliche Einräumung von Sondereigentum durch die Miteigentümer (§ 3),

2. wenn das Grundstück im Alleineigentum einer Person steht: einseitige Teilungserklärung des Grundstückseigentümers (§ 8).

§ 3

Vertragliche Einräumung von Sondereigentum

(1) Das Miteigentum (§ 1008 des Bürgerlichen Gesetzbuches) an einem Grundstück kann durch Vertrag der Miteigentümer in der Weise beschränkt werden, daß jedem der Miteigentümer abweichend von § 93 des Bürgerlichen Gesetzbuches

das Sondereigentum an einer bestimmten Wohnung oder an nicht zu Wohnzwecken dienenden bestimmten Räumen in einem auf dem Grundstück errichteten oder zu errichtenden Gebäude eingeräumt wird.

(2) Sondereigentum soll nur eingeräumt werden, wenn die Wohnungen oder sonstigen Räume in sich abgeschlossen sind.

Übersicht

A. Rechtsnatur des Raumeigentums

I. Grundlegung

1. Raumeigentum als besonders ausgestaltetes Miteigentum. Aus § 3 Abs. 1 ergibt sich die rechtliche Konstruktion des Raumeigentums als Verbindung von Sondereigentum und Miteigentumsanteil des Raumeigentümers zu einer rechtlichen Einheit (§ 1 Abs. 2 und 3) in der Weise, daß das Sondereigentum nur ein Anhängsel (accessorium, a. M. Riedel JZ 51, 625 A 2) des Miteigentumsanteils, das Raumeigentum also ein besonders ausgestaltetes Miteigentum ist (Begr. I). Das Miteigentum i. S. von § 1008 BGB ist wirkliches Eigentum, keine Eigentumsbelastung (§ 1008 BGB A 2); es steht einer Gemeinschaft nach Bruchteilen (§ 741 BGB) zu und gibt als Bruchteilseigentum dem einzelnen Miteigentümer nur einen ideellen Anteil an dem gemeinschaftlichen Gegenstande, eine reale Teilung ist nicht möglich. Während das WEG an dem Grundsatz des § 94 Abs. 1 Satz 1 BGB festhält, daß das Gebäude wesentlicher Bestandteil des

Grundstücks ist und daher als Ganzes nicht Gegenstand anderer als am Grundstück bestehender Rechte sein kann, weicht es von der Vorschrift des § 93 BGB, daß an wesentlichen Bestandteilen des Gebäudes keine besonderen Rechte möglich sind, insofern ab, als es an Räumen und dazu gehörenden wesentlichen Bestandteilen des Gebäudes Sondereigentum der Miteigentümer zuläßt. In dieser Abweichung liegt die besondere Ausgestaltung des Miteigentums durch das WEG. Indem das WEG das Sondereigentum als Anhängsel des Miteigentums am Grundstück und am Gebäude gestaltet, beschränkt es die bei Zulassung von Raumeigentum unvermeidliche Durchbrechung des Grundsatzes des § 93 BGB auf ein Mindestmaß (Begr. III 4; Weitnauer JZ 51, 163; W-W Vorbem. 17 zum I. Teil; D 4 Abs. 1). Vgl. auch § 1 zu B II.

2. Sondereigentum als Beschränkung des Miteigentums

a) Grundsatz. Wie das Sondereigentum für den Raumeigentümer, dem es zusteht, ein Anhängsel und damit eine Erweiterung seines Miteigentumsanteils darstellt, so bedeutet es für die übrigen Raumeigentümer einen Ausschluß ihres Miteigentums an den dem Sondereigentum des Raumeigentümers unterliegenden Räumen und Gebäudebestandteilen. Diese Verengerung des Miteigentumsbereichs der übrigen Raumeigentümer bezeichnet § 3 Abs. 1 als „Beschränkung" des Miteigentums (Begr. IV). Die Einräumung des Sondereigentums bedeutet also — anders als vertragliche Bestimmungen nach § 1010 BGB — keine Belastung der anderen Miteigentumsanteile, ist daher auch im Grundbuch nicht als Belastung, sondern als Beschränkung dieser Miteigentumsanteile einzutragen (§ 7 zu II 1d). Nicht zwingend ist die Ansicht (Friese NJW 51, 510; vgl. auch Riedel JZ 51, 625 A 2; Ba 1a), daß hier keine Beschränkung des Miteigentums vorliege, weil dieses an einem realen Teil seines Gegenstandes aufgehoben werde; nicht nur eine qualitative Inhaltsverringerung, sondern auch die quantitative Verringerung eines Rechts kann als dessen (gegenständliche) Beschränkung angesehen werden.

b) Folgerungen. Daraus, daß die Einräumung des Sondereigentums keine Belastung, sondern nur eine Beschränkung der übrigen Miteigentumsanteile ist, ergibt sich:

aa) Die Einräumung des Sondereigentums bedarf auch dann keiner Genehmigung, wenn diese für die Belastung des Grundstücks vorgeschrieben ist (D 7 a. E.; a. M. Hornig DNotZ 51, 201).

bb) Die Frage nach einem Rangverhältnis zwischen Sondereigentum und Belastungen des Grundstücks kann nicht auftreten; daher ist die Freiheit des Grundstücks von dinglichen Belastungen bei Einräumung von Sondereigentum nicht erforderlich (Begr. IV).

II. Folgerungen aus der Rechtsnatur des Raumeigentums

1. Eigentumscharakter. Das Raumeigentum ist wirkliches Eigentum (wobei allerdings § 903 BGB uneingeschränkt nur für das Sondereigentum gilt, § 13 Abs. 1; D § 13 A 4). Es ist daher vererblich, veräußerlich, teilbar und belastbar und unterliegt der Immobiliarzwangsvollstreckung. Siehe hierzu unten III—V.

2. Miteigentumscharakter. Als besonders ausgestaltetes Miteigentum ist das Raumeigentum jedoch grundsätzlich den Vorschriften des BGB über das Miteigentum (§§ 1008—1011) unterworfen, soweit nicht das in ihm enthaltene Sondereigentum an realen Teilen des Gebäudes Ausnahmen erfordert oder das WEG Abweichendes bestimmt. Daraus ergibt sich:

a) Im Verhältnis der Raumeigentümer zueinander ist jeder Raumeigentümer zum Mitgebrauch des gemeinschaftlichen Eigentums nach Maßgabe der §§ 14, 15 berechtigt. An den sonstigen Nutzungen des gemeinschaftlichen Eigentums gebührt ihm ein Anteil nach Maßgabe des § 16 (§ 13 Abs. 2).

b) Dritten gegenüber kann jeder Raumeigentümer die Ansprüche aus dem gemeinschaftlichen Eigentum (z. B. auf Berichtigung des Grundbuchs, Feststellung des Eigentums aller Miteigentümer, aus Besitz nach den §§ 861, 1007 BGB) geltend machen, jedoch die Herausgabe nur an alle Raumeigentümer verlangen (§§ 1011, 432 BGB). Gegen die anderen Raumeigentümer hat er nur die Ansprüche aus seinem Raumeigentumsrecht.

c) Ansprüche gegen Sondernachfolger. Nach § 1010 Abs. 2 BGB können die in den §§ 755, 756 BGB bestimmten Ansprüche von Raumeigentümern gegen den Sondernachfolger eines anderen Raumeigentümers geltend gemacht werden, wenn sie im Grundbuch eingetragen sind (s. § 10 zu I 3f). § 1010 Abs. 1 BGB ist durch die §§ 10ff. WEG ersetzt.

d) Grundstücksbelastung zugunsten eines Raumeigentümers. Das Grundstück kann auch zugunsten eines Raumeigentümers belastet werden (§ 1009 BGB).

III. Belastung des Raumeigentums

1. Bereits bestehende Belastungen

a) Rechte am Grundstück:

aa) Hypotheken, die bei Einräumung des Sondereigentums am Grundstück bestehen, werden durch die Teilung zu Gesamthypotheken an den (zu Raumeigentumsrechten ausgebildeten) Miteigentumsanteilen (Begr. IV); so die Rechtspr. und h. M. zu §§ 1114, 1132 BGB, wonach § 1132 BGB auch bei Teilung des belasteten Eigentums in Miteigentumsanteile verschiedener Personen anzuwenden ist (BGB § 1132 A I a), so daß der Gläubiger nach seinem Belieben aus allen oder einzelnen Miteigentumsanteilen Befriedigung suchen kann. Die in der Ausgestaltung zum Raumeigentum liegende Änderung des Inhalts des Miteigentums berührt die Hypothek nicht, sondern läßt sie als Gesamthypothek am Raumeigentum weiterbestehen; Zustimmung des Hypothekengläubigers ist daher nicht erforderlich (Begr. IV; OLG Stuttgart NJW 54, 682 und Eigenwohner 54 Nr. 5 S. 3 mit ablehnender A Werhahn; D § 4 A 8, § 8 A 8; W-W 16 — 16c, § 9 A 5; Bä § 4 A 3; Hu § 4 A 3b; We 7; Ho § 4 A 1; a. M. Riedel MDR 52, 404; Werhahn JZ 53, 498, DNotZ 54, 252; Hesse-Saage-Fischer GBO § 19 A III 1a; Horber MDR 56, 63). Entsprechend ist es, wenn nicht das Grundstück als Ganzes, sondern die Miteigentumsanteile als solche mit einer Gesamthypothek belastet sind (W-W 18; OLG Stuttgart a. a. O.). Das gleiche wie für Hypotheken gilt für Grund- und Rentenschulden und für Reallasten (§§ 1192, 1200, 1106).

bb) Andere dingliche Rechte (z. B. Dienstbarkeiten oder Vorkaufsrechte), mit denen das Gesamtgrundstück belastet ist, stehen der Bildung von Miteigentum und, sofern sie nicht die Errichtung eines Gebäudes auf dem Grundstück hindern, der Ausgestaltung der Miteigentumsanteile zu Raumeigentum nicht entgegen und werden hierdurch nicht berührt. Handelt es sich jedoch um eine Dienstbarkeit, die auf einen im Sondereigentum stehendem Gebäudeteil beschränkt ist (z. B. ein dingliches Wohnungsrecht nach § 1093 BGB, Lichtrechte, Durchgangsrechte, Dauerwohn- oder Dauernutzungsrechte), so besteht sie nur an dem Raumeigentum fort, dem dieser Gebäudeteil unterliegt; die übrigen Raumeigentumsrechte sind von der Belastung frei (W-W 21; a. M. Riedel MDR 52, 403).

b) Rechte am Miteigentumsanteil. Ist ein Miteigentumsanteil bei Einräumung des Sondereigentums bereits selbständig mit einem Recht belastet, so hindert das seine Ausgestaltung zu Raumeigentum nicht; die hierin liegende inhaltliche Änderung des Miteigentumsanteils bedarf aber nach §§ 876, 877 BGB der Zustimmung des dinglich Berechtigten; ebenso ist bei Belastung des dinglichen Rechts mit dem Recht eines Dritten dessen Zustimmung notwendig (Begr. zu § 4 Abs. 2).

2. Neubelastungen

a) Das Grundstück als Ganzes kann durch gemeinschaftliche Verfügung aller Raumeigentümer (§ 747 Satz 2 BGB) mit dinglichen Rechten belastet werden, und zwar auch zugunsten eines Raumeigentümers (§ 1009 BGB). Bei Belastung des Grundstücks mit einer Hypothek entsteht eine Gesamthypothek an den Raumeigentumsrechten (§ 1008 BGB A 2; Begr. IV; vgl. oben zu III 1 a, aa).

b) Als Miteigentumsanteil kann auch das einzelne Raumeigentum selbständig belastet werden, und zwar mit einem Grundpfandrecht (§§ 1114, 1192, 1199 BGB), einer Reallast (§ 1106 BGB), einem Nießbrauch (§ 1066 BGB) oder einem dinglichen Vorkaufsrecht (§ 1095 BGB), aber — anders als ein gewöhnlicher ideeller Miteigentumsanteil (s. BGB § 1008 A V B b) — auch mit einer Dienstbarkeit (Grunddienstbarkeit oder beschränkten persönlichen Dienstbarkeit), z. B. einem dinglichen Wohnungsrecht nach § 1093 BGB oder einem Dauerwohn- oder Dauernutzungsrecht (s. § 31 zu II 1 a), weil die im Sondereigentum stehenden realen Gebäudeteile hierfür die Möglichkeit bieten (Begr. III 3; W-W 35; D 16 und 18, S. 88, 90), dagegen nicht mit einem Erbbaurecht. Das Raumeigentum wird folgerichtig auch als „herrschendes Grundstück“ für eine Grunddienstbarkeit angesehen werden können (W-W und D a. a. O.; vgl. Bärmann DNotZ 50, 267). Die Belastung der Raumeigentumsrechte mit Grundpfandrechten ist für die Raumeigentümer wirtschaftlich günstiger als die Belastung des Grundstücks im ganzen (W-W 31—34; D Anh. zu § 3).

IV. Veräußerung des Raumeigentums

1. Veräußerungsbefugnis. Aus § 747 Satz 1 BGB ergibt sich die Verfügungsbefugnis des Raumeigentümers über seinen Miteigentumsanteil; nach § 6 Abs. 2 WEG wird durch die Verfügung auch das dazugehörende Sondereigentum erfaßt. Durch Vereinbarung der Raumeigentümer kann jedoch die Veräußerungsbefugnis von der Zustimmung anderer Raumeigentümer oder eines Dritten abhängig gemacht werden (§ 12). Auch eine Teilveräußerung ist rechtlich möglich (BGB § 747 A 1), erfordert aber außer der Teilung des ideellen Miteigentumsanteils eine reale Teilung der im Sondereigentum des Veräußerers stehenden Gebäudeteile und die Wahrung der Abgeschlossenheit (§ 3 Abs. 2) der geteilten Räume (Weitnauer DNotZ 51, 491; W-W 27; D 16).

2. Form der Veräußerung. Sie richtet sich nach den §§ 925, 925a BGB, erfordert also Auflassung unter Vorlegung oder gleichzeitiger Einrichtung der nach § 313 Satz 1 erforderlichen Vertragsurkunde und Eintragung im Grundbuch (§ 20 GBO).

3. Genehmigungserfordernisse. Soweit die Veräußerung des Grundstücks gerichtlicher oder behördlicher Genehmigung bedarf (§ 1821 Abs. 1 Nr. 1, 4 und 5, §§ 1643, 1686, 1690 BGB;

§ 4 des Gesetzes über die Aufschließung von Wohnsiedlungsgebieten vom 22. 9. 33/27. 9. 38, RGBl. I 1933, 659; 1938, 1246), ist diese Genehmigung auch für die Veräußerung des Raumeigentums notwendig (LG München, BayNotVMit. 54, 1118). Eine Preisüberwachung (VO vom 7. 7. 42, RGBl. I, 451) findet nur statt, wenn das Gebäude noch nicht errichtet ist, da es sich andernfalls um ein bebautes Grundstück handelt, dessen Veräußerung von der Preisbindung befreit ist (VO PR 75/52 vom 28. 11. 52, BGBl. I 792). Ist das veräußerte Raumeigentum mit einer Hypothek belastet und soll der Erwerber die persönliche Schuld übernehmen, so ist dazu Genehmigung des Gläubigers erforderlich (§ 416 BGB).

4. Übertragung auf eine Bruchteilsgemeinschaft. Nach herrschender Rspr. (KGJ 51, 198; OLG 10, 416; 20, 407; BayObLGZ 18, 161) kann an einem gewöhnlichen Miteigentumsanteil keine Bruchteilsgemeinschaft begründet werden, vielmehr werden bei ideeller Teilung eines Miteigentumsanteils die Erwerber anteilige Miteigentümer der ganzen gemeinschaftlichen Sache. Am Raumeigentum wird aber eine Bruchteilsgemeinschaft (die dann allerdings eine gewöhnliche Gemeinschaft nach §§ 741ff. BGB, nicht eine Raumeigentümergemeinschaft i. S. des WEG ist) zuzulassen sein, da hier das Sondereigentum an realen Gebäudeteilen eine Grundlage für sie bietet (vgl. § 25 Abs. 2 Satz 2; Anlage 1 Abt. I zur Verfügung vom 1. 8. 51, BAnz. Nr. 152; Riedel JZ 51, 625ff.; W-W 36; D 12a; Ho 3; Hu 12; vgl. auch **BGH** 13, 133 [141]; a. M. Bä 7; We § 1 A 6). So kann z. B. an bestimmten Räumen Sondereigentum gewährt werden, ohne daß es einem Raumeigentümer oder einem Dritten übertragen wird; dann bilden sämtliche Raumeigentümer insoweit eine gewöhnliche Bruchteilsgemeinschaft (D § 7 A 1a und b). Daß das Raumeigentum einer Gemeinschaft zur gesamten Hand oder einer juristischen Person zustehen kann, ist nicht zweifelhaft.

V. Zwangsvollstreckung

1. Die Vollstreckung in das Raumeigentum als einen besonders ausgestalteten Miteigentumsanteil vollzieht sich wie die in einem gewöhnlichen Miteigentumsanteil an einem Grundstück (§ 864 Abs. 2 ZPO) nach den Vorschriften über die Zwangsvollstreckung in das unbewegliche Vermögen (§ 866 ZPO), also durch Zwangsversteigerung oder Zwangsverwaltung nach dem ZVG oder Eintragung einer Sicherungshypothek. Die Zwangsverwaltung wird jedoch meist unzweckmäßig sein, weil nach § 149 Abs. 1 ZVG dem Schuldner, der zur Zeit der Beschlagnahme auf dem Grundstück wohnt, die für seinen Hausstand unentbehrlichen Räume zu belassen sind und daher Erträgnisse aus diesen für die Verwaltung im allgemeinen nicht zur Verfügung stehen werden. Für eine Gesamtschuld aller Raumeigentümer kann eine Sicherungshypothek statt der Verteilung nach § 867 Abs. 2 ZPO auch als Gesamthypothek an allen Raumeigentumsrechten eingetragen werden; das ist nur dann ausgeschlossen, wenn lediglich ein Schuldner vorhanden ist, dem mehrere Raumeigentumsrechte an demselben Gebäude zustehen (Stein-Jonas-Schönke ZPO § 867 A V 3; W-W 39; D 27).

2. Wegen der **Vollstreckung eines Urteils aus § 19 WEG** s. dort und § 53.

3. Unpfändbarkeit des Raumeigentums. Obwohl § 751 Satz 2 BGB (vgl. auch Art. 131 EGBGB) von der Pfändbarkeit des Anteils an einer Bruchteilsgemeinschaft ausgeht, muß doch die Zulässigkeit der Pfändung eines Miteigentumsanteils an einem Grundstück (und damit auch des Raumeigentums) nach § 857 ZPO verneint werden, weil dieser Anteil nicht zum beweglichen Vermögen gehört (BGB § 751 A 2; Stein-Jonas-Schönke ZPO § 864 A II; Baumbach-Lauterbach ZPO § 864 A 2; vgl. auch KG OLG 40, 410). Zulässig ist dagegen die Pfändung der aus der Gemeinschaft erwachsenen schuldrechtlichen Ansprüche (einschließlich eines Anspruchs auf Aufhebung der Gemeinschaft, sofern ein solcher auf Grund einer Vereinbarung nach § 11 Abs. 1 Satz 3 besteht). Hierzu gehören aber (mit Ausnahme von Auseinandersetzungsansprüchen) nicht Ansprüche auf den Reinertrag (§ 16 Abs. 1) und der Anteil an den gemeinschaftlichen Geldern (§ 27 Abs. 4), weil es sich insoweit um gemeinschaftliches Eigentum handelt (Bä § 11 A 8; D 28; § 11 A 6; § 16 A 3; a. M. W-W § 16 A 4; § 27 A 17).

B. Begründung des Raumeigentums durch Vertrag

I. Inhalt und Rechtsnatur des Vertrages

1. Inhalt. Von den beiden Arten der Begründung von Raumeigentum — Vertrag der Miteigentümer oder einseitige Teilungserklärung eines Alleineigentümers — behandelt § 3 die erste, während die zweite im § 8 geregelt ist. Vertraglich entsteht Raumeigentum dadurch, daß jedem Miteigentümer eines Grundstücks von den übrigen Miteigentümern Sondereigentum an bestimmten Räumen des darauf stehenden Gebäudes eingeräumt wird. Inhalt des Vertrages ist daher die Erweiterung des Miteigentumsanteils eines jeden Miteigentümers am Gesamtgrundstück durch Umwandlung in Sondereigentum an bestimmten Teilen des auf dem Grundstück errichteten oder zu errichtenden Gebäudes zu Lasten der übrigen Miteigentümer. Hinsichtlich dieser Gebäudeteile tritt an die Stelle der bisherigen ideellen eine reale Teilung. Wie diese reale

Teilung das Recht des begünstigten Miteigentümers erweitert, so bedeutet sie für die übrigen Miteigentümer eine Beschränkung ihrer Miteigentumsanteile. In den Vertrag können auch Vereinbarungen der Vertragsteile nach § 10 Abs. 1 Satz 2 aufgenommen werden.

2. Rechtsnatur. Da die teilweise Umwandlung von Miteigentum in Sondereigentum eine unmittelbare Rechtsänderung ist, hat sie den Charakter einer Verfügung der Miteigentümer über ihre Anteilsrechte. Der Vertrag ist also ein dinglicher Vertrag (Einigung) und bedarf, da er Verfügungen über Rechte an Grundstücken enthält, besonderer Form. Hinzukommen muß die Eintragung der Rechtsänderung im Grundbuch; erst mit ihr wird die Verfügung wirksam und kann das Sondereigentum und damit das Raumeigentum entstehen (s. hierzu § 4). Von dem dinglichen Vertrage (§ 3) scharf zu trennen ist das Verpflichtungsgeschäft, auf dem die Verpflichtung der Miteigentümer zum Abschluß des dinglichen Vertrages beruht (s. hierzu unten V).

II. Voraussetzungen

1. Miteigentum am Grundstück

a) Bruchteilsgemeinschaft. Die Einräumung von Sondereigentum an Räumen eines Gebäudes setzt voraus, daß das Grundstück, auf dem das Gebäude errichtet ist oder errichtet werden soll, im Miteigentum (§§ 1008 ff. BGB) mehrerer (also mindestens von zwei) Personen steht, daß diese Personen mithin eine Gemeinschaft nach Bruchteilen (§§ 741 ff. BGB) bilden. Das ist notwendig, damit die Bruchteile im Grundbuch eingetragen und selbständig belastet werden können. Es genügt daher nicht, daß an dem Grundstück eine Gemeinschaft zur gesamten Hand (Gesellschaft, eheliche Gütergemeinschaft, Erbengemeinschaft) besteht; eine solche müßte zuvor in eine Bruchteilsgemeinschaft umgewandelt werden. Die Umwandlung einer Gemeinschaft in eine Raumeigentümergemeinschaft durch Einräumung von Sondereigentum ist keine Aufhebung der Gemeinschaft durch Teilung in Natur i. S. von § 752 BGB (OLG München JZ 53, 148; Raiser ebenda; W-W 23a). Darüber, daß auch eine Bruchteilsgemeinschaft Miteigentümerin sein kann, s. oben zu A IV 4.

b) Größe der Bruchteile. Hierüber enthält das WEG keine Vorschriften; ihre Bestimmung ist daher der Vereinbarung der Miteigentümer überlassen. Insbesondere ist nicht erforderlich, daß die Bruchteile einander gleich sind oder daß sie den Mietwerten der in Sondereigentum zu überführenden Räume entsprechen. Nach § 742 BGB ist im Zweifel anzunehmen, daß den Miteigentümern gleiche Anteile zustehen; diese Vermutung hat aber für das WEG keine praktische Bedeutung, weil die Größe der Bruchteile dem Grundbuchamt urkundlich nachgewiesen werden muß (BGB § 742 A).

c) Gleichzeitige Begründung von Mit- und Sondereigentum. Daß das Grundstück bereits bei Abschluß des dinglichen Vertrages im Miteigentum der Vertragsteile steht, ist nicht erforderlich; es genügt, wenn die Vertragsteile zugleich mit der Einräumung des Sondereigentums als Miteigentümer im Grundbuch eingetragen werden, weil hiermit die in dem dinglichen Vertrage getroffene Verfügung der (zunächst hierzu nicht berechtigten) Vertragsteile nach § 185 BGB von Anfang an wirksam wird (KGJ 32 A 241; W-W 4; D 9; Riebandt-Korfmacher GemWoW 51, 385).

2. Vertragsteile. An der Einigung über die Einräumung des Sondereigentums müssen alle Miteigentümer beteiligt werden, weil sie damit alle über ihre Miteigentumsanteile verfügen; Zustimmung aller Miteigentümer ist erforderlich (OLG München NJW 52, 1297). Darüber hinaus muß nach § 3 Abs. 1 jedem Miteigentümer Sondereigentum eingeräumt werden; alle Miteigentümer sind also an der Einigung sowohl als Gebende wie als Nehmende beteiligt. Unzulässig ist es danach, daß nur einem Teil der Miteigentümer Sondereigentum eingeräumt wird; wenn ein Alleineigentümer eines Grundstücks einem anderen Miteigentum am Grundstück und Sondereigentum an bestimmten Räumen des darauf stehenden Gebäudes einräumt, so muß ihm selbst Sondereigentum an den restlichen Räumen oder einem Teil von ihnen bestellt werden (W-W 6; D 10).

3. Gebäude

a) Vor dem 20. 3. 51 errichtete Gebäude. Da Sondereigentum nur an Räumen und den dazu gehörenden Bestandteilen eines Gebäudes, nicht aber an unbebauten Flächen eines Grundstücks gewährt werden kann, setzt die Einräumung von Sondereigentum ein Gebäude voraus. Nicht erforderlich ist, daß das Gebäude erst nach Inkrafttreten des WEG (20. 3. 51) errichtet worden ist; auch an Räumen in Gebäuden, die damals bereits bestanden haben, kann Sondereigentum begründet werden, wenn diese Räume in sich abgeschlossen sind (W-W 10).

b) Bei Vertragsschluß noch nicht errichtete Gebäude. Es ist auch nicht nötig, daß das Gebäude bei Abschluß des dinglichen Vertrages oder bei Eintragung des Sondereigentums im Grundbuch bereits fertiggestellt ist; vielmehr genügt es, daß die Errichtung des Gebäudes (oder der Um- oder Ausbau eines bestehenden Gebäudes, D 14c) in Aussicht genommen ist und der Aufteilungsplan (§ 7 Abs. 4 Nr. 1) für das Gebäude vorliegt; in diesem Falle entsteht mit dem

Abschluß des dinglichen Vertrages nur ein Anwartschaftsrecht der Vertragsteile auf den Erwerb des ihnen eingeräumten Sondereigentums. Sehr zweifelhaft aber ist, wann das Sondereigentum selbst entsteht. Nach der Begründung II zu § 3 (ebenso W-W 11; Riedel MDR 51, 468; vgl. auch Riebandt-Korfmacher GemWoW 51, 387) erwachsen mit dem fortschreitenden Aufbau des Gebäudes die jeweils in Betracht kommenden Gebäudeteile in Sondereigentum, während Diester (A 14ff.) annimmt, daß das Sondereigentum an allen hierfür vorgesehenen Räumen einheitlich erst mit der Fertigstellung des ganzen Gebäudes entsteht. Der ersten Ansicht wird zuzustimmen sein, obwohl gegen sie schwerwiegende praktische Bedenken bestehen; auf sie verweist Diester a. a. O. mit Recht, doch dürfte seine Annahme, die von ihm bekämpfte Ansicht widerspreche dem Grundsatz, daß entweder alle Bruchteilseigentümer Raumeigentümer werden könnten oder keiner (s. oben zu B II 2), nicht zutreffen, weil in der Fassung des § 3 Abs. 1 schon die Anwartschaft als Sondereigentum bezeichnet wird (Riedel a. a. O.). Zweckmäßig werden in allen Fällen, in denen das Gebäude bei Abschluß des Vertrages noch nicht vollständig errichtet ist, eingehende Vereinbarungen über die Rechte der Raumeigentümer — namentlich auch für den Fall der Nichtausführung des Baues — getroffen. Außerdem ist alles, was die Ausführung des Baues betrifft, in einem (formlos gültigen) Bauvertrage zu regeln. Über Fragen, die sich aus dem Gesetz über die Sicherung von Bauforderungen vom 1. 6. 09 ergeben, s. Meyer JZ 54, 143.

c) Teilweise Aufteilung des Gebäudes. Nicht sämtliche Räume eines Gebäudes brauchen in Sondereigentum aufgeteilt zu werden, vielmehr können auch in sich abgeschlossene Raumeinheiten (z. B. Wohnungen) im gemeinschaftlichen Eigentum der sämtlichen Raumeigentümer verbleiben. Ebenso ist möglich, daß einem Miteigentümer des Grundstücks Sondereigentum an mehreren in sich abgeschlossenen Raumeinheiten gewährt wird. Erforderlich ist nur, daß jeder Miteigentümer des Grundstücks überhaupt Sondereigentum erhält (W-W 13; D 13).

d) Mehrheit von Gebäuden. Auch in mehreren Gebäuden, die auf einem Grundstück errichtet sind oder errichtet werden sollen, können Räume zum Gegenstand von Sondereigentum gemacht werden, und zwar kann für alle oder einzelne Raumeigentümer, denen Sondereigentum an Räumen des Hauptgebäudes zusteht, Sondereigentum auch an bestimmten Räumen eines Nebengebäudes (z. B. Garage) eingeräumt, es kann aber auch an Räumen eines Nebengebäudes oder eines weiteren Hauptgebäudes selbständig Sondereigentum begründet werden, ohne daß der Sondereigentümer auch Sondereigentum an Räumen des Hauptgebäudes oder der übrigen Hauptgebäude hat; Voraussetzung ist nur, daß er Miteigentümer des Grundstücks ist (Bä 8; W-W 14a; D § 5 A 3ff.). Die nicht im Sondereigentum stehenden Teile aller Gebäude des Grundstücks gehören dann zum gemeinschaftlichen Eigentum aller Raumeigentümer.

4. Räume

a) Beschränkung des Sondereigentums auf Räume und Gebäudeteile. Nur Räume können den Gegenstand von Sondereigentum bilden. Damit sind unbebaute ebenso wie bebaute Grundstücksflächen vom Sondereigentum ausgeschlossen, grundsätzlich aber auch Gebäudeteile, die nicht zu den in sich abgeschlossenen Raumeinheiten gehören; dagegen fallen Gebäudebestandteile, die sich im Bereich der im Sondereigentum stehenden Räume befinden, grundsätzlich ebenfalls unter das Sondereigentum. S. hierzu § 5.

b) Teilung. Die im Sondereigentum eines Raumeigentümers stehenden Räume können auch geteilt und unter ideeller Teilung des Miteigentumsanteils in Teilen veräußert werden. Voraussetzung ist dabei aber, daß neue, in sich abgeschlossene Raumeinheiten entstehen.

c) Getrennte Räume. Zulässig, wenn auch wenig zweckmäßig, ist es, Wohnräume und andere, von der Wohnung getrennte Räume (z. B. Läden oder sonstige Geschäftslokale) zu einer Raumeinheit zusammenzuschließen, so daß beide Arten von Räumen zu einem einheitlichen Wohnungs- und Teileigentum gehören (D 13; einschränkend W-W 9a); die steuerrechtliche Behandlung solcher Fälle s. zu §§ 61, 62. Davon verschieden sind die Fälle, in denen eine Wohnung mit Geschäftsräumen oder Geschäftsräume mit einem Wohnraum verbunden sind; im ersten Falle liegt nur Wohnungseigentum, im zweiten nur Teileigentum vor (Ba § 1 A 3).

5. Abgeschlossenheit

a) Grundsatz. Nach § 3 Abs. 2 sollen die Räume, an denen Sondereigentum eingeräumt wird, in sich abgeschlossen sein. Diese Forderung ist besonders wichtig, weil eine klare Abgrenzung des Sondereigentums vom gemeinschaftlichen Eigentum die erste Voraussetzung für die Vermeidung nachbarlicher Streitigkeiten ist, wie sie das alte Stockwerkseigentum in Verruf gebracht haben; auch für die grundbuchmäßige Behandlung und die besondere Belastbarkeit des Raumeigentums ist diese Abgrenzung unbedingt erforderlich.

b) Erfordernisse. Was unter Raumeinheiten, die „in sich abgeschlossen" sind, zu verstehen ist, bestimmt für Wohnungen und sinngemäß für Räume, die nicht zu Wohnzwecken dienen, Nr. 5 der Richtlinien vom 3. 8. 51 (BAnz. Nr. 152): „Abgeschlossene Wohnungen sind solche Wohnungen, die baulich vollkommen von fremden Wohnungen und Räumen abgeschlossen sind, z. B. durch Wände und Decken, die den Anforderungen der Bauaufsichtsbehörden (Baupolizei) an Wohnungstrennwände und Wohnungstrenndecken entsprechen und einen eigenen abschließbaren Zugang unmittelbar vom Freien, von einem Treppenhaus oder einem Vorraum haben. Zu abgeschlossenen Wohnungen können zusätzliche Räume außerhalb des Wohnungsabschlusses gehören. Auch Wasserversorgung, Ausguß und Abort können außerhalb der Wohnungen liegen. Zusätzliche Räume, die außerhalb des Wohnungsabschlusses liegen, müssen verschließbar sein. Zu jeder Wohnung muß ein eigener Abort gehören." Danach müssen also insbesondere Keller- und Bodenräume abgeteilt und verschließbar sein. Die Begründung (VI) hatte folgende Erfordernisse aufgestellt: „Freie Zugänglichkeit der Wohnung vom gemeinschaftlichen Eigentum aus ohne Berührung des Sondereigentums eines anderen Wohnungseigentümers, Abschließbarkeit, das Vorhandensein einer eigenen Küche für jede Wohnung, Selbständigkeit in bezug auf Zähleinrichtungen für Gas und Elektrizität. Bezüglich der Nebengelasse (Keller, Speicher) wird zu verlangen sein, daß diese Räume, die nicht in unmittelbarem räumlichem Zusammenhang mit der Wohnung stehen können, wenigstens für sich abgeteilt und verschließbar sind; andernfalls werden sie nicht Gegenstand des Sondereigentums sein können, allenfalls käme eine Benutzungsregelung i. S. der §§ 15 Abs. 1, 10 Abs. 2 in Betracht."

c) Nachweis gegenüber dem Grundbuchamt. § 3 Abs. 2 enthält nur eine Sollvorschrift. Bevor das Grundbuchamt das Sondereigentum im Grundbuch eintragen kann (§ 7 Abs. 1), muß ihm jedoch die Abgeschlossenheit der für das Sondereigentum vorgesehenen Räume durch eine Bescheinigung der Baubehörde nachgewiesen werden (§ 7 Abs. 4, Nr. 2). Ist in dieser Bescheinigung die Abgeschlossenheit der Räume zu Unrecht bezeugt — was insbesondere vorkommen kann, wenn die Bescheinigung auf Grund des Bauplans erteilt ist und die spätere Bauausführung von dem Bauplan abweicht — oder hat das Grundbuchamt das Sondereigentum ohne Vorlage der Bescheinigung eingetragen (wodurch es sich allerdings u. U. nach § 839 BGB haftbar macht), so ist das Sondereigentum trotzdem wirksam entstanden; seine Rechtswirksamkeit kann nicht auf Grund des § 3 Abs. 2 bezweifelt werden.

III. Abschluß des dinglichen Vertrages

1. Form. Der dingliche Vertrag (§ 3 Abs. 1), d. h. die (nach § 873 Abs. 2 BGB für die Vertragsteile verbindliche) Einigung über die Einräumung des Sondereigentums (§ 4 Abs. 1), bedarf der für die Auflassung (§ 925 Abs. 1 BGB) vorgeschriebenen Form (§ 4 Abs. 2 Satz 1). S. § 4 zu I 3.

2. Bedingungsfeindlichkeit. Wie die Auflassung (§ 925 Abs. 2 BGB) kann die Einräumung des Sondereigentums nicht unter einer Bedingung oder Zeitbestimmung erklärt werden (§ 4 Abs. 2 Satz 2).

3. Nichtigkeit und Anfechtbarkeit. Insofern gelten die Vorschriften des BGB. Eine entsprechende Anwendung der reichsgerichtlichen Rechtsprechung, nach der die Anfechtung oder die Berufung auf die Nichtigkeit eines nach außen bereits in Vollzug gesetzten Gesellschaftsvertrages ausgeschlossen ist (BGB § 705 A 4 Abs. 3), auf die Gemeinschaft der Raumeigentümer (so Riebandt-Korfmacher GemWoW 51, 386; W-W 6a; zweifelnd D 18a) erscheint angebracht.

IV. Wirkungen

1. Zeitpunkt. Der Abschluß des dinglichen Vertrages (§ 3 Abs. 1) begründet zunächst nur eine Anwartschaft der Vertragsteile auf den Erwerb des Sondereigentums und damit auch des Raumeigentums. Die vollen Wirkungen des Vertrages treten erst ein **a)** mit der Eintragung des Sondereigentums im Grundbuch, wenn in diesem Zeitpunkte das Gebäude vollständig errichtet ist, **b)** andernfalls jeweils mit der Fertigstellung der als Sondereigentum vorgesehenen Räume (s. o. zu B II 3 b).

2. Inhalt. Mit dem Wirksamwerden des dinglichen Vertrages entsteht **a)** Sondereigentum an den jedem Raumeigentümer hierfür bestimmten Räumen, **b)** eine Gemeinschaft aller Raumeigentümer i. S. der §§ 10ff. an Stelle der bisherigen gewöhnlichen Miteigentümergemeinschaft nach §§ 1008ff. BGB.

V. Verpflichtungsgeschäft. Die Verpflichtung zur Einräumung von Sondereigentum kann auf einem schuldrechtlichen Vertrage oder auf einer Verfügung von Todes wegen beruhen. Es ist aber auch möglich, daß die Miteigentümer eines Grundstücks unmittelbar den dinglichen Vertrag nach § 3 Abs. 1 schließen, ohne daß ihm ein formelles Verpflichtungsgeschäft vorausgegangen ist.

1. Schuldrechtlicher Vertrag. Der Alleineigentümer eines Grundstücks kann sich vertraglich verpflichten, einem anderen Miteigentum am Grundstück und Sondereigentum an Räumen in dem darauf errichteten oder zu errichtenden Gebäude einzuräumen; steht das Grundstück bereits in Miteigentum, so können die Miteigentümer sich verpflichten, einander Sondereigentum an bestimmten Räumen des Gebäudes einzuräumen. Solche schuldrechtlichen Verträge bedürfen gerichtlicher oder notarieller Beurkundung (§ 4 Abs. 3).

2. Verfügung von Todes wegen. Die Verpflichtung zur Einräumung von Sondereigentum kann auch durch Verfügung von Todes wegen begründet werden, und zwar entweder durch Vermächtnis in der Weise, daß ein Grundstückseigentümer einem anderen eine in sich abgeschlossene Raumeinheit in seinem Hause vermacht — dann muß der Erbe durch Vertrag oder durch Teilung (§ 8) dem Vermächtnisnehmer Miteigentum am Grundstück und Sondereigentum an der vermachten Raumeinheit einräumen — oder durch Teilungsanordnung in der Weise, daß den Erben die Auflage gemacht wird, ihr Gesamthandeigentum in ein Bruchteilseigentum umzuwandeln und einander gemäß § 3 an bestimmten Räumen Sondereigentum einzuräumen.

§ 4

Formvorschriften

(1) Zur Einräumung und zur Aufhebung des Sondereigentums ist die Einigung der Beteiligten über den Eintritt der Rechtsänderung und die Eintragung in das Grundbuch erforderlich.

(2) Die Einigung bedarf der für die Auflassung vorgeschriebenen Form. Sondereigentum kann nicht unter einer Bedingung oder Zeitbestimmung eingeräumt oder aufgehoben werden.

(3) Für einen Vertrag, durch den sich ein Teil verpflichtet, Sondereigentum einzuräumen oder aufzuheben, gilt § 313 des Bürgerlichen Gesetzbuches entsprechend.

Übersicht

I. Vertragliche Begründung des Raumeigentums

1. Begriffliche Abgrenzung. § 4 Abs. 1 u. 2 behandelt nur den dinglichen Vertrag über die Begründung (und die Aufhebung) des Raumeigentums durch Einigung über die Einräumung (und Aufhebung) des Sondereigentums. Die Begründung des Raumeigentums ist zu unterscheiden **a)** von der Begründung des Miteigentums an dem Grundstück, das die Voraussetzung für die Entstehung von Raumeigentum bildet, weil dieses nur ein besonders ausgestalteter Miteigentumsanteil ist (§ 1 zu B II, § 3 zu A I 1), **b)** von der Veräußerung bereits begründeten Raumeigentums (§ 3 zu A IV).

2. Rechtsänderung. Als Erweiterung und Beschränkung der Miteigentumsanteile an einem Grundstück (§ 3 zu A I 2) ist die Einräumung von Sondereigentum die Änderung des Inhalts eines Rechts an einem Grundstück (§ 877 BGB); sie kommt daher nach § 873 BGB — ebenso wie die Begründung von Miteigentum und die Veräußerung von Raumeigentum — durch Einigung der Beteiligten und Eintragung der Inhaltänderung im Grundbuch zustande. Nur zur Klarstellung wiederholt § 4 Abs. 1 diesen Grundsatz. Wegen der Zustimmung dinglich Berechtigter s. § 3 zu A III 1.

3. Form der Auflassung. Während zur Begründung und zur Übertragung von Miteigentum bei Grundstücken die Einigung in der Form der Auflassung (§ 925 BGB) erklärt werden muß (BGB § 1008 A 5 B b), § 925 A 4), weil auf das Miteigentumsrecht grundsätzlich alle für das Alleineigentumsrecht geltenden Regeln Anwendung finden (BGB § 1008 A 2), ist das für die bloße Änderung des Inhalts eines Rechts an einem Grundstück (§ 877 BGB) nicht notwendig; hier genügt nach § 873 BGB die formlose Einigung, wenn auch nur die Einhaltung der im § 873 Abs. 2 vorgesehenen Form die Vertragsteile bindet. Für die Einigung über die Einräumung von Sondereigentum macht jedoch § 4 Abs. 2 eine Ausnahme: für sie ist ebenso wie für die Übertragung des Grundstückseigentums die Form der Auflassung vorgeschrieben (eine „echte Auflassung" liegt aber nicht vor, W-W 3, 4; a. M. Hu 1), „da es sich hierbei um dingliche Rechtsänderungen bez. des Eigentums an einem Grundstück handelt und da diese Rechtsänderungen ohnehin in der Regel mit der Einräumung von Miteigentum an einem Grundstück verbunden sind" (Begr. Abs. 1). Die Einräumung von Sondereigentum muß also bei gleichzeitiger Anwesenheit aller Vertragsteile vor einer zuständigen Stelle erklärt werden. Zur Entgegennahme der Auflassung sind, unbeschadet der Zuständigkeit weiterer Stellen, das Grundbuchamt, jedes Amtsgericht und jeder Notar zuständig, doch kann die Auflassung auch in einem gerichtlichen Vergleich erklärt werden (§ 925 Abs. 1 BGB).

4. Bedingungsfeindlichkeit. Der Auflassung wird die Einigung über die Einräumung von Sondereigentum auch insofern gleichgestellt, als sie ebenso wie jene (§ 925 Abs. 2 BGB) nicht unter einer Bedingung oder Zeitbestimmung erklärt werden kann (§ 4 Abs. 2 Satz 2). Die Hinzufügung einer Bedingung oder Zeitbestimmung macht also die Einräumung von Sondereigentum unwirksam.

5. Kein Eigentumsübergang. Anders als bei den ebenfalls der Auflassungsform bedürfenden Einigungen über die Begründung des Miteigentums und die Veräußerung des Raumeigentums handelt es sich bei der Einigung über die Begründung des Raumeigentums durch Einräumung von Sondereigentum trotz ihrer Erklärung in der Form der Auflassung nicht um einen Eigentumsübergang; Genehmigungserfordernisse, die für Grundstücksübereignungen bestehen (s. § 3 zu A IV 3), entfallen daher. Es ist auch keine Grunderwerbssteuer zu zahlen (D 6).

6. Keine sonstigen Auflassungsgrundsätze. Da die Begründung des Raumeigentums nach § 3 Abs. 1 keine Eigentumsübertragung i. S. des § 925 Abs. 1 BGB ist, gelten für sie nur die in § 4 Abs. 2 WEG ausdrücklich vorgeschriebenen Auflassungsgrundsätze. Im übrigen ist ihre Natur als Änderung des Inhalts eines Rechts an einem Grundstück maßgebend:

a) Unanwendbarkeit des § 925a BGB. Anders als bei der Begründung von Miteigentum und der Veräußerung bereits bestehenden Raumeigentums ist § 925a BGB bei der Begründung von Raumeigentum nicht anwendbar, die Vorlegung oder gleichzeitige Errichtung des schuldrechtlichen Vertrages bei der Entgegennahme der Auflassungserklärung daher nicht erforderlich (Weitnauer DNotZ 51, 488; W-W 5; D 7; We 1; Ba 1a; a. M. Bä 1; Hu 4a und e).

b) Kein Nachweis der Einigung. Für die Eintragung des Sondereigentums im Grundbuch ist ein Nachweis der Einigung der Beteiligten hierüber (§ 20 GBO) nicht erforderlich, vielmehr genügt die in öffentlich beglaubigter Form zu erklärende Eintragsbewilligung der in ihrem Rechte Betroffenen (§§ 19, 29 GBO, vgl. § 7 Abs. 3 WEG; Weitnauer DNotZ 51, 488; W-W 3; D 7; We 1; a. M. Riebandt-Korfmacher GemWoW 51, 385).

c) Für die Berichtigung des Grundbuchs durch Eintragung eines Raumeigentümers ist dessen Zustimmung (§ 22 Abs. 2 GBO) nicht erforderlich.

7. Wegen der **Eintragungen im Grundbuch** s. § 7.

II. Schuldrechtlicher Vertrag

1. Abgrenzung. Entsprechend der oben zu I 1 erwähnten Unterscheidung ist auch der Vertrag, durch den sich die Miteigentümer des Grundstücks zur Einräumung von Sondereigentum verpflichten, zu unterscheiden von den Verträgen über die Verpflichtung zur Einräumung von Miteigentum und zur Veräußerung von Raumeigentum.

2. Form. Wie der dingliche Vertrag (die Einigung) über die Einräumung von Sondereigentum in formeller Hinsicht (Auflassung) einer Eigentumsübertragung gleichgestellt wird (oben zu I 3), so wird auch der schuldrechtliche Vertrag über die Verpflichtung zur Einräumung von Sondereigentum in formeller Beziehung dem Vertrage über die Verpflichtung zur Übertragung des Eigentums an einem Grundstück gleich behandelt. Wird also ein solcher schuldrechtlicher Vertrag geschlossen (was nicht notwendig ist), so gilt für ihn § 313 BGB, d. h. der Vertrag bedarf der gerichtlichen oder notariellen Beurkundung; ein ohne Beobachtung dieser Form geschlossener Vertrag wird aber seinem ganzen Inhalte nach gültig, wenn die Auflassung und die Eintragung im Grundbuch nachfolgen.

3. Genehmigungen. Da die Einräumung von Sondereigentum keine Grundstücksübereignung i. S. des BGB ist, bedarf der Vertrag, durch den sich die Miteigentümer eines Grundstücks zur Einräumung von Sondereigentum verpflichten, trotz des für ihn bestehenden Beurkundungszwangs (§ 313 BGB) auch dann keiner Genehmigung, wenn diese für einen Vertrag über die Verpflichtung zur Grundstücksübereignung vorgeschrieben ist. Eine Preisüberwachung scheidet, wenn das Gebäude bereits errichtet ist, aus, weil es sich dann um ein bebautes Grundstück handelt (VO PR 75/52 vom 28. 11. 52, RGBl. I 792).

4. Vertragsgegenstand. Da die Verpflichtung zur Einräumung von Sondereigentum sich auf bestimmte Räume bezieht, müssen diese bei Abschluß des Verpflichtungsvertrages feststehen; es muß daher in diesem Zeitpunkte bereits der Aufteilungsplan (§ 7 Abs. 4 Nr. 1) oder wenigstens der Bauplan vorliegen (D 5).

III. Aufhebung des Sondereigentums

1. Allgemeines. In Überschreitung des durch die Überschrift des 1. Abschnitts für dessen Inhalt gezogenen Rahmens behandelt § 4 aus Zweckmäßigkeitsgründen auch die Aufhebung des Sondereigentums. Durch sie erlischt automatisch das Raumeigentum.

a) Werden sämtliche Raumeigentumsrechte an einem Grundstück aufgehoben, so verwandelt sich die Gemeinschaft der Raumeigentümer zurück in die gewöhnliche Bruchteilsgemeinschaft der Miteigentümer des Grundstücks (§§ 1008ff., 741ff. BGB); die Raumeigentumsgrundbücher sind dann von Amts wegen zu schließen (§ 9 Abs. 1 Nr. 1). Von der vertraglichen Aufhebung aller Sondereigentumsrechte sind die Fälle zu unterscheiden, daß alle Sondereigentumsrechte sich in einer Person vereinigt haben oder durch völlige Zerstörung des Gebäudes gegenstandslos geworden sind (§ 9 Abs. 1 Nr. 2 u. 3).

b) Wird nur das Sondereigentum an einer Raumeinheit aufgehoben, so muß darin zugleich eine Vereinbarung nach § 5 Abs. 3 erblickt werden (D 10); der bisherige Sondereigentümer scheidet aus der Gemeinschaft der Raumeigentümer aus; die Räume, die bisher im Sondereigentum standen, werden gemeinschaftliches Eigentum der übrigen Raumeigentümer; diesen fällt der bisherige Miteigentumsanteil des ausgeschiedenen Raumeigentümers anteilmäßig an. Der Fall der Aufhebung eines einzelnen Raumeigentumsrechts (z. B. auch durch Verzicht gem. § 928 BGB, W-W § 3 A 25a; Hu § 3 A 10) ist also von dem der Veräußerung eines als solches bestehen bleibenden Raumeigentumsrechts, bei dem nur die Person des Raumeigentümers wechselt, zu unterscheiden. Soll das Sondereigentum nicht an einer ganzen Raumeinheit, sondern nur an einem Teil von ihr mit der Wirkung aufgehoben werden, daß dieser Teil gemeinschaftliches Eigentum der Raumeigentümer wird, so genügt eine Vereinbarung aller Raumeigentümer nach § 5 Abs. 3.

2. Regelung im § 4. Die in § 4 für die Einräumung des Sondereigentums gegebenen Vorschriften sind auch für seine Aufhebung maßgebend; das zu I u. II Ausgeführte gilt daher entsprechend. Ebenso wie die Einräumung des Sondereigentums ist seine Aufhebung nicht Übertragung des Eigentums an einem Grundstück, sondern die Änderung des Inhalts eines Rechtes an einem Grundstück. Daraus ergibt sich insbesondere: Zur Aufhebung des Sondereigentums (an allen Raumeinheiten eines Gebäudes oder an einzelnen von ihnen) ist die Mitwirkung aller Raumeigentümer notwendig. Ihre Einigung über die Aufhebung des Sondereigentums muß in der für die Auflassung vorgeschriebenen Form (§ 925 BGB) erklärt und darf nicht von einer Bedingung oder Zeitbestimmung abhängig gemacht werden; die §§ 925a BGB, 20 u. 22 Abs. 2 GBO sind auch hier nicht anwendbar. Wirksam wird die Aufhebung des Sondereigentums mit der Eintragung der Rechtsänderung im Grundbuch. Für einen Vertrag, durch den sich ein Teil zur Aufhebung von Sondereigentum verpflichtet, gilt § 313 BGB entsprechend. Ist das Raumeigentum selbständig belastet, so ist auch zur Aufhebung des dazu gehörenden Sondereigentums die Zustimmung des dinglich Berechtigten erforderlich (Begr. Abs. 2); vgl. § 2 zu A III 1b, 2b.

§ 5

Gegenstand und Inhalt des Sondereigentums

(1) Gegenstand des Sondereigentums sind die gemäß § 3 Abs. 1 bestimmten Räume sowie die zu diesen Räumen gehörenden Bestandteile des Gebäudes, die verändert, beseitigt oder eingefügt werden können, ohne daß dadurch das gemeinschaftliche Eigentum oder ein auf Sondereigentum beruhendes Recht eines anderen Wohnungseigentümers über das nach § 14 zulässige Maß hinaus beeinträchtigt oder die äußere Gestaltung des Gebäudes verändert wird.

(2) Teile des Gebäudes, die für dessen Bestand oder Sicherheit erforderlich sind, sowie Anlagen und Einrichtungen, die dem gemeinschaftlichen Gebrauch der Wohnungseigentümer dienen, sind nicht Gegenstand des Sondereigentums, selbst wenn sie sich im Bereich der im Sondereigentum stehenden Räume befinden.

(3) Die Wohnungseigentümer können vereinbaren, daß Bestandteile des Gebäudes, die Gegenstand des Sondereigentums sein können, zum gemeinschaftlichen Eigentum gehören.

(4) Vereinbarungen über das Verhältnis der Wohnungseigentümer untereinander können nach den Vorschriften des 2. und 3. Abschnittes zum Inhalt des Sondereigentums gemacht werden.

Übersicht

A. Gegenstand des Sondereigentums

I. Allgemeines. Im Interesse einer klaren Rechtslage und damit zur Ausschaltung von Streitigkeiten ist eine deutliche Grenzziehung zwischen Sondereigentum und gemeinschaftlichem Eigentum unerläßlich. Diese Grenze ziehen § 1 Abs. 4 und § 5 WEG. Danach sind gemeinschaftliches Eigentum aller Raumeigentümer einmal das Grundstück, zum anderen diejenigen Teile, Anlagen und Einrichtungen des auf dem Grundstück errichteten oder zu errichtenden Gebäudes, die nicht im Sondereigentum eines Rauminhabers oder im Eigentum eines Dritten stehen (§ 1 Abs. 4). Positiv bestimmt ist also der Gegenstand des gemeinschaftlichen Eigentums insofern, als darunter das Grundstück fällt; hinsichtlich des Gebäudes ist er dagegen nur negativ durch den Gegenstand des Sondereigentums begrenzt. Die notwendige positive Ergänzung hierzu gibt § 5, indem er bestimmt, was Gegenstand des Sondereigentums ist. Was in einem Gebäude einem Dritten gehört, ist im Einzelfalle Tatfrage, daher gesetzlicher Regelung (von den §§ 93—95 BGB abgesehen) unzugänglich.

II. Negative Begrenzung des Sondereigentums

1. Beschränkung auf Gebäude. Da das Grundstück nach § 1 Abs. 4 notwendig gemeinschaftliches Eigentum der Raumeigentümer ist (§ 1 zu C I 1) und somit nicht Gegenstand von Sondereigentum sein kann, kommen nur auf dem Grundstück stehende Gebäude für Sondereigentum in Frage.

2. Vom Sondereigentum ausgeschlossene Gebäudeteile. Ein Gebäude kann aber als Ganzes weder im Sondereigentum noch im gemeinschaftlichen Eigentum stehen, vielmehr liegt die Eigenart des Raumeigentums darin, daß das Gebäude real in gemeinschaftliches Eigentum und in Sondereigentum aufgeteilt ist. Jede der beiden Eigentumssphären beschränkt sich daher auf Teile eines Gebäudes.

a) Anlagen und Einrichtungen im Eigentum von Dritten. Als mögliches Sondereigentum scheiden zunächst diejenigen Anlagen und Einrichtungen eines Gebäudes aus, die im Eigentum von Dritten stehen und daher weder Sondereigentum eines Raumeigentümers noch gemeinschaftliches Eigentum aller Raumeigentümer sein können. In Frage kommen hierfür nur Sachen, die nicht wesentliche Bestandteile eines Gebäudes (§§ 93, 94 BGB) — also entweder unwesentliche Bestandteile, Zubehör oder sonstige selbständige bewegliche Sachen — sind, z. B. Elektrizitätszähler, Gasmesser im Eigentum des betreffenden Versorgungsunternehmens; auch aus diesem Grunde ist Sondereigentum an ihnen nicht möglich (s. unten zu III 2).

b) Von den übrigen Teilen des Gebäudes sind als notwendige Gegenstände des gemeinschaftlichen Eigentums vom Sondereigentum ausgeschlossen (§ 5 Abs. 2)

aa) die Teile des Gebäudes, die für dessen Bestand oder Sicherheit erforderlich sind: die tragenden Teile des Gebäudes (Fundamente, tragende Mauern einschl. Zwischenmauern und Verputz der Außenwände, Dachkonstruktion, Schornsteine u. dgl.),

bb) Anlagen und Einrichtungen, die dem gemeinschaftlichen Gebrauch der Raumeigentümer dienen: Treppenhaus und Außenflure mit dazu gehörenden Beleuchtungs- und Heizkörpern, Wände und Türen zwischen dem Treppenhaus und den im Sondereigentum stehenden Räumen, Fahrstuhlanlagen, gemeinschaftliche Boden- und Kellerräume, Waschküchen mit Einrichtung, Heizkeller mit Kesselanlage, Leitungen für die Versorgung des Gebäudes mit Heizung, Wasser, Warmwasser, Gas, elektrischem Strom bis zur Abzweigung in die einzelnen im Sondereigentum stehenden Räume, gemeinschaftliche Garagen, Dachgärten usw.

III. Positive Bestimmung des Sondereigentums. Gegenstände von Sondereigentum können sein:

1. In dem Gebäude vorhandene **Räume,** soweit sie **a)** nicht dem gemeinschaftlichen Gebrauch aller Raumeigentümer dienen, **b)** eine in sich abgeschlossene Raumeinheit bilden. „Raum" ist hier der Luftraum („lichter Raum"), der durch Wände, Decke und Fußboden eingeschlossen wird. Durch die Anerkennung eines Eigentums am Raum stellt das WEG diesen einer Sache gleich und erweitert damit den Eigentumsbegriff des BGB (§ 1 zu A II).

2. Wesentliche Gebäudebestandteile, die zu den im Sondereigentum stehenden Räumen gehören, d. h. Sachen, die zur Herstellung des Gebäudes (in seiner konkreten Eigenart) eingefügt sind (§ 94 Abs. 2 BGB), und zwar, da § 94 Abs. 2 selbständige Bedeutung neben § 93 BGB hat (BGB § 94 A 7), ohne Rücksicht darauf, ob auch die besonderen Voraussetzungen der §§ 93 und 94 Abs. 1 erfüllt sind (**RG** 90, 201; 150, 25; 158, 367; Warn. 33, 21; W-W 3; D 4); auch leicht trennbare Sachen — z. B. Fenster und Türen (**RG** 60, 423; 62, 251), u. U. auch Öfen und Badewannen — gehören daher hierher (D 4).

a) Um wesentliche Bestandteile muß es sich handeln, weil § 5 Abs. 1 WEG von dem Grundsatz des § 93 BGB abweicht (§ 3 Abs. 1 WEG), daß wesentliche Bestandteile einer Sache nicht sonderrechtsfähig sind; unwesentliche Bestandteile sind bereits nach BGB sonderrechtsfähig (W-W 4, 5; D 4; Ba 2; a. M. We 2).

b) Voraussetzung für die Begründung von Sondereigentum an wesentlichen Bestandteilen des Gebäudes ist jedoch, daß diese Bestandteile **aa)** zu den im Sondereigentum befindlichen Räumen „gehören" (§ 5 Abs. 1), d. h. in räumlicher Verbindung mit diesen Räumen stehen; **bb)** nicht für den Bestand oder die Sicherheit des Gebäudes erforderlich sind (§ 5 Abs. 2); **cc)** nicht dem gemeinschaftlichen Gebrauch der Raumeigentümer dienen (§ 5 Abs. 2); **dd)** verändert, beseitigt, oder eingefügt werden können, ohne daß dadurch **aaa)** das gemeinschaftliche Eigentum oder ein auf Sondereigentum beruhendes Recht eines anderen Raumeigentümers über das nach § 14 WEG zulässige Maß hinaus beeinträchtigt oder **bbb)** die äußere Gestaltung des Gebäudes beeinträchtigt wird (§ 5 Abs. 1). Dagegen spielt es keine Rolle, ob die Bestandteile selbst durch die Veränderung, Beseitigung oder Einfügung zerstört oder in ihrem Wesen verändert werden (§ 93 BGB; W-W 8).

Trotz räumlichen Zusammenhangs mit im Sondereigentum stehenden Räumen können daher Gegenstand von Sondereigentum z. B. nicht sein: (nach bb) tragende Zwischenwände und Schornsteine innerhalb der Raumeinheit, (nach cc) und dd) aaa) die Raumeinheit gegenüber dem Treppenhaus abschließende Wände (Begr. I 2 c; D 6 a) und Türen (D 6 a; a. M. W-W 13), durchlaufende Rohre und Leitungen, die der gemeinschaftlichen Versorgung der Raumeigentümer dienen, (nach dd) bbb) Fenster, Fensterläden, Schaufensterscheiben, Balkone, Loggien, Veranden, Dachgärten.

Dagegen können Gegenstand von Sondereigentum z. B. sein: nichttragende Zwischenwände und Türen innerhalb der im Sondereigentum stehenden Raumeinheit, Wand- und Deckenverputz, Tapeten, Kacheln, Anstrich und Belag von Fußböden (Linoleum, Parkett u. a.), eingebaute Wandschränke, Fensterbänke, Küchen-, Bade- und Wascheinrichtungen, Etagenheizungen, Zentralheizkörper, Leitungen zur Versorgung nur einer Raumeinheit mit Heizung, Wasser, Warmwasser, Gas und elektrischem Strom von der Abzweigung in die einzelne Raumeinheit an, soweit nicht etwa ihre Veränderung oder Beseitigung gemeinschaftliches Eigentum oder das Sondereigentum eines anderen Rauminhabers über das nach § 14 zulässige Maß hinaus beeinträchtigen würde.

IV. Vereinbarungen der Raumeigentümer über die Abgrenzung des Sondereigentums gegenüber dem gemeinschaftlichen Eigentum sind nur teilweise zulässig:

1. Unzulässig ist es, den Gegenstand des Sondereigentums über die im § 5 Abs. 1 und 2 bestimmten Grenzen hinaus auf Kosten des gemeinschaftlichen Eigentums zu erweitern, da die gesetzlichen Vorschriften insoweit zwingend sind.

2. Zulässig ist es dagegen, von vornherein oder nachträglich durch Vereinbarung aller Raumeigentümer den Gegenstand des Sondereigentums zugunsten des gemeinschaftlichen Eigentums in der Weise zu beschränken, daß Räume oder wesentliche Bestandteile des Gebäudes, die nach § 5 Abs. 1 und 2 Gegenstände des Sondereigentums sein können, zu Gegenständen des gemeinschaftlichen Eigentums erklärt werden (§ 5 Abs. 3). Vgl. auch § 4 zu III 1 b).

V. Gemeinschaftliches Sondereigentum? Zweifelhaft und streitig ist die Frage, wie wesentliche Bestandteile zu behandeln sind, die dem gemeinschaftlichen Gebrauch und Interesse mehrerer, aber nicht aller Raumeigentümer dienen, z. B. (nichttragende) Zwischenwände zwischen zwei Wohnungen, Etagenheizungen, die mehrere Wohnungen versorgen, Fahrstühle oder Lastenaufzüge, die nur einige Stockwerke bedienen. Die Begr. (Nr. 4) nimmt bei solchen Zwischenwänden gemeinschaftliches Sondereigentum der beiden beteiligten Raumeigentümer und entsprechende Anwendbarkeit des § 922 BGB an (ebenso W-W 17: „Nachbareigentum" , entsprechend bei Etagenheizungen, Fahrstühlen und Lastenaufzügen Bärmann (A 1 b a. E. .

Dagegen hält Diester (A 6 b, Anh. zu § 5 Nr. 7) die Versetzung einer Zwischenwand im Einvernehmen der beiden beteiligten Raumeigentümer für unzulässig, weil sie eine nachträgliche Änderung des Bauplans bedeute und damit den öffentlichen Glauben des Grundbuchs gefährde; er will solche Scheidewände zwischen zwei Raumeinheiten wie tragende Mauern behandeln und als im gemeinschaftlichen Eigentum aller Raumeigentümer stehend ansehen. Zu einer solchen Erweiterung des Begriffs der „tragenden Mauern" dürfte aber kein hinreichender Anlaß sein, denn eine Änderung des Bauplans tritt auch dann ein, wenn alle Raumeigentümer mit der Versetzung der Zwischenwand einverstanden sind. Die Annahme gemeinschaftlichen Sondereigentums bei Etagenheizungen, Fahrstühlen und Lastenaufzügen hält Diester (A 5) für bedenklich, weil z. B. ein Fahrstuhl schwerlich beseitigt werden könne, ohne ein auf Sondereigentum beruhendes Recht eines anderen Raumeigentümers zu beeinträchtigen (§ 5 Abs. 1). Dieses Bedenken, das aber nur für Fahrstühle und Aufzüge, kaum auch für Etagenheizungen gilt, trifft sicherlich zu, berührt aber nicht die (allerdings wohl seltener vorkommenden) Fälle, in denen einzelne Raumeigentümer von der Benutzung eines Fahrstuhls oder Aufzuges gänzlich ausgeschlossen sind, und nur für solche Fälle kann die Annahme gemeinschaftlichen Sondereigentums in Frage kommen. Gegen die Auffassung, daß auch ein gemeinschaftliches Sondereigentum mehrerer Raumeigentümer (i. S. einer gewöhnlichen Bruchteilsgemeinschaft nach §§ 1008ff. BGB, vgl. auch § 3 zu A IV 4) möglich sei, werden sich daher durch durchgreifende Bedenken nicht erheben lassen. Zweckmäßig wird es aber immer sein, die Verhältnisse durch Vereinbarung der Raumeigentümer in klarer Weise zu regeln.

VI. Sondereigentum und Alleineigentum. Da Sondereigentum i. S. des WEG (als Gegensatz zum gemeinschaftlichen Eigentum) nur an Räumen und wesentlichen Bestandteilen des Gebäudes möglich ist, scheiden alle sonstigen Sachen, die sich in den im Sondereigentum stehenden Räumen befinden und dem Raumeigentümer allein gehören, aus dem Begriff des Sondereigentums aus. Hierunter fallen vor allem die Möbel und anderen Einrichtungsgegenstände, mit denen der Raumeigentümer die Wohnung oder sonstige Raumeinheit ausgestattet hat, ferner alle anderen darin befindlichen Sachen des Raumeigentümers, auch Bestandteile des Gebäudes, die nicht als wesentliche anzusehen sind, wie z. B. Wandtäfelungen und Wandbespannungen, die der Raumeigentümer oder sein Vorgänger hat anbringen lassen (**RG** 158, 25). Hinsichtlich aller dieser Sachen steht der Raumeigentümer nicht anders da als ein Mieter von Räumen.

B. Inhalt des Sondereigentums

I. Gesetzlicher Inhalt. Hinsichtlich des Sondereigentums hat der Raumeigentümer die Stellung eines Alleineigentümers. Er kann also grundsätzlich mit den in seinem Sondereigentum stehenden Gebäudeteilen nach Belieben verfahren und andere von Einwirkungen auf sie ausschließen, aber nur, soweit nicht das Gesetz oder Rechte Dritter entgegenstehen (§ 13 Abs. 1). Solche Beschränkungen ergeben sich insbesondere aus den §§ 14, 15, 18, 19 WEG.

II. Vereinbarter Inhalt. Die Raumeigentümer können ihr Verhältnis untereinander (2. und 3. Abschnitt) in Ergänzung oder Abweichung von Vorschriften des WEG regeln (§ 10 Abs. 2), insbesondere die Befugnis eines Raumeigentümers zur Veräußerung seines Raumeigentums von einer Zustimmung abhängig machen (§ 12) oder eine Ausnahme von der Unauflöslichkeit der Gemeinschaft für den Fall vereinbaren, daß das Grundstück ganz oder teilweise zerstört wird und eine Verpflichtung zum Wiederaufbau nicht besteht (§ 11 Abs. 1 Satz 3). Solche Vereinbarungen können, obwohl sie das Raumeigentum betreffen, zum Inhalt des Sondereigentums gemacht werden (§ 5 Abs. 4) und als solcher im Grundbuch eingetragen werden. Sie erlangen dadurch dingliche Wirkung gegenüber den Sondernachfolgern der Raumeigentümer; Vereinbarungen nach § 12 werden auch im Verhältnis der sie treffenden Raumeigentümer selbst erst mit der Eintragung im Grundbuch wirksam. Als Inhalt des Sonder-, nicht des Raumeigentums sollen solche Vereinbarungen deshalb angesehen werden, weil sonst bei der Eintragung im Grundbuch zwischen dem Gegenstand des Sondereigentums und dem Inhalt des Wohnungseigentums hätte unterschieden werden müssen, wodurch Verwirrung zu befürchten gewesen wäre (W-W 16). Von Vereinbarungen über den Inhalt des Sondereigentums sind Vereinbarungen über die Belastung des Raumeigentums (z. B. über die Einräumung eines dinglichen Vorkaufsrechts für die anderen Raumeigentümer, vgl. OLG Celle NJW 55, 953 = DNotZ 55, 320) zu unterscheiden (s. § 12 zu V).

§ 6

Unselbständigkeit des Sondereigentums

(1) Das Sondereigentum kann ohne den Miteigentumsanteil, zu dem es gehört, nicht veräußert oder belastet werden.

(2) Rechte an dem Miteigentumsanteil erstrecken sich auf das zu ihm gehörende Sondereigentum.

I. Untrennbarkeit des Raumeigentums

1. Allgemeines. Aus der Natur des Raumeigentums als einer unlösbaren Verbindung von Miteigentumsanteil und Sondereigentum zieht § 6 die notwendige Folgerung: über das Raumeigentum kann nur im ganzen verfügt werden. Dabei zeigt sich auch hier die Akzessorietät des Sondereigentums (s. § 1 zu D IV). Rechte am Miteigentumsanteil erstrecken sich auf das dazu gehörende Sondereigentum, eine Verfügung über den Miteigentumsanteil erfaßt also ohne weiteres auch das Sondereigentum (§ 6 Abs. 2); dagegen kann über das Sondereigentum nicht ohne den Miteigentumsanteil verfügt werden (§ 6 Abs. 1), eine Verfügung über das Sondereigentum allein ist also unwirksam; wirksam ist nur die Verfügung über Sondereigentum und Miteigentumsanteil, also über das Raumeigentum im ganzen.

2. Veräußerung und Belastung von Sondereigentum (§ 6 Abs. 1). Sie erfordert, um wirksam zu sein, die gleichzeitige entsprechende Verfügung über den Miteigentumsanteil, die im allgemeinen wird vermutet werden dürfen, wenn sie nicht ausdrücklich oder nach dem Sinnzusammenhang ausgeschlossen sein soll. Insbesondere wird beim Tausch zweier gleichwertiger Eigentumswohnungen in demselben Gebäude ein gleichzeitiger Tausch der Miteigentumsanteile theoretisch zu unterstellen sein (W.-W 2; D 2). Bei Teilung einer Raumeinheit muß mit dem abgetrennten Teil der Räume ein entsprechender Teil des Miteigentumsanteils übertragen werden (s. § 3 zu A IV 1). Auch eine Vererbung des Sondereigentums ohne den Miteigentumsanteil ist nicht möglich (D 2), ebensowenig eine Zwangsvollstreckung in das Sondereigentum allein. Dagegen ist eine Herauslösung eines dem Sondereigentum unterliegenden wesentlichen Bestandteils — z. B. einer nichttragenden Innenwand oder einer Innentür — aus der Verbindung mit den im Sondereigentum stehenden Räumen und damit auch die rechtliche Verfügung über ihn z. B. seine Veräußerung) möglich (W-W 1).

3. Erstreckung der Rechte am Miteigentumsanteil auf das Sondereigentum (§ 6 Abs. 2). Wird der Miteigentumsanteil eines Raumeigentümers veräußert oder belastet, so erstreckt sich das Eigentum des Erwerbers oder das Recht des dinglich Berechtigten (z. B. ein Grundpfandrecht) ohne weiteres auf das dazu gehörende Sondereigentum, so daß z. B. eine Verschlechterung von Gegenständen des Sondereigentums eine Verschlechterung des Grundstücks i. S. der §§ 1133 bis 1135 BGB bedeutet (W-W 4); ebenso ergreift eine Zwangsvollstreckung in den Miteigentumsanteil ohne weiteres auch das Sondereigentum.

II. Aufhebung des Sondereigentums

Sie bewirkt die Trennung von Sondereigentum und Miteigentumsanteil und damit die Aufhebung des Raumeigentums. Werden sämtliche Raumeigentumsrechte an einem Gebäude aufgehoben, so tritt an die Stelle der bisherigen Gemeinschaft der Raumeigentümer die gewöhnliche Bruchteilsgemeinschaft im Sinne der §§ 1008ff., 741ff. BGB. Wird nur das Sondereigentum an einer Raumeinheit aufgehoben, so muß der bisherige Raumeigentümer, wenn er kein sonstiges Sondereigentum in dem Gebäude besitzt, seinen Miteigentumsanteil veräußern und so aus der Gemeinschaft ausscheiden (vgl. § 4 zu III 1 b).

§ 7

Grundbuchvorschriften

(1) Im Falle des § 3 Abs. 1 wird für jeden Miteigentumsanteil von Amts wegen ein besonderes Grundbuchblatt (Wohnungsgrundbuch, Teileigentumsgrundbuch) angelegt. Auf diesem ist das zu dem Miteigentumsanteil gehörende Sondereigentum und als Beschränkung des Miteigentums die Einräumung der zu den anderen Miteigentumsanteilen gehörenden Sondereigentumsrechte einzutragen. Das Grundbuchblatt des Grundstücks wird von Amts wegen geschlossen.

(2) Von der Anlegung besonderer Grundbuchblätter kann abgesehen werden, wenn hiervon Verwirrung nicht zu besorgen ist. In diesem Falle ist das Grundbuchblatt als gemeinschaftliches Wohnungsgrundbuch (Teileigentumsgrundbuch) zu bezeichnen.

(3) Zur näheren Bezeichnung des Gegenstandes und des Inhalts des Sondereigentums kann auf die Eintragungsbewilligung Bezug genommen werden.

(4) Der Eintragungsbewilligung sind als Anlagen beizufügen:

1. eine von der Baubehörde mit Unterschrift und Siegel oder Stempel versehene Bauzeichnung, aus der die Aufteilung des Gebäudes sowie die Lage und Größe der im Sondereigentum und der im gemeinschaftlichen Eigentum stehenden Gebäudeteile ersichtlich ist (Aufteilungsplan);

2. eine Bescheinigung der Baubehörde, daß die Voraussetzungen des § 3 Abs. 2 vorliegen.

(5) Für Teileigentumsgrundbücher gelten die Vorschriften über Wohnungsgrundbücher entsprechend.

Übersicht

I. Besondere Grundbücher

1. Allgemeines. Während ideelle Miteigentumsanteile i. S. von § 1008 BGB (von der Ausnahmeregelung im § 3 Abs. 3 GBO abgesehen) kein eigenes Grundbuchblatt erhalten, muß im Falle der Einräumung von Sondereigentum (§ 3 Abs. 1 WEG) grundsätzlich für jeden Miteigentumsanteil ein besonderes Grundbuchblatt (mit jeweils besonderen Grundakten) angelegt werden. Das entspricht der Ausgestaltung des bisher nur ideellen Miteigentumsanteils zu Raumeigentum, das durch das zu ihm gehörende Sondereigentum eine reale Komponente erhält und so gewissermaßen lokalisiert wird; es ist nötig, um die selbständige Belastung des Raumeigentums sowie Gegenstand und Inhalt des Sondereigentums (s. zu § 5) im Grundbuch deutlich ausweisen zu können. Das Raumeigentum wird somit grundbuchmäßig wie ein selbständiges Grundstück behandelt; folgerichtig erübrigt sich die Aufrechterhaltung des alten Grundbuchblattes (s. zu § 4). Die Einrichtung der besonderen Grundbuchblätter ist durch die Verfügung über die grundbuchmäßige Behandlung der Wohnungseigentumssachen vom 1. 8. 51 (WGBV) — BAnz. 152, 1 — geregelt.

2. Bezeichnung. Das besondere Grundbuchblatt erhält die Bezeichnung „Wohnungsgrundbuch" oder „Teileigentumsgrundbuch", je nachdem ob es sich um Wohnungs- oder um Teileigentum handelt. Besteht das Sondereigentum zugleich an einer Wohnung und Räumen, die nicht zu Wohnzwecken dienen, so ist das Grundbuchblatt als „Wohnungs- und Teileigentumsgrundbuch" zu bezeichnen, sofern nicht einer dieser Zwecke offensichtlich überwiegt (§ 2 WGBV).

3. Gegenstand. Im besonderen Grundbuchblatt werden nur die Gegenstände des Sondereigentums, nicht auch die des Miteigentums ausgewiesen. Besondere Grundbuchblätter sind daher nur insoweit anzulegen, als das Gebäude durch Einräumung von Sondereigentum in reale Raumeinheiten aufgeteilt ist. Über Räume, die im gemeinschaftlichen Eigentum der Raumeigentümer stehen, gibt das Grundbuch keine Auskunft. Anders ist es hinsichtlich der Räume, an denen Sondereigentum der Raumeigentümer zu ideellen Anteilen in Form einer gewöhnlichen Bruchteilsgemeinschaft besteht (s. § 3 zu A IV 4; D 1, 1a).

4. Schließung des alten Grundbuchblattes. Zugleich mit der Anlegung der besonderen Grundbuchblätter für die Miteigentumsanteile ist das bisherige Grundbuchblatt des Grundstückes nach Abschreibung der Miteigentumsanteile in Sp. 7 und 8 des Bestandsverzeichnisses (§ 6 Satz 1 WGBV) von Amts wegen gemäß § 36 GBV (Durchkreuzung und Schließungsvermerk unter Angabe des Schließungsgrundes) zu schließen, nicht etwa darf es in ein besonderes Grundbuchblatt für einen Miteigentumsanteil umgewandelt werden. Die Schließung des alten Grundbuchblattes erübrigt sich nur dann, wenn auf ihm noch andere Grundstücke eingetragen sind (§ 6 Satz 2 WGBV). Bestand bisher noch kein Miteigentum an dem Grundstück, so genügt es, die jetzigen Miteigentumsanteile auf die neu anzulegenden besonderen Grundbuchblätter zu übertragen und ihre Auflassung dort in Abt. I Sp. 4 einzutragen; eine vorherige Eintragung auf dem zu schließenden Grundbuchblatt ist überflüssig (W-W 2). Bei Teilung eines Raumeigentums ist nicht das für dieses angelegte besondere Grundbuchblatt zu schließen, sondern nur die abgetrennte Raumeinheit auf ein neues Grundbuchblatt zu übertragen (D § 9 A 5).

5. Ausnahmen. Von der Anlegung besonderer Grundbuchblätter für jeden Miteigentumsanteil kann abgesehen werden, wenn hiervon Verwirrung nicht zu befürchten ist (vgl. § 3 Abs. 3 Buchst. a, §§ 4—6 GBO), z. B. die Zahl der Raumeigentümer gering ist oder ihre Miteigentumsanteile nicht selbständig belastet sind. Hierüber hat der Grundbuchrichter nach pflichtmäßigem Ermessen zu entscheiden; gegen seine Entscheidung ist die Beschwerde zulässig (§ 71 Abs. 1 GBO; D 2). Wird von der Anlegung besonderer Grundbuchblätter abgesehen, so ist ein gemeinschaftliches Grundbuchblatt mit der Bezeichnung „Gemeinschaftliches Wohnungsgrundbuch" („Gemeinschaftliches Teileigentumsgrundbuch", „Gemeinschaftliches Wohnungs- und Teileigentumsgrundbuch") zu bilden (§ 7 WGBV).

II. Eintragungen

1. Inhalt. Im Grundbuch sind einzutragen (§ 3 WGBV) **a)** der Miteigentumsanteil an dem Grundstück unter Angabe des Bruchteils (§ 47 GBO, vgl. § 16 Abs. 1 Satz 2 WEG), **b)** die Bezeichnung des Grundstücks nach den allgemeinen Vorschriften, **c)** das mit dem Miteigentumsanteil verbundene Sondereigentum an bestimmten Räumen, **d)** die Beschränkung des Miteigentums durch die Einräumung der zu den anderen Miteigentumsanteilen gehörenden Sondereigentumsrechte unter Angabe der Grundbuchblätter der übrigen Miteigentumsanteile.

2. Form

a) Notwendige Vermerke. Die unter 1 erwähnten Vermerke sind auf den besonderen Grundbuchblättern in Sp. 3 des Bestandsverzeichnisses einzutragen. Auf einem gemeinschaftlichen Grundbuchblatt sind die Angaben über die Einräumung von Sondereigentum sowie über Gegenstand und Inhalt des Sondereigentums als Bezeichnung des Gemeinschaftsverhältnisses (§ 47 GBO, § 9 Buchst. b GBV) in Abt. I Sp. 2 und 4 zu vermerken (§ 3 Abs. 1, § 7 Halbs. 2 WGBV).

b) Bezugnahme auf die Eintragungsbewilligung. Bei der Eintragung des Sondereigentums (s. oben zu 1 c) kann zur näheren Bezeichnung seines Gegenstandes (§ 5 Abs. 1—3 WEG) und seines Inhalts (§ 5 Abs. 4 WEG) auf die Eintragungsbewilligung Bezug genommen werden (§ 7 Abs. 3 WEG); vereinbarte Veräußerungsbeschränkungen (§ 12 WEG) sind jedoch ausdrücklich einzutragen (§ 3 Abs. 2 WGBV, vgl. § 5 zu B II).

c) Subjektiv dingliche Rechte. Vermerke über Rechte, die dem jeweiligen Eigentümer des Grundstückes zustehen, sind in Sp. 1, 3 und 4 des Bestandsverzeichnisses aller für Miteigentumsanteile an dem herrschenden Grundstück angelegten besonderen Grundbuchblätter einzutragen; in Sp. 6 ist darauf hinzuweisen (§ 3 Abs. 7 WGBV).

d) Rechte am Grundstück. Rechte, die ihrer Natur nach nicht am Raumeigentum als solchem bestehen können (z. B. Wegerechte), und Verfügungsbeschränkungen, die sich auf das Grundstück als Ganzes beziehen, sind in Abt. II Sp. 3 in der Weise einzutragen, daß die Belastung des ganzen Grundstücks erkennbar ist; die Belastung ist in sämtlichen für Miteigentumsanteile an dem belasteten Grundstück angelegten Grundbüchern einzutragen, wobei jeweils auf die übrigen Eintragungen zu verweisen ist (§ 4 WGBV). Das Grundstück belastende Grundpfandrechte und Reallasten sind als Gesamtbelastungen auf die Grundbuchblätter der einzelnen Miteigentumsanteile zur Mithaft zu übertragen (§ 48 Abs. 1 Satz 2 GBO; vgl. § 3 zu A III 1a, 2a).

3. Voraussetzungen

a) Grundbuchmäßige Voraussetzungen für die Eintragung sind bei der Begründung des Raumeigentums durch Einräumung von Sondereigentum, die von der Begründung des Miteigentums als Voraussetzung der Umwandlung in Raumeigentum zu unterscheiden ist (vgl. § 3 zu B II 1): **aa)** der Eintragungsantrag eines Beteiligten (§ 13 GBO), **bb)** die Eintragungsbewilligung (§ 19 GBO) der in ihren Rechten von der Eintragung Betroffenen, also sämtlicher Miteigentümer; Nachweis der Einigung (§ 873 BGB, § 20 GBO) ist hier trotz der für den dinglichen Vertrag vorgeschriebenen Auflassungsform nicht erforderlich (§ 4 zu I 6 b).

b) Weitere Voraussetzungen nach § 7 Abs. 4 WEG. Um die Begründung von Sondereigentum auf die dafür geeigneten Räumlichkeiten zu beschränken und die Entstehung von Unklarheiten nach Möglichkeit auszuschließen, verlangt § 7 Abs. 4 die Beifügung von zwei Anlagen zur Eintragungsbewilligung, die mit dieser zu den Grundakten eines der besonderen Grundbuchblätter zu nehmen sind, während in den Grundakten der übrigen Grundbuchblätter auf sie verwiesen werden kann (§ 24 Abs. 3 GBV; W-W 7). An der Herstellung dieser Anlagen ist die Baubehörde beteiligt, d. h. die nach Landesrecht für die bauaufsichtliche Erlaubnis (Baugenehmigung) und die bauaufsichtlichen Abnahmen zuständige Bauaufsichtsbehörde, soweit die zuständige oberste Landesbehörde nichts anderes bestimmt. Für das Verfahren der Baubehörde gelten die Richtlinien für die Ausstellung von Bescheinigungen gemäß § 7 Abs. 4 Nr. 2 und § 32 Abs. 2 Nr. 2 WEG vom 3. 8. 51 (BAnz. 152, 5). Die der Eintragungsbewilligung beizufügenden Anlagen sind:

aa) Der Aufteilungsplan (§ 7 Abs. 4 Nr. 1), d. h. eine von den Beteiligten einzureichende, von der Baubehörde mit Unterschrift und Siegel oder Stempel zu versehende Bauzeichnung, aus der die Aufteilung des Gebäudes sowie die Lage und Größe der im Sondereigentum und der im gemeinschaftlichen Eigentum stehenden Gebäudeteile ersichtlich ist. Die Baubehörde hat die Zeichnung, die bei bestehenden Gebäuden eine Baubestandszeichnung sein und bei zu errichtenden Gebäuden den baupolizeilichen Vorschriften entsprechen muß (Nr. 2 der Richtlinien), zu prüfen, aber nicht ihre Richtigkeit zu bescheinigen. Durch die Unterschrift nebst Siegel oder Stempel wird die Zeichnung zum „Aufteilungsplan". Er kann zwar nicht eine genaue Beschreibung der im Sondereigentum stehenden Räume in der Weise ersetzen, daß zu deren Bezeichnung auf ihn Bezug genommen werden könnte, wird aber zur Klarstellung wesentlich beitragen, vgl. § 176 Abs. 2 FGG (Begr. Abs. 4); insoweit wird auch eine Bezugnahme auf ihn zur Bezeichnung der einzelnen Räume zulässig sein (W-W 7; D 8). War das Gebäude bei Fertigstellung des Aufteilungsplanes noch nicht errichtet und weicht die spätere Bauausführung von dem Plan ab (was die Baubehörde bei Abnahme des Gebäudes feststellen kann), so ist der Aufteilungsplan zu berichtigen oder ein berichtigter Plan zu den Grundakten einzureichen; u. U. müssen die Beteiligten auch ihre Erklärungen über die Einräumung von Sondereigentum berichtigen und eine neue Eintragung im Grundbuch veranlassen (W-W 10).

bb) Die Bescheinigung der Baubehörde (§ 7 Abs. 4 Nr. 2), daß die Voraussetzungen des § 3 Abs. 2 vorliegen, d. h. daß die Wohnungen oder sonstigen Räume in sich abgeschlossen sind (vgl. § 3 zu B II 5). Die Bescheinigung ist mit Unterschrift und Siegel oder Stempel zu versehen; ihre Zusammengehörigkeit mit dem Aufteilungsplan ist durch Verbindung beider mittels Schnur und Siegel oder durch übereinstimmende Aktenbezeichnung ersichtlich zu machen (Nr. 6 der Richtlinien). Liegen die Voraussetzungen des § 3 Abs. 2 WEG nicht vor, so ist die Bescheinigung zu verweigern; bei zu errichtenden Gebäuden ist sie auch dann nicht zu erteilen, wenn die Voraussetzungen für eine bauaufsichtliche Genehmigung des Bauvorhabens nach Maßgabe der eingereichten Bauzeichnungen nicht gegeben sind (Nr. 7 der Richtlinien). Wird die Bescheinigung verweigert, so ist hiergegen Beschwerde im Verwaltungswege, nach Landesrecht auch die Klage im Verwaltungsstreitverfahren zulässig (W-W 8; We 3). Die Richtigkeit der Bescheinigung hat das Grundbuchamt im allgemeinen nicht nachzuprüfen; nur wenn offensichtliche Irrtümer vorliegen, wird der Baubehörde Gelegenheit zur Stellungnahme zu geben sein (D 9).

§ 8

Teilung durch den Eigentümer

(1) Der Eigentümer eines Grundstücks kann durch Erklärung gegenüber dem Grundbuchamt das Eigentum an dem Grundstück in Miteigentumsanteile in der Weise teilen, daß mit jedem Anteil das Sondereigentum an einer bestimmten Wohnung oder an nicht zu Wohnzwecken dienenden bestimmten Räumen in einem auf dem Grundstück errichteten oder zu errichtenden Gebäude verbunden ist.

(2) Im Falle des Absatzes 1 gelten die Vorschriften des § 3 Abs. 2 und der §§ 5, 6, § 7 Abs. 1, 3 bis 5 entsprechend. Die Teilung wird mit der Anlegung der Wohnungsgrundbücher wirksam.

Übersicht

I. Allgemeines

§ 8 behandelt die — neben der vertraglichen Einräumung von Sondereigentum (§ 3) in Betracht kommende — zweite Art der Begründung von Raumeigentum (§ 2), nämlich durch Teilung des Grundstückseigentums in Miteigentumsanteile seitens des Eigentümers (sog. „Vorratsteilung"). Er macht damit eine Ausnahme von den Grundsätzen des BGB, das nur eine reale Teilung des Grundstücks in selbständige Einzelgrundstücke, nicht aber eine ideelle einseitige Teilung des Grundstückseigentums durch den Eigentümer in Miteigentumsanteile und die dingliche Belastung eines solchen Bruchteils durch den Eigentümer des Grundstücks (**RG** 117, 267; RJA 3, 104; 4, 39; 16, 137; OLG 20, 407) kennt. Die ideelle Teilung des Grundstückseigentums durch den Eigentümer wurde für notwendig gehalten, um Raumeigentum auf Vorrat zu schaffen und mit dem Bau eines in Raumeinheiten aufgeteilten Gebäudes beginnen zu können, bevor die Erwerber der einzelnen Raumeinheiten feststehen. Der Grundstückseigentümer (z. B. ein einzelner Bauunternehmer, eine Wohnungsbaugesellschaft oder eine Genossenschaft) hat so die Möglichkeit, die zunächst in seiner Hand vereinigten Miteigentumsanteile einzeln an Interessenten zu veräußern, und braucht mit der Begründung von Miteigentum an dem Grundstück nicht zu warten, bis er solche Interessen gefunden hat. Er kann auch durch die Teilung in Verbindung mit einer Verfügung von Todes wegen die künftige Auseinandersetzung seiner Erben über das Eigentum an einem bebauten Grundstück vorbereiten (Ba 1a). In entsprechender Weise wie das Eigentum an einem Grundstück wird auch ein einzelnes Raumeigentumsrecht gemäß § 8 geteilt werden können (D 11). Grundsätzlich ist die ideelle Teilung des Grundstücks nach dem Vorbild der realen Teilung gestaltet worden.

II. Grundstückseigentümer

Das ideell aufzuteilende Grundstückseigentum kann einer Einzelperson, einer juristischen Person oder einer Gemeinschaft zur gesamten Hand (Erbengemeinschaft, eheliche Gütergemeinschaft, Gesellschaft nach BGB, offene Handelsgesellschaft) zustehen. Auch eine Bruchteilsgemeinschaft i. S. der §§ 1008ff. BGB kann das ihr zustehende Eigentum an einem Grundstück in weitere Miteigentumsteile zerlegen (s. auch § 3 zu A IV 4), wird aber dadurch nicht zu einer Gemeinschaft der Raumeigentümer i. S. der §§ 10ff. WEG, da die Teilung noch nicht die Entstehung einer solchen Gemeinschaft bewirkt (s. unten zu V 1a), sondern bleibt zunächst eine gewöhnliche Bruchteilsgemeinschaft (D 4—6).

III. Art der Teilung

1. Raumeigentumsrechte. Da das Raumeigentum sich aus zwei Eigentumssphären, dem Miteigentumsanteil am Grundstück und dem Sondereigentum an bestimmten Räumen und bestimmten Bestandteilen des Gebäudes, zusammensetzt (§ 1 zu B), muß die Teilung ebenfalls beide Eigentumssphären betreffen, d. h. **a)** die Zerlegung des Grundstückseigentums in Miteigentumsanteile von bestimmter Größe und **b)** die Verbindung von Sondereigentum an einer bestimmten Raumeinheit mit jedem Miteigentumsanteil beinhalten. Was sich bei der vertraglichen Begründung von Raumeigentum in zwei Akten vollzieht, nämlich Erwerb von Miteigentum nach den §§ 1008ff. BGB und Einräumung von Sondereigentum (§ 3 WEG), geschieht also bei der Teilung nach § 8 in einem einzigen Akt.

2. Miteigentum. Die durch die Teilung des Grundstückseigentums so entstehenden, zu Raumeigentumsrechten ausgestalteten Miteigentumsanteile werden jedoch nicht auf verschiedene Raumeigentümer verteilt, sondern bleiben als solche in der Person des bisherigen Grundstückseigentümers vereinigt (vgl. auch § 9 Abs. 1 Nr. 3), ähnlich wie es bei den Parzellen eines vom Eigentümer parzellierten Grundstücks der Fall ist. Es entsteht also, wenn das Grundstück im Alleineigentum einer natürlichen oder juristischen Person oder einer Gemeinschaft zur gesamten Hand steht, (mit Sondereigentum verbundenes) Miteigentum ohne Miteigentümer, Miteigentum in der Hand eines Alleineigentümers; steht das Grundstück im Eigentum einer Bruchteilsgemeinschaft (§ 1008 BGB), so bleibt diese bestehen, es vermehren sich nur die Bruchteile (s. oben zu II). Die Aufteilung bedeutet keinen Eigentumsübergang, ist daher auch nicht grunderwerbsteuerpflichtig (vgl. § 4 zu I 5). Der Grundstückseigentümer kann die einzelnen ihm zustehenden Miteigentumsanteile veräußern und belasten. Bisherige Belastungen des Grundstücks gehen als Gesamtbelastungen auf die einzelnen Miteigentumsanteile über, sofern es sich nicht um Dienstbarkeiten handelt, die nur einen im Sondereigentum stehenden Gebäudeteil beschränken; Zustimmung der dinglich Berechtigten ist zur Teilung nicht erforderlich (§ 3 zu A III 1a).

3. Sondereigentum. Für die Begründung von Sondereigentum durch einseitige Aufteilung des Grundstücks gelten entsprechend die Vorschriften, die für das vertraglich eingeräumte Sondereigentum maßgebend sind (§ 8 Abs. 2). Daraus ergibt sich: **a)** Sondereigentum soll nur an Raumeinheiten bestellt werden, die in sich abgeschlossen sind (§ 3 Abs. 2). **b)** Gegenstände des Sondereigentums können außer Räumen die zu diesen gehörenden wesentlichen Bestandteile des Gebäudes nach Maßgabe des § 5 Abs. 1—3 sein. **c)** Bestimmungen über das Verhältnis der späteren Raumeigentümer untereinander können mit bindender Wirkung für diese zum Inhalt des Sondereigentums gemacht werden (§ 5 Abs. 4; s. hierzu unten V 2b). **d)** Rechte an dem Miteigentumsanteil erstrecken sich auf das zu ihm gehörende Sondereigentum; dieses kann ohne den Miteigentumsanteil, zu dem es gehört, nicht veräußert oder belastet werden (§ 6).

IV. Form der Teilung

1. Erklärung gegenüber dem Grundbuchamt

a) Teilungserklärung. Die Teilungserklärung des Grundstückseigentümers entspricht der Eintragungsbewilligung (§ 29 GBO); sie muß daher entweder zur Niederschrift des Grundbuchrichters oder in der Form einer öffentlichen oder öffentlich beglaubigten Urkunde abgegeben werden. Sie muß enthalten: **aa)** die Aufteilung des Grundstückseigentums in bestimmte, sämtlich dem Grundstückseigentümer vorbehaltene Miteigentumsanteile unter ziffernmäßiger Bezeichnung der Bruchteile, **bb)** die Verbindung von Sondereigentum an einer bestimmten, genau zu bezeichnenden Raumeinheit mit jedem Miteigentumsanteil, **cc)** etwaige Bestimmungen über das Verhältnis der künftigen Raumeigentümer untereinander (s. oben zu III 3 c).

b) Anlagen. Der Teilungserklärung sind als Anlagen beizufügen (§ 8 Abs. 2): **aa)** ein Aufteilungsplan nach der Vorschrift des § 7 Abs. 4 Nr. 1, **bb)** eine Bescheinigung der Baubehörde über die Abgeschlossenheit der Raumeinheiten, an denen das Sondereigentum bestehen soll (§ 7 Abs. 4 Nr. 2).

2. Anlegung besonderer Grundbücher

a) Obligatorische Anlegung. Für jeden Miteigentumsanteil ist von Amts wegen ein besonderes Grundbuchblatt anzulegen; anders als bei der vertraglichen Begründung von Raumeigentum (§ 3) kann hiervon bei seiner Begründung durch Teilung auch dann nicht abgesehen werden, wenn Verwirrung nicht zu besorgen wäre; Verstoß hiergegen dürfte die Teilung aber nicht unwirksam machen (Hesse-Saage-Fischer, § 3 A IV 5; W-W 2b; a. M. Henke-Mönch-Horber, Anh. zu § 3 GBO A 2 C b; Horber, MDR 56, 63). Das bisherige Grundbuchblatt des Grundstücks wird von Amts wegen geschlossen (§ 8 Abs. 2 Satz 1 mit § 7 Abs. 1).

b) Eintragungen. Für die Eintragungen in den besonderen Grundbüchern gilt im Falle der Teilung des Grundstückseigentums dasselbe wie bei der vertraglichen Begründung des Raumeigentums; insbesondere kann zur näheren Bezeichnung des Gegenstandes und des Inhalts des Sondereigentums auf die Teilungserklärung (s. zu 1) Bezug genommen werden; Beschränkungen der Veräußerungsbefugnis (§ 12 WEG) sind jedoch ausdrücklich einzutragen (§ 8 Abs. 2 Satz 1, § 7 Abs. 1 und 3 WEG; § 3 Abs. 2 WGBV). In Abt. I jedes Grundbuchblattes ist der Grundstückseigentümer einzutragen.

V. Entstehung des Raumeigentums

1. Teilung in der Hand des Grundstückseigentümers

a) Wirksamwerden durch Anlegung der besonderen Grundbücher. Die Teilung wird wirksam mit der Anlegung der besonderen Grundbücher (§ 8 Abs. 2 Satz 2), d. h. mit der Bewirkung der erforderlichen Eintragungen (IV 2 b) in diesen. Dadurch entstehen jedoch nur zu Raumeigentumsrechten ausgestaltete Miteigentumsanteile in der Hand des bisherigen Grundstückseigentümers (s. o. zu III 2), dagegen entsteht noch keine Gemeinschaft von Raumeigentümern (§§ 10ff.), weil es an einer Mehrheit von Miteigentümern fehlt. Solange sämtliche Raumeigentumsrechte in der Person des Grundstückseigentümers vereinigt sind, kann er jeder Zeit die Schließung der besonderen Grundbücher und die Anlegung eines neuen Grundbuchblattes für das Grundstück beantragen (§ 9 Abs. 1 Nr. 3).

b) Teilung vor Errichtung des Gebäudes. Die Teilung kann auch schon vor Errichtung des in Raumeinheiten zu zerlegenden Gebäudes gegenüber dem Grundbuchamt erklärt und durch Anlegung der besonderen Grundbuchblätter wirksam werden. In Wirklichkeit kann es sich hierbei allerdings — mindestens bis zur Aufführung der in Frage kommenden Gebäudeteile (s. § 3 zu B II 3 b) — nur um Anwartschaftsrechte handeln; diese werden aber nach Anlegung der besonderen Grundbuchblätter vom Gesetz wie bereits entstandene Raumeigentumsrechte behandelt und sind demgemäß wie solche selbständig veräußerlich und belastbar.

2. Gemeinschaft der Raumeigentümer (§§ 10ff.).

a) Entstehung. Die Gemeinschaft der Raumeigentümer entsteht erst, wenn sich die bisherige „Einmanngemeinschaft" in eine Gemeinschaft von mindestens zwei Miteigentümern verwandelt, wenn also der Grundstückseigentümer mindestens einen der ihm zustehenden Miteigentumsanteile veräußert und der Erwerber auf dem betreffenden besonderen Grundbuchblatt in Abt. I als neuer Eigentümer eingetragen wird.

b) Regelung des Gemeinschaftsverhältnisses in der Teilungserklärung. Schon vor der Entstehung einer Gemeinschaft von Raumeigentümern kann deren Verhältnis untereinander durch die Teilungserklärung des Grundstückseigentümers für die Zukunft in ähnlicher Weise geregelt werden, wie dies durch Vereinbarung der Raumeigentümer möglich ist; das ergibt sich aus § 8 Abs. 2 Satz 1 i. V. mit § 5 Abs. 4. Erforderlich ist, daß die Regelung als Inhalt des Sondereigentums in die Teilungserklärung (s. o. zu IV 1) aufgenommen wird. Durch Eintragung im Grundbuch oder (soweit es sich nicht um Beschränkungen der Veräußerungsbefugnis nach § 12 handelt) Bezugnahme auf die Teilungserklärung erlangen solche Bestimmungen dingliche Wirksamkeit gegenüber den späteren Raumeigentümern (s. § 5 zu B II). Treffen diese später abweichende Vereinbarungen, so machen solche das Grundbuch unrichtig (so W-W 4), sind aber nach § 10 Abs. 2 nicht schlechthin nichtig (a. M. We 2).

§ 9

Schließung der Wohnungsgrundbücher

(1) Die Wohnungsgrundbücher werden geschlossen:

1. von Amts wegen, wenn die Sondereigentumsrechte gemäß § 4 aufgehoben werden;

2. auf Antrag sämtlicher Wohnungseigentümer, wenn alle Sondereigentumsrechte durch völlige Zerstörung des Gebäudes gegenstandslos geworden sind und der Nachweis hierfür durch eine Bescheinigung der Baubehörde erbracht ist;

3. auf Antrag des Eigentümers, wenn sich sämtliche Wohnungseigentumsrechte in einer Person vereinigen.

(2) Ist ein Wohnungseigentum selbständig mit dem Rechte eines Dritten belastet, so werden die allgemeinen Vorschriften, nach denen zur Aufhebung des Sondereigentums die Zustimmung des Dritten erforderlich ist, durch Absatz 1 nicht berührt.

(3) Werden die Wohnungsgrundbücher geschlossen, so wird für das Grundstück ein Grundbuchblatt nach den allgemeinen Vorschriften angelegt; die Sondereigentumsrechte erlöschen, soweit sie nicht bereits aufgehoben sind, mit der Anlegung des Grundbuchblatts.

Übersicht

A. Besondere Grundbücher

I. Schließungsfälle. Die nach § 7 Abs. 1 angelegten Grundbuchblätter sind in drei Fällen wieder zu schließen; diese Fälle sind:

1. Aufhebung der Sondereigentumsrechte (§ 9 Abs. 1 Nr. 1). Beschließen die Raumeigentümer eines Gebäudes die Aufhebung sämtlicher Sondereigentumsrechte, so müssen sie die Einigung hierüber in der Form der Auflassung erklären. Durch die Eintragung der Aufhebung im Grundbuch erlöschen die Sondereigentumsrechte und verwandelt sich die Gemeinschaft der Raumeigentümer in eine gewöhnliche Bruchteilsgemeinschaft i. S. der §§ 1008ff. BGB. Nach der Eintragung der Aufhebung der Sondereigentumsrechte in den besonderen Grundbuchblättern sind diese von Amts wegen zu schließen; ein Antrag der Beteiligten ist also — anders als in den beiden anderen Fällen — zur Schließung hier nicht erforderlich. Wird nur das Sondereigentum an einer oder einigen von mehreren Raumeinheiten aufgehoben (s. § 4 zu III 1 b), so sind nur die Grundbuchblätter zu schließen, die für diese Raumeinheiten angelegt waren.

2. Vereinigung sämtlicher Raumeigentumsrechte in einer Person (§ 9 Abs. 1 Nr. 3). Wie bei der Teilung nach § 8 zunächst sämtliche Raumeigentumsrechte dem Grundstückseigentümer zustehen, so können auch nachträglich sämtliche Raumeigentumsrechte in einem Gebäude sich in einer Hand vereinigen, z. B. im Wege der Erbfolge oder wenn ein Raumeigentümer freihändig auch die anderen Raumeigentumsrechte oder der Ersteher in einer Zwangsversteigerung des Grundstücks, die auf Grund einer auf allen Raumeigentumsrechten lastenden Gesamthypothek stattfand, sämtliche Raumeigentumsrechte erworben hat. Durch die Vereinigung aller Raumeigentumsrechte in einer Hand erlöschen diese nicht, es entsteht vielmehr Miteigentum in der Hand eines Alleineigentümers (s. § 8 zu III 2, V 1 a). Dieser kann aber die Sondereigentumsrechte dadurch zum Erlöschen bringen, daß er die Schließung der besonderen Grundbuchblätter beantragt; mit der Anlegung des neuen Grundbuchblattes (§ 9 Abs. 3) erlöschen die Sondereigentumsrechte und verwandelt sich das Miteigentum in Alleineigentum des Grundstückseigentümers.

3. Zerstörung des Gebäudes (§ 9 Abs. 1 Nr. 2). Wird das Gebäude völlig zerstört, so werden die an den Raumeinheiten bestehenden Sondereigentumsrechte zwar gegenstandslos, sie erlöschen aber nicht, sondern bleiben als „Rudimente" (Ba 1 b) — entsprechend der Anwartschaft vor Errichtung des Gebäudes (§ 3 zu B II 3 b) — ebenso wie das Miteigentum am Grundstück in der Form einer Gemeinschaft der Raumeigentümer (§§ 10ff.) erhalten. Besteht keine Verpflichtung zum Wiederaufbau des Gebäudes (§ 22 Abs. 2) und sind die Raumeigentümer darüber einig, daß alle Sondereigentumsrechte aufgehoben werden sollen, oder haben sie für einen solchen Fall vereinbart, daß jeder von ihnen die Aufhebung der Gemeinschaft verlangen könne (§ 11 Abs. 1 Satz 3), so kann die Einigung aller Raumeigentümer über die Aufhebung der Sondereigentumsrechte gemäß § 4 in der Form der Auflassung erklärt und die Eintragung der Aufhebung im Grundbuch beantragt werden; mit der Eintragung erlöschen die Sonderrechte, die besonderen Grundbuchblätter sind zu schließen (s. o. zu 1). Das WEG gibt jedoch im § 9 Absatz 1 Nr. 2 einen einfacheren Weg, um dasselbe Ziel zu erreichen: hier ist weder ein nach § 313 BGB zu beurkundender Vertrag noch eine Auflassung erforderlich (§ 4 zu III 2), sondern es genügt der nach § 29 GBO nur zu beglaubigende Antrag auf Schließung der besonderen Grundbuchblätter unter Vorlegung einer Bescheinigung der Baubehörde über die völlige Zerstörung des Gebäudes. Mit der Anlegung des neuen Grundbuchblattes (§ 9 Abs. 3) erlöschen die Sondereigentumsrechte und verwandelt sich die Gemeinschaft der Raumeigentümer in eine gewöhnliche Miteigentümergemeinschaft nach den §§ 1008ff. BGB.

II. Dingliche Belastungen

1. Belastungen des Grundstücks als Ganzen werden durch die Aufhebung des Sondereigentums nicht berührt; eine Zustimmung der dinglichen Berechtigten hierzu ist daher nicht erforderlich (vgl. § 3 zu A III 1 a).

2. Sonderbelastungen eines Raumeigentums. Da die Aufhebung des Sondereigentums den Inhalt des Miteigentums ändert, bedarf sie ebenso wie die Einräumung des Sondereigentums gemäß §§ 876, 877 BGB der Zustimmung derjenigen, die ein dingliches Recht an dem Raumeigentum haben, zu dem das aufzuhebende Sondereigentum gehört (vgl. § 3 zu A III 1 b). Das muß für alle Fälle des § 9 Abs. 1 gelten, also auch für den Fall der völligen Zerstörung des Gebäudes (§ 9 Abs. 1 Nr. 2; so W-W 5; a. M. D 6). Wird die Zustimmung erteilt, so bleibt in den Fällen des § 9 Abs. 1 Nr. 1 und 2 die Belastung des Miteigentumsanteils bestehen; im Falle der Nr. 3 geht sie auf das Gesamtgrundstück über.

III. Verfahren

1. Antrag. In den Fällen der Nrn. 2 und 3 des § 9 Abs. 1 ist zur Schließung der besonderen Grundbücher ein Antrag erforderlich, der im Falle der Nr. 3 vom Grundstückseigentümer, im Falle der Nr. 2 von sämtlichen Raumeigentümern gestellt werden muß. Der Antrag bedarf der im § 29 Abs. 1 GBO vorgeschriebenen Form, es genügt also öffentliche Beglaubigung. Im Falle der Nr. 1 sind die besonderen Grundbuchblätter von Amts wegen zu schließen, wenn in ihnen die Aufhebung des Sondereigentums eingetragen worden ist; ein besonderer Antrag ist also für die Schließung nicht erforderlich.

2. Form der Schließung. Die Eintragungen in dem zu schließenden Grundbuchblatt sind zu durchkreuzen. Über die Schließung ist ein Vermerk aufzunehmen, in dem der Grund der Schließung anzugeben ist (§ 24 GBV).

3. Neues Grundbuchblatt. Zugleich mit der Schließung der besonderen Grundbuchblätter ist von Amts wegen ein neues Grundbuchblatt für das Grundstück anzulegen; die Anlegung richtet sich nach den allgemeinen Vorschriften des Grundbuchrechtes (§ 9 Abs. 3 Halbs. 1).

4. Zeitpunkt des Erlöschens der Sondereigentumsrechte. Im Falle des § 9 Abs. 1 Nr. 1 erlöschen die Sondereigentumsrechte mit der Eintragung ihrer Aufhebung in den besonderen Grundbuchblättern. In den Fällen der Nrn. 2 und 3 dagegen tritt das Erlöschen erst mit der Anlegung des neuen Grundbuchblattes für das Grundstück ein (§ 9 Abs. 3 Halbs. 2). In diesen beiden Fällen wirkt also die Anlegung des neuen Grundbuchblattes konstitutiv, während sie im Falle der Nr. 1 nur deklaratorische Bedeutung hat (D 7). Eine Löschung der Sondereigentumsrechte in den besonderen Grundbuchblättern ist nicht erforderlich; sie liegt bereits in der Nichtübertragung dieser Rechte auf das neue Grundbuchblatt (§ 46 Abs. 2 GBO; W-W 7). Fehlt es an einer materiellrechtlichen Voraussetzung für das Erlöschen der Sondereigentumsrechte, ist z. B. im Falle der Aufhebung dieser Rechte nach § 4 die Auflassung nichtig, so tritt das Erlöschen nicht ein, das Grundbuch wird vielmehr unrichtig (W-W und D a.a.O.).

B. Gemeinschaftliches Wohnungsgrundbuch

Wie zu verfahren ist, wenn von der Anlegung besonderer Grundbuchblätter abgesehen worden war (§ 7 Abs. 2), sagt § 9 nicht. In diesen Fällen wird an die Stelle der Schließung des Grundbuchblattes die Löschung der Bezeichnung „Gemeinschaftliches Wohnungsgrundbuch" („Gemeinschaftliches Teileigentumsgrundbuch") treten müssen, so daß die Anlegung eines anderen Grundbuchblatts für das Grundstück sich erübrigt. Hier muß in den Fällen des § 9 Abs. 1 Nrn. 2 u. 3 auch das Erlöschen der Sondereigentumsrechte eingetragen werden (vgl. W-W 8—10 und dazu Horber MDR 56, 63).

2. Abschnitt

Gemeinschaft der Wohnungseigentümer

Der 2. und der 3. Abschnitt des I. Teiles des WEG gehören zusammen; sie behandeln beide das Verhältnis der Raumeigentümer untereinander. Nur aus Zweckmäßigkeitsgründen sind die Vorschriften über die Verwaltung in einem besonderen (3.) Abschnitt zusammengefaßt worden.

§ 10

Allgemeine Grundsätze

(1) Das Verhältnis der Wohnungseigentümer untereinander bestimmt sich nach den Vorschriften dieses Gesetzes und, soweit dieses Gesetz keine besonderen Bestimmungen enthält, nach den Vorschriften des Bürgerlichen Gesetzbuches über die Gemeinschaft. Die Wohnungseigentümer können von den Vorschriften dieses Gesetzes abweichende Vereinbarungen treffen, soweit nicht etwas anderes ausdrücklich bestimmt ist.

(2) Vereinbarungen, durch die die Wohnungseigentümer ihr Verhältnis untereinander in Ergänzung oder Abweichung von Vorschriften dieses Gesetzes regeln, sowie die Abänderung oder Aufhebung solcher Vereinbarungen wirken gegen den Sondernachfolger eines Wohnungseigentümers nur, wenn sie als Inhalt des Sondereigentums im Grundbuch eingetragen sind.

(3) Beschlüsse der Wohnungseigentümer gemäß § 23 und Entscheidungen des Richters gemäß § 43 bedürfen zu ihrer Wirksamkeit gegen den Sondernachfolger eines Wohnungseigentümers nicht der Eintragung in das Grundbuch.

(4) Rechtshandlungen in Angelegenheiten, über die nach diesem Gesetz oder nach einer Vereinbarung der Wohnungseigentümer durch Stimmenmehrheit beschlossen werden kann, wirken, wenn sie auf Grund eines mit solcher Mehrheit gefaßten Beschlusses vorgenommen werden, auch für und gegen die Wohnungseigentümer, die gegen den Beschluß gestimmt oder an der Beschlußfassung nicht mitgewirkt haben.

Übersicht

I. Gemeinschaft der Raumeigentümer

1. Allgemeines. Wie das Raumeigentum ein besonders ausgestaltetes Miteigentum ist, so ist die Gemeinschaft der Raumeigentümer eine besonders ausgestaltete Miteigentümergemeinschaft nach Bruchteilen (§§ 1008ff., §§ 741ff. BGB). Es ist daher stets zwischen der gewöhnlichen Bruchteilsgemeinschaft nach BGB und ihrer besonderen Ausgestaltung zu einer Gemeinschaft der Raumeigentümer i. S. der §§ 10ff. WEG zu unterscheiden. Da die Gemeinschaft der Raumeigentümer aber nur eine besonders ausgestaltete Bruchteilsgemeinschaft ist, richtet sich das Verhältnis der Raumeigentümer untereinander nach den Vorschriften des BGB über die Bruchteilsgemeinschaft und das Miteigentum, soweit das WEG im 2. und 3. Abschnitt des I. Teils nichts Abweichendes bestimmt. Aber auch die Vorschriften des WEG über die Gemeinschaft der Raumeigentümer sind grundsätzlich nur subsidiär; sie enthalten zwingendes Recht nur, soweit dies ausdrücklich gesagt ist. Im übrigen gehen ihnen abweichende Vereinbarungen vor, welche die Raumeigentümer zulässigerweise getroffen haben (§ 10 Abs. 1). Danach gelten in erster Linie die zwingenden Vorschriften des 2. und 3. Abschnitts im I. Teil des WEG, in zweiter Linie zulässige Vereinbarungen der Raumeigentümer, in dritter Linie die nicht zwingenden Vorschriften des 2. und 3. Abschnitts im I. Teil des WEG, in vierter und letzter Linie die Vorschriften des BGB über die Bruchteilsgemeinschaft und das Miteigentum.

2. Entstehung und Beendigung

a) Entstehung

aa) Bei der vertraglichen Begründung des Raumeigentums durch Einräumung von Sondereigentum (§ 3) entsteht die Gemeinschaft der Raumeigentümer durch Umwandlung aus einer bestehenden oder als bestehend vorausgesetzten (§ 3 zu B II 1c) gewöhnlichen Gemeinschaft der Miteigentümer eines Grundstücks i. S. der §§ 1008ff. BGB, und zwar mit der Eintragung von Sondereigentums in den nach § 7 Abs. 1 anzulegenden besonderen Grundbuchblättern oder dem gemeinschaftlichen Grundbuchblatt (§ 7 Abs. 2).

bb) Bei der Begründung des Raumeigentums durch Teilung des Grundstückseigentums seitens des Eigentümers (§ 8) entsteht die Gemeinschaft der Raumeigentümer nicht aus einer Gemeinschaft von Miteigentümern des Grundstücks, sondern unmittelbar aus dem in Raumeigentumsrechte aufgeteilten Alleineigentum des Grundstückseigentümers, jedoch erst dann, wenn dieser mindestens ein Raumeigentumsrecht veräußert und der Erwerber im besonderen Grundbuchblatt dieses Raumeigentums eingetragen wird (§ 8 zu III 2, V 2).

b) Beendigung. Die Gemeinschaft der Raumeigentümer endet in den Fällen des § 9 Abs. 1 Nrn. 1 und 2 mit dem Erlöschen der Sondereigentumsrechte, also bei deren vertraglicher Aufhebung nach § 4 mit der Eintragung dieser Aufhebung im Grundbuch, bei Eintritt der Gegenstandslosigkeit der Raumeigentumsrechte infolge völliger Zerstörung des Gebäudes (§ 9 Abs. 1 Nr. 2) mit der Anlegung eines neuen Grundbuchblatts für das Grundstück nach Schließung der besonderen Grundbuchblätter (im Falle eines gemeinschaftlichen Grundbuchblatts — § 7 Abs. 2 — mit der Eintragung des Erlöschens der Sondereigentumsrechte und der Löschung der Bezeichnung des Grundbuchblatts als „Gemeinschaftliches Wohnungsgrundbuch", „Gemeinschaftliches Teileigentumsgrundbuch"), bei Vereinigung sämtlicher Raumeigentumsrechte in einer Person (§ 9 Abs. 1 Nr. 3) jedoch schon mit dem Eintritt dieser Vereinigung. Sind die Sondereigentumsrechte durch Vertrag aufgehoben oder durch völlige Zerstörung des Gebäudes gegenstandslos geworden (§ 9 Abs. 1 Nrn. 1 u. 2), so verwandelt sich die Gemeinschaft der Raumeigentümer wieder in eine gewöhnliche Bruchteilsgemeinschaft der Grundstückseigentümer; auch diese erlischt und es entsteht Alleineigentum des Grundstückseigentümers, wenn sich sämtliche Raumeigentumsrechte in seiner Hand vereinigen. Vgl. hierzu § 9 zu A I und III 4, B.

c) Raumeigentum und Gemeinschaft der Raumeigentümer. Entstehung und Beendigung der Raumeigentümergemeinschaft fallen hiernach mit der Begründung und Aufhebung des Sondereigentums (und damit des Raumeigentums) nur dort zusammen, wo die Raumeigentümergemeinschaft aus einer gewöhnlichen Miteigentümergemeinschaft am Grundstück (§§ 1008ff. BGB) entsteht oder sich in eine solche zurückverwandelt. Dagegen kann Raumeigentum ohne Raumeigentümergemeinschaft in den Fällen bestehen, in denen Raumeigentumsrechte in der Hand eines Alleineigentümers entstehen (§ 8 Abs. 1) oder sich nachträglich in ihr vereinigen (§ 9 Abs. 1 Nr. 3); in diesen Fällen entsteht eine (als Raumeigentümergemeinschaft ausgestaltete) Bruchteilsgemeinschaft erst mit der Veräußerung von Raumeigentumsrechten durch den Alleineigentümer des Grundstücks, und sie endet schon mit der Vereinigung aller Raumeigentumsrechte in der Hand eines Alleineigentümers.

3. Anwendbarkeit der Vorschriften des BGB über die Miteigentümergemeinschaft nach Bruchteilen. Wenn die Miteigentümer des Grundstücks eine Bruchteilsgemeinschaft nach den §§ 741ff., 1008ff. BGB bilden — sei es, daß eine Gemeinschaft der Raumeigentümer i. S. der §§ 10ff. WEG noch nicht entstanden ist oder daß sie nicht mehr besteht —, sind die Vorschriften des BGB über die Bruchteilsgemeinschaft unmittelbar anzuwenden, insbesondere auch die §§ 752—758 BGB über die Aufhebung der Gemeinschaft. Sobald und solange aber eine Gemeinschaft der Raumeigentümer i. S. der §§ 10ff. WEG besteht, kann nur eine mittelbare Anwendung der Vorschriften des BGB über die Bruchteilsgemeinschaft in Betracht kommen (§ 10 Abs. 1 Satz 1 WEG):

a) § 742 BGB, wonach im Zweifel anzunehmen ist, daß den Teilhabern gleiche Anteile zustehen, ist theoretisch anwendbar. Die Anwendung scheidet jedoch praktisch aus, weil im Grundbuch die Anteile der Beteiligten in Bruchteilen angegeben werden müssen (§ 47 GBO) und das Grundbuchamt den entsprechenden Nachweis verlangen muß, so daß Zweifel über die Höhe der Bruchteile kaum entstehen können.

b) Die §§ 743—746 BGB über den Gebrauch und die Verwaltung des gemeinschaftlichen Gegenstandes sind durch die §§ 15, 16, 20—29 WEG ersetzt und scheiden daher aus. § 745 Abs. 3 Satz 2 BGB, wonach das Recht des einzelnen Teilhabers auf einen seinem Anteil entsprechenden Bruchteil der Nutzungen nicht ohne seine Zustimmung beeinträchtigt werden kann, ist zwar in das WEG nicht übernommen worden, hiervon hat man aber bewußt abgesehen, weil die Vorschrift für in ihrer Bedeutung nicht ganz klar und vielleicht sogar für überflüssig gehalten wurde; da bereits § 16 Abs. 1 WEG eine Beeinträchtigung des Nutzungsrechts der Raumeigentümer ausschließt, hat § 745 Abs. 3 Satz 2 BGB jedenfalls für die Gemeinschaft der Raumeigentümer keine praktische Bedeutung (W-W A 7 zu § 16; D 3, § 16 A 4; siehe auch unten § 16 zu A III 3).

c) Grundlegend auch für die Gemeinschaft der Raumeigentümer ist dagegen § 747 BGB, wonach jeder Teilhaber über seinen Anteil, über den gemeinschaftlichen Gegenstand im ganzen aber nur die Teilhaber gemeinschaftlich verfügen können. Über seinen Anteil kann jeder Teilhaber auch teilweise verfügen (BGB § 747 A 1), der Raumeigentümer jedoch nur bei Wahrung der Abgeschlossenheit der abgetrennten Räume (s. § 3 zu A IV 1).

d) Die §§ 748—751 BGB sind durch die §§ 11, 16 und 17 WEG ersetzt, scheiden daher aus.

e) Die §§ 752—758 BGB über die Aufhebung der Gemeinschaft und die Durchführung der Teilung können auf die Gemeinschaft der Raumeigentümer nur angewendet werden, wenn ein Raumeigentümer einen Anspruch auf Aufhebung der Gemeinschaft hat. Das ist nur dann der Fall, wenn das Gebäude ganz oder teilweise zerstört ist, eine Verpflichtung zum Wiederaufbau nicht besteht (§ 22 Abs. 2) und für diesen Fall eine Ausnahme von dem Grundsatz (§ 11 Abs. 1 Satz 1) vereinbart worden ist, daß kein Raumeigentümer die Aufhebung der Gemeinschaft verlangen kann (§ 11 Abs. 1 Satz 3; W-W 6; D 6; vgl. auch § 11 zu II 1).

f) Die §§ 1009—1011 BGB sind — mit Ausnahme des durch § 10 Abs. 2, §§ 11, 13—15, 20ff. WEG ersetzten § 1010 Abs. 1 — auch auf die Gemeinschaft der Raumeigentümer anwendbar. Daraus ergibt sich: Das Grundstück kann als Ganzes auch zugunsten eines Raumeigentümers belastet werden (§ 1009 BGB, vgl. § 3 zu A II 2d, A III 2a). Bei einer Teilung nach Aufhebung der Gemeinschaft können die aus den §§ 755, 756 BGB sich ergebenden, die Schuldenregelung betreffenden Ansprüche gegen den Sondernachfolger nur geltend gemacht werden, wenn sie im Grundbuch eingetragen sind (§ 1010 Abs. 2 BGB). Jeder Raumeigentümer kann die Ansprüche aus dem Eigentum Dritten gegenüber hinsichtlich des ganzen Grundstücks geltend machen, den Anspruch auf Herausgabe jedoch nur so, daß er Herausgabe an alle Raumeigentümer verlangt (§§ 1011, 432 BGB).

g) Auf die Gemeinschaft der Raumeigentümer sind auch die für die gewöhnliche Bruchteilsgemeinschaft geltenden allgemeinen Grundsätze des BGB anzuwenden, insbesondere über die jedem schuldrechtlichen Vertrage innewohnende Schutz- und Treupflicht (§ 242 BGB;

RG 161, 337) und über die Haftung für jedes Verschulden (§ 276 BGB, im Gegensatz zur Haftung für diligentia quam suis bei der Gesellschaft nach § 718 BGB). Vgl. W-W 8; D 8. Für die Baubosten des gemeinschaftlichen Hauses haften die Raumeigentümer im Zweifel als Teilschuldner nach § 420, nicht als Gesamtschuldner nach § 427 BGB (OLG Frankfurt MDR 56, 229).

II. Vereinbarungen

1. Allgemeines. § 10 WEG gibt den Raumeigentümern die Möglichkeit, den gesetzlichen Inhalt des Raumeigentumsrechtes durch Vereinbarungen dinglichen Charakters abzuändern oder zu ergänzen; die damit ausgesprochene Zulässigkeit der vertragsmäßigen Aus- und Umgestaltung eines dinglichen Rechts hat ihr Vorbild in den §§ 2ff. ErbVO, wonach zum Inhalt des Erbbaurechts auch gewisse Vereinbarungen des Grundstückseigentümers und des Erbbauberechtigten gehören (ErbVO § 2 A 2).

2. Vereinbarungen und Beschlüsse. § 10 WEG unterscheidet zwischen Vereinbarungen und Beschlüssen der Raumeigentümer:

a) Die Vereinbarungen bilden die Grundlage für das Zusammenleben der Raumeigentümer und sind eine Art Statut, das die Rechtsbeziehungen der Raumeigentümer untereinander regelt, entsprechen also dem, was bei einem Verein die Satzung wäre (W-W 12; D 16); bei der Teilung des Grundstückseigentums nach § 8 können an die Stelle von Vereinbarungen der künftigen Raumeigentümer einseitige Bestimmungen des Grundstückseigentümers vor Entstehung einer Gemeinschaft der Raumeigentümer treten (§ 8 zu V 2 b). Inwieweit Beschlüsse der Raumeigentümer möglich sind, ergibt sich aus dem Inhalt der von ihnen getroffenen Vereinbarungen und aus dem WEG (§ 23 Abs. 1); den Beschlüssen stehen die (sie ersetzenden) gerichtlichen Entscheidungen im Verfahren der freiwilligen Gerichtsbarkeit (§ 43 WEG) gleich.

b) Vereinbarungen können nur im Einvernehmen aller Raumeigentümer eines Gebäudes getroffen werden; Beschlüsse können dagegen mit Stimmenmehrheit gefaßt werden (§ 25).

c) Vereinbarungen werden meistens bei oder vor Begründung des Raumeigentums getroffen werden; Beschlüsse dagegen können erst gefaßt werden, wenn die Gemeinschaft der Raumeigentümer bereits entstanden ist (vgl. Ba 2b; D 16).

d) Vereinbarungen wirken gegen den Sondernachfolger eines Raumeigentümers nur, wenn sie als Inhalt des Sondereigentums im Grundbuch eingetragen sind (§ 10 Abs. 2); Beschlüsse (und gerichtliche Entscheidungen nach § 43) wirken dagegen ohne weiteres auch gegenüber den Sondernachfolgern (§ 10 Abs. 3).

e) Ob einstimmig gefaßte Beschlüsse als Beschlüsse oder als Vereinbarungen anzusehen sind, wird oft zweifelhaft sein können. Im Zweifel wird ein Beschluß anzunehmen sein, wenn die Vereinbarungen oder das Gesetz für den in Frage kommenden Fall eine Beschlußfassung vorsehen oder zulassen (W-W 12; vgl. auch D 17a).

3. Form der Vereinbarung. Da Beschlüsse nach § 23 nur in einer Versammlung der Raumeigentümer (oder durch die schriftlich erklärte Zustimmung aller Raumeigentümer zu dem Beschlusse), also nicht durch konkludente Handlung, Stillschweigen oder dauernde Übung gefaßt werden können, muß dies erst recht für Vereinbarungen gelten, die ja eine Art Grundgesetz für die Gemeinschaft der Raumeigentümer darstellen (D § 21 A 6; a. M. Bä § 21 A 4; W-W 13, § 21 A 3). Man wird für das Zustandekommen einer Vereinbarung also mindestens ausdrückliche übereinstimmende mündliche Erklärung aller Raumeigentümer verlangen müssen.

4. Gegenstand der Vereinbarungen der Raumeigentümer können grundsätzlich alle in den §§ 11—29 WEG geregelten Fragen schuld- oder sachenrechtlicher Art sein, aber nur, sofern sie das Verhältnis der Raumeigentümer untereinander betreffen, also z. B. nicht die Bestellung eines Verwalters durch den Richter nach § 26 Abs. 2 und die Zuständigkeit des Richters der freiwilligen Gerichtsbarkeit nach § 43 (vgl. W-W 10 Nr. 6, D 9). Die Raumeigentümer können die gesetzlichen Vorschriften ergänzen, aber auch von ihnen abweichen, soweit sie nicht zwingender Natur sind. Sie können diese Vereinbarungen auch wieder aufheben oder abändern (§ 10 Abs. 2). Die Vereinbarungen müssen sich aber im Rahmen des Grundcharakters einer Miteigentümergemeinschaft nach Bruchteilen (§ 3 Abs. 1, § 10 Abs. 1 Satz 1 WEG) halten, dürfen also nicht die im WEG festgelegte Form einer Bruchteilsgemeinschaft aufheben und etwa durch die Form einer Gesellschaft oder Genossenschaft ersetzen (D 11; a. M. Bä 1 und NJW 51, 293 zu II). Wegen der einzelnen Fragen, die vor allem als Gegenstände von Vereinbarungen der Raumeigentümer in Betracht kommen, vgl. Bä 4 und NJW 51, 294 A 16.

5. Unabdingbare Vorschriften. Von der hiernach grundsätzlich bestehenden Vertragsfreiheit der Raumeigentümer (§ 10 Abs. 1 Satz 2) ergeben sich aus dem Gesetz einige Ausnahmen, in denen von den gesetzlichen Vorschriften nicht durch Vereinbarung abgewichen werden darf; es sind dies

a) die Vorschriften, die nicht das Verhältnis der Raumeigentümer untereinander betreffen (s. vorstehend zu 4);

b) folgende, das Verhältnis der Raumeigentümer untereinander betreffende Vorschriften:

aa) daß kein Raumeigentümer die Aufhebung der Gemeinschaft verlangen kann, es sei denn für den Fall, daß das Gebäude ganz oder teilweise zerstört wird und eine Verpflichtung zum Wiederaufbau nicht besteht (§ 22 Abs. 2);

bb) daß, wenn vereinbarungsgemäß ein Raumeigentümer zur Veräußerung seines Raumeigentums der Zustimmung anderer Raumeigentümer oder eines Dritten bedarf, die Zustimmung nur aus einem wichtigen Grunde versagt werden darf (§ 12 Abs. 2 Satz 1);

cc) daß im Falle der schweren Pflichtverletzung eines Raumeigentümers die anderen Raumeigentümer von ihm die Veräußerung seines Raumeigentums verlangen können (§ 18 Abs. 1 und 4);

dd) daß für die Verwaltung des gemeinschaftlichen Eigentums ein Verwalter bestellt werden muß (§ 20 Abs. 2);

ee) daß dem Verwalter die im § 27 Abs. 1 u. 2 bezeichneten Aufgaben und Befugnisse uneingeschränkt zustehen müssen (§ 27 Abs. 3).

6. Wirkung gegen Sondernachfolger. Während die Vereinbarungen der Raumeigentümer in deren Verhältnis zueinander und gegenüber ihren Gesamtrechtsnachfolgern ohne weiteres wirksam sind, ist das gegenüber den Sondernachfolgern nicht der Fall. Nach § 746 BGB wirken zwar Vereinbarungen (und Mehrheitsbeschlüsse, BGB § 746 A 1) der Teilhaber einer Gemeinschaft über die Verwaltung und Benutzung des gemeinschaftlichen Gegenstandes auch für und gegen die Sondernachfolger, beim Miteigentum an einem Grundstück gilt dies nach § 1010 Abs. 1 BGB jedoch nur, wenn die getroffene Bestimmung als Belastung des in Frage kommenden Miteigentums im Grundbuch eingetragen ist. An diese gesetzliche Regelung schließt § 10 WEG sich an, weicht von ihr aber in folgenden Hinsichten ab:

a) Eintragungsfähig und eintragungsbedürftig ist nur der Inhalt von Vereinbarungen, nicht auch der von Beschlüssen der Raumeigentümer (§ 10 Abs. 3).

b) Nicht nur Vereinbarungen über die Verwaltung und Benutzung des Grundstücks, sondern alle Vereinbarungen, die das Verhältnis der Raumeigentümer untereinander betreffen, können durch Eintragung im Grundbuch mit dinglicher Wirkung gegen Sondereigentümer ausgestattet werden, insbesondere auch solche über die Anteile an den Nutzungen (Früchten) oder über die Art der Teilung bei Aufhebung der Gemeinschaft, wobei vom Gesetz abweichende Übereignungsverpflichtungen der Form des § 313 BGB bedürfen (**OGHBZ** 1, 206); vgl. W-W 14.

c) Die Vereinbarungen sind nicht als Belastung des Miteigentumsanteils, sondern als Inhalt des Sondereigentums im Grundbuch einzutragen (s. § 5 zu B II).

7. Eintragung im Grundbuch

a) Die Eintragung einer Vereinbarung im Grundbuchblatt eines Miteigentumsanteils ist unerläßlich, weil sie gegenüber dem Sondernachfolger des in Betracht kommenden Raumeigentümers wirksam sein soll. Nicht eingetragene Vereinbarungen können also nur im Verhältnis der Raumeigentümer untereinander und gegenüber ihren Gesamtrechtsnachfolgern dingliche Wirksamkeit erlangen, nicht aber gegenüber Sondernachfolgern; das gilt selbst gegenüber einem Sondernachfolger, der von der (nicht eingetragenen) Vereinbarung Kenntnis hat (BGB § 1010 A 1; W-W 16; D 15 a. E.). Eine Besonderheit besteht für die Vereinbarung von Beschränkungen der Veräußerungsbefugnis (§ 12); sie hat ohne Eintragung überhaupt keine dingliche Wirkung, also auch nicht im Verhältnis der Raumeigentümer untereinander und gegenüber ihren Gesamtrechtsnachfolgern. Besonders wichtig ist die durch die Eintragung herbeigeführte Wirkung der Vereinbarungen gegenüber Sondernachfolgern in den Fällen, in denen ein Raumeigentümer mehrere Raumeinheiten erworben hat und diese einzeln veräußert; hier bedarf es keiner Vereinbarungen mit den neuen Erwerbern, diese treten vielmehr ohne weiteres in die bestehenden Vereinbarungen ein (D 15).

b) Da die Vereinbarungen der Raumeigentümer als Inhalt des Sondereigentums eingetragen werden (§ 5 zu B II), sind sie von Belastungen des Raumeigentums zu unterscheiden und können mit solchen nicht in ein Rangverhältnis treten (vgl. § 3 zu A I 2 b) bb)).

8. Zustimmung dinglich Berechtigter. Sind einzelne Bruchteile oder Raumeigentumsrechte selbständig belastet oder bestehen an allen Miteigentumsanteilen eines Grundstücks oder Raumeigentumsrechten eines Gebäudes Gesamtbelastungen, so bedürfen Vereinbarungen der Raumeigentümer sowie deren spätere Änderungen als Inhaltsänderungen ihrer Rechte nach den §§ 877, 876 BGB der Zustimmung der dinglich Berechtigten (W-W 17; D 15).

III. Beschlüsse und gerichtliche Entscheidungen

1. Keine Eintragung. Beschlüsse der Raumeigentümerversammlung (§§ 23ff.) und gerichtliche Entscheidungen im Verfahren der freiwilligen Gerichtsbarkeit (§§ 43ff.) wirken nicht nur im Verhältnis der Raumeigentümer untereinander und gegenüber ihren Gesamtrechtsnachfolgern, sondern auch gegenüber den Sondernachfolgern ohne Eintragung; sie sind weder eintragungsbedürftig noch eintragungsfähig (W-W 18; a. M. Hu 5, der sie für eintragungsfähig hält). Auch jeder Sondernachfolger ist daher an sie gebunden; auf seine Kenntnis oder sein Kennenmüssen kommt es nicht an. Eine Möglichkeit, sich von den gefaßten Beschlüssen Kenntnis zu verschaffen, bieten ihm die nach § 24 Abs. 5 aufzunehmenden Niederschriften; überdies können die Raumeigentümer vereinbaren, daß der Verwalter die Niederschriften und gerichtlichen Entscheidungen gesammelt aufzubewahren und jedem Interessenten auf Verlangen vorzulegen habe (W-W 18; D 17).

2. Gegenstand der Beschlußfassung können alle Fragen sein, die nach dem WEG oder nach den Vereinbarungen der Raumeigentümer durch Beschluß entschieden werden können (§ 23 Abs. 1).

3. Mehrheitsbeschlüsse. Nach § 745 Abs. 1 BGB kann eine ordnungsmäßige Verwaltung und Benutzung des gemeinschaftlichen Gegenstandes durch Stimmenmehrheit beschlossen werden; nach h. M. wirken solche Mehrheitsbeschlüsse auch gegenüber Dritten, doch ist dies nicht unbestritten (BGB § 745 A 1). Zur Klarstellung (Begr. Abs. 2) bestimmt § 10 Abs. 4 WEG, daß Mehrheitsbeschlüsse alle Raumeigentümer eines Gebäudes auch im Außenverhältnis binden, und zwar auch dann, wenn sie gegen den Beschluß gestimmt oder bei der Beschlußfassung nicht mitgewirkt haben. Aus allen von der Mehrheit beschlossenen Verträgen und aus unerlaubten Handlungen der Mehrheit haften daher sämtliche Raumeigentümer als Gesamtschuldner (§§ 427, 830 BGB). Anders ist es bei Beschlüssen über bauliche Veränderungen und Aufwendungen, die über die ordnungsmäßige Instandhaltung oder Instandsetzung des gemeinschaftlichen Eigentums hinausgehen (§ 22 Abs. 1, § 16 Abs. 3, § 17 Satz 2).

§ 11

Unauflöslichkeit der Gemeinschaft

(1) Kein Wohnungseigentümer kann die Aufhebung der Gemeinschaft verlangen. Dies gilt auch für eine Aufhebung aus wichtigem Grund. Eine abweichende Vereinbarung ist nur für den Fall zulässig, daß das Gebäude ganz oder teilweise zerstört wird und eine Verpflichtung zum Wiederaufbau nicht besteht.

(2) Das Recht eines Pfändungsgläubigers (§ 751 des Bürgerlichen Gesetzbuches) sowie das Recht des Konkursverwalters (§ 16 Abs. 2 der Konkursordnung), die Aufhebung der Gemeinschaft zu verlangen, ist ausgeschlossen.

Übersicht

I. Grundsatz der Unauflöslichkeit

1. Freie Auflösbarkeit der Bruchteilsgemeinschaft nach BGB. Die Bruchteilsgemeinschaft des BGB ist äußerst locker: Jeder Teilhaber kann grundsätzlich jederzeit ihre Aufhebung verlangen. Zwar kann dieses Recht durch Vereinbarung für immer oder auf Zeit ausgeschlossen werden, doch kann die Aufhebung gleichwohl verlangt werden, wenn ein wichtiger Grund vorliegt; widersprechende Vereinbarungen sind nichtig (§ 749 BGB). Ohne Rücksicht auf eine das Aufhebungsrecht ausschließende Vereinbarung kann ein Gläubiger, der die Pfändung eines Anteils erwirkt hat, die Aufhebung verlangen, sofern der Schuldtitel nicht bloß vorläufig vollstreckbar ist (§ 751 Satz 2 BGB); das gleiche Recht steht im Konkurse über das Vermögen eines Miteigentümers dem Konkursverwalter zu, da die Vereinbarung eines Ausschlusses des Aufhebungsrechts nicht gegen die Konkursmasse wirkt (§ 16 Abs. 2 KO).

2. Grundsätzliche Unauflösbarkeit der Raumeigentümergemeinschaft. Der Grundsatz der freien Auflösbarkeit, wie er für die Bruchteilsgemeinschaft des BGB gilt, paßt nicht für die auf ein dauerndes Zusammenleben in einem Gebäude gerichtete Gemeinschaft von Raumeigentümern. Daher läßt schon Art. 131 EGBGB die landesgesetzlichen Vorschriften unberührt, die für den Fall des uneigentlichen Stockwerkseigentums die Anwendung der §§ 749—751 BGB ausschließen und dem Konkursverwalter das Recht, die Aufhebung der Gemeinschaft zu verlangen, versagen. Dem entspricht die Regelung im Württ.-Bad. Gesetz Nr. 275 über das Miteigentum nach Wohneinheiten vom 12. 6. 50 (RegBl. S. 57). Auch das WEG nimmt hinsichtlich der einseitigen Auflösbarkeit der Gemeinschaft einen Standpunkt ein, der dem des BGB entgegengesetzt ist.

Danach gilt folgendes:

a) Die Gemeinschaft der Raumeigentümer kann jederzeit im Einvernehmen aller Raumeigentümer durch Vereinbarung aufgelöst werden. Dagegen hat grundsätzlich kein Raumeigentümer das Recht, einseitig die Aufhebung der Gemeinschaft zu verlangen, und zwar selbst dann nicht, wenn er einen wichtigen Grund hierfür geltend macht; ihm bleibt nur die Möglichkeit, durch Veräußerung seines Raumeigentums aus der Gemeinschaft auszuscheiden. Die Vorschrift ist zwingend, eine abweichende Vereinbarung der Raumeigentümer (mit Ausnahme des im § 11 Abs. 1 Satz 3 geregelten Falles) daher unzulässig und nichtig. Das gilt allerdings nur für „Vereinbarungen" i. S. des § 10 Abs. 2, also für dingliche Verträge der Raumeigentümer; schuldrechtliche Verträge, die nur die Vertragsteile und ihre Erben verpflichten, bleiben zulässig (Bä 1c; D 4).

b) Der Ausschluß einer einseitigen Aufhebbarkeit der Gemeinschaft gilt nach § 11 Abs. 2 WEG auch gegenüber dem Gläubiger, der die Pfändung eines Miteigentumsanteils erwirkt hat (abweichend von § 751 BGB), und gegenüber dem Konkursverwalter im Konkurse über das Vermögen eines Miteigentümers (abweichend von § 16 Abs. 2 KO). Allerdings ist die Pfändung des Miteigentumsanteils an einem Grundstück überhaupt unzulässig (§ 3 zu A V 3); wenn § 11 Abs. 2 WEG trotzdem das Recht eines Pfändungsgläubigers nach § 751 Satz 2 BGB ausdrücklich ausschließt, so einmal deswegen, weil zweifelhaft ist, ob das Recht aus § 751 Satz 2 BGB nicht auch dem Gläubiger zusteht, der die Beschlagnahme zwecks Zwangsversteigerung erwirkt hat, zum anderen deswegen, weil der Anspruch auf Aufhebung der Gemeinschaft auch selbständig gepfändet werden kann (BGB § 751 A 2); der vorsorgliche Ausschluß des Rechts des Pfändungsgläubigers im § 11 Abs. 2 WEG dient daher der Klarstellung für diese Fälle (W-W 3).

c) Da auch Bargeldbestände und Guthaben der Raumeigentümergemeinschaft zu deren gemeinschaftlichem Eigentum i. S. von § 1 Abs. 2 und 3 zu rechnen sein werden (§ 1 zu C I 4, § 27 zu II 4 b), so gilt der grundsätzliche Ausschluß des einseitigen Aufhebungsrechts eines Raumeigentümers auch für die Gemeinschaft hinsichtlich dieser Vermögensbestände; der Anteil eines Raumeigentümers an ihnen ist daher auch nicht selbständig pfändbar (Bä 8; D 6; a. M. W-W § 27 A 17).

II. Ausnahmen bei Zerstörung des Gebäudes (§ 11 Abs. 1 Satz 3)

1. Abweichende Vereinbarung. Der Grundsatz, daß kein Raumeigentümer die Aufhebung der Gemeinschaft verlangen kann, gilt auch dann, wenn das Gebäude ganz oder teilweise zerstört worden ist; das WEG läßt jedoch eine von diesem Grundsatz abweichende Vereinbarung der Raumeigentümer für den Fall zu, daß eine solche Zerstörung eintritt und eine Verpflichtung zum Wiederaufbau nicht besteht. Diese Vorschrift (§ 11 Abs. 1 Satz 3) ist aber (im Gegensatz zu § 11 Abs. 1 Satz 1 u. 2) ihrerseits abdingbar, kann also durch abweichende Vereinbarung ausgeschlossen oder eingeschränkt werden. Ist dies nicht geschehen, so steht es den Raumeigentümern frei zu vereinbaren, daß jeder von ihnen die Aufhebung der Gemeinschaft verlangen kann, wenn **a)** das Gebäude ganz oder teilweise zerstört werden sollte, **b)** eine Verpflichtung zum Wiederaufbau nicht besteht; ob eine solche Verpflichtung nicht besteht, ergibt sich aus § 22 Abs. 2 WEG, sofern diese Vorschrift nicht durch eine abweichende Vereinbarung ersetzt ist; wenn dies nicht geschehen ist, entfällt die Verpflichtung zum Wiederaufbau nach § 22 Abs. 2, falls das Gebäude zu mehr als der Hälfte seines Wertes zerstört und der Schaden nicht durch eine Versicherung oder in anderer Weise gedeckt ist.

2. Anspruch auf Aufhebung der Gemeinschaft

a) Voraussetzungen. Der Anspruch setzt also voraus, daß **aa)** das Gebäude ganz oder teilweise zerstört worden ist, **bb)** eine Verpflichtung zum Wiederaufbau nicht besteht, **cc)** eine Vereinbarung i. S. von § 11 Abs. 1 Satz 3 WEG getroffen worden ist.

b) Beteiligte. Sind diese Voraussetzungen gegeben, so steht der Anspruch jedem Raumeigentümer zu; er richtet sich gegen die übrigen Raumeigentümer (BGB § 749 A 1) und geht auf Einwilligung in die Aufhebung der Gemeinschaft. Unter denselben Voraussetzungen steht der Anspruch einem Pfändungsgläubiger (§ 751 Satz 2 BGB) und dem Konkursverwalter § 16 Abs. 2 KO) zu; § 11 Abs. 2 WEG gilt für diese Fälle nicht (W-W 7). Stimmen alle Raumeigentümer der Aufhebung zu, so ist eine entsprechende Vereinbarung zu treffen. Verweigert ein Raumeigentümer die Einwilligung in die Aufhebung, so hat auf Antrag das Gericht hierüber im Verfahren der freiwilligen Gerichtsbarkeit zu entscheiden (§ 43 WEG).

c) Durchführung der Aufhebung. Haben die Raumeigentümer die Aufhebung der Gemeinschaft vereinbart oder hat das Gericht sie gem. § 43 WEG angeordnet, so ist die Aufhebung gem. den §§ 752ff. BGB (Teilung und Schuldenberichtigung) durchzuführen, wobei es einer besonderen Aufhebung der Sondereigentumsrechte nicht bedarf. Dabei sich ergebende Ansprüche der Raumeigentümer sind im Zivilprozeßwege zu verfolgen (W-W 6).

§ 12

Veräußerungsbeschränkung

(1) Als Inhalt des Sondereigentums kann vereinbart werden, daß ein Wohnungseigentümer zur Veräußerung seines Wohnungseigentums der Zustimmung anderer Wohnungseigentümer oder eines Dritten bedarf.

(2) Die Zustimmung darf nur aus einem wichtigen Grunde versagt werden. Durch Vereinbarung gemäß Absatz 1 kann dem Wohnungseigentümer darüber hinaus für bestimmte Fälle ein Anspruch auf Erteilung der Zustimmung eingeräumt werden.

(3) Ist eine Vereinbarung gemäß Absatz 1 getroffen, so ist eine Veräußerung des Wohnungseigentums und ein Vertrag, durch den sich der Wohnungseigentümer zu einer solchen Veräußerung verpflichtet, unwirksam, solange nicht die erforderliche Zustimmung erteilt ist. Einer rechtsgeschäftlichen Veräußerung steht eine Veräußerung im Wege der Zwangsvollstreckung oder durch den Konkursverwalter gleich.

Übersicht

I. Einschränkung der Veräußerungsbefugnis

1. Allgemeines. Um den Raumeigentümern die Möglichkeit eines Schutzes gegen das Eindringen unerwünschter Elemente in ihre Gemeinschaft zu gewähren, läßt § 12 WEG nach dem Vorbild des § 5 Abs. 1 ErbVO eine Durchbrechung der Vorschrift des § 137 BGB, der eine dinglich wirkende Ausschließung oder Beschränkung der Befugnis zur Verfügung über ein veräußerliches Recht verbietet, dahin zu, daß durch Vereinbarung der Raumeigentümer mit dinglicher Wirkung die Befugnis eines Raumeigentümers zur Veräußerung seines Raumeigentums von der Zustimmung anderer Raumeigentümer oder eines Dritten abhängig gemacht werden kann. Das Gesetz schreibt ein solches Zustimmungserfordernis nicht vor, sondern ermächtigt nur die Raumeigentümer, es durch Vereinbarung einzuführen. In Abweichung von § 5 Abs. 2 ErbVO kann nur die Befugnis zur Veräußerung, nicht auch die zur Belastung des Raumeigentums durch Einführung des Zustimmungserfordernisses beschränkt werden; hinsichtlich der Belastungsbefugnis verbleibt es mithin bei dem Grundsatz des § 137 Satz 1 BGB. § 137 Satz 2 BGB wird durch § 12 WEG nicht berührt; nur schuldrechtlich wirkende Abreden der Raumeigentümer, über das Raumeigentum nicht zu verfügen, sind also unbeschränkt zulässig. § 12 WEG betrifft nur die Veräußerung einzelner oder mehrerer Raumeigentumsrechte, nicht aber die Veräußerung des ganzen Grundstücks durch sämtliche Raumeigentümer (D 8a; W-W 6b).

2. Umfang der Einschränkungsmöglichkeit

a) Eingeschränkt werden kann die Befugnis zu jeglicher Veräußerung von Raumeigentum; hierunter fällt also nicht nur die Veräußerung eines Raumeigentumsrechtes im ganzen, sondern auch seine teilweise Veräußerung, nicht nur die freihändige Veräußerung, sondern auch die Veräußerung in den Fällen der §§ 18 und 19 WEG (vgl. D 15) sowie die Veräußerung im Wege der Zwangsvollstreckung und durch den Konkursverwalter (§ 12 Abs. 3 Satz 2). Da die Erbfolge keine Veräußerung ist, kann sie nicht beschränkt werden (D 4).

b) Nur durch die Einführung eines Zustimmungserfordernisses darf die Veräußerungsbefugnis eines Raumeigentümers beschränkt werden; sie darf also nicht in anderer Weise durch Vereinbarung eingeschränkt oder ausgeschlossen werden (§ 137 Satz 1 BGB). Hiervon abweichende schuldrechtliche Abreden sind aber möglich (s. oben zu I 1 a. E.).

c) Das durch Vereinbarung begründete Zustimmungserfordernis ist insofern von Gesetzes wegen beschränkt, als die Zustimmung nur aus einem wichtigen Grunde versagt werden darf (§ 12 Abs. 2 Satz 1). Was ein wichtiger Grund ist, bestimmt sich nach dem Zweck des Abs. 1, unerwünschte (z. B. zahlungsunfähige oder streitsüchtige) Personen von der Raumeigentümergemeinschaft fernzuhalten (D 9); die Versagung wird beispielsweise auch dann zulässig sein, wenn durch Veräußerung eines Wohnungseigentumsrechtes an einen Gewerbetreibenden das bisherige Wohnungseigentum sich in Teileigentum verwandeln und dadurch der reine Wohncharakter des Gebäudes gestört würde (Bä 2).

3. Abdingbarkeit des § 12 WEG. Die den Raumeigentümern zustehende Befugnis, die Veräußerung von Raumeigentum von der Zustimmung anderer Raumeigentümer oder eines Dritten abhängig zu machen, darf durch Vereinbarung beschränkt, aber nicht erweitert werden. Daraus folgt:

a) Unabdingbar ist § 12 Abs. 2 Satz 1, wie sich aus Satz 2 ergibt; durch Vereinbarung kann also nicht bestimmt werden, daß die Zustimmung auch aus einem anderen als einem wichtigen Grunde versagt werden dürfe.

b) Abdingbar sind § 12 Abs. 1 und Abs. 3 Satz 2 insofern, als **aa)** das Zustimmungserfordernis nur für bestimmte Fälle von Veräußerungen (z. B. nur die von Teileigentum oder nur die von Wohnungseigentum oder nur die eines einzelnen Raumeigentumsrechtes) angeordnet oder für bestimmte Fälle (z. B. die Veräußerung nach den §§ 18, 19 oder im Wege der Zwangsvollstreckung oder durch den Konkursverwalter — § 12 Abs. 3 Satz 2 — oder die Veräußerung an einen anderen Raumeigentümer) ausgeschlossen wird (§ 12 Abs. 1, vgl. W-W 2; D 4) oder **bb)** dem Raumeigentümer — auch dem Vollstreckungsgläubiger oder dem Konkursverwalter in den Fällen des § 12 Abs. 3 Satz 2 — über die Vorschrift des § 12 Abs. 2 Satz 1 hinaus für weitere bestimmte Fälle ein Anspruch auf Erteilung der Zustimmung eingeräumt wird (§ 12 Abs. 2 Satz 2).

4. Personenkreis des § 12 Abs. 1

a) Beschränkt werden kann die Veräußerungsbefugnis entweder eines einzigen Raumeigentümers oder mehrerer oder aller Raumeigentümer.

b) Erfordert werden kann die Zustimmung **aa)** entweder aller anderen Raumeigentümer oder einiger von ihnen oder eines bestimmten einzelnen Raumeigentümers (z. B. des Wohnungsnachbarn), **bb)** eines Dritten (z. B. des Verwalters oder eines Grundstücksnachbarn) oder mehrerer Dritter, wobei es genügt, wenn sie in der Vereinbarung so bezeichnet werden, daß sie bestimmt werden können (D 5). „Dritter" i. S. des § 12 Abs. 1 kann aber nicht ein Grundpfandgläubiger sein, da eine Vereinbarung, durch die sich der Grundstückseigentümer dem Gläubiger gegenüber verpflichtet, das Grundstück nicht zu veräußern, nach den §§ 1136, 1192 und 1199 BGB nichtig ist und diese Vorschriften in ihrer Geltung durch § 12 Abs. 1 WEG nicht berührt werden (W-W 6a; D 5).

II. Die Vereinbarung

1. Sondercharakter der Vereinbarung nach § 12

a) Während andere Vereinbarungen i. S. des § 10 Abs. 2 WEG der Eintragung im Grundbuch nur bedürfen, um gegenüber Sondernachfolgern der Raumeigentümer wirksam zu sein, im Verhältnis der Raumeigentümer untereinander und gegenüber ihren Gesamtrechtsnachfolgern aber auch ohne Eintragung dingliche Wirkung haben (§ 10 zu II 6a), tritt bei Vereinbarungen nach § 12 WEG eine dingliche Wirkung überhaupt erst mit der Eintragung ein, weil solche Vereinbarungen (anders als die sonstigen Vereinbarungen nach § 10 Abs. 1 Satz 2 und Abs. 2) nur als Inhalt des Sondereigentums getroffen werden können und als solcher nach § 7 Abs. 1 Satz 2, Abs. 3 der Eintragung im Grundbuch bedürfen (W-W 3; D 6). Ohne diese Eintragung können Abreden der Raumeigentümer über die Beschränkung der Veräußerungsbefugnis nur schuldrechtliche Wirkung im Verhältnis der Raumeigentümer untereinander und gegenüber ihren Gesamtrechtsnachfolgern beanspruchen. Gegenüber dem § 10 Abs. 2 wird die Vorschrift des § 12 Abs. 1, daß Vereinbarungen über die Beschränkung der Veräußerungsbefugnis nur als Inhalt des Sondereigentums getroffen werden können, jedenfalls auch insoweit selbständige Bedeutung haben, als die Veräußerung von der Zustimmung eines Dritten abhängig gemacht werden kann, denn insoweit dürfte es sich nicht um eine Vereinbarung handeln, durch welche die Raumeigentümer ihr Verhältnis untereinander regeln (D 7). § 12 Abs. 1 bildet auch (ebenso wie § 5 ErbVO) eine Ausnahme von dem Grundsatz (BGB § 137 A 4), daß rechtsgeschäftliche Beschränkungen der Veräußerungsbefugnis nicht eintragungsfähig sind (D 7).

b) Hinsichtlich der Form der Eintragung besteht für Vereinbarungen nach § 12 eine Ausnahme von dem Grundsatz des § 7 Abs. 3, daß zur näheren Bezeichnung des Inhalts des Sondereigentums auf die Eintragungsbewilligung Bezug genommen werden kann; nach § 3 Abs. 2 WGBV sind vereinbarte Veräußerungsbeschränkungen (§ 12 WEG) ausdrücklich einzutragen (ebenso wie beim Erbbaurecht nach § 56 Abs. 2 GBV).

2. Zustimmung dinglich Berechtigter (D 8a; Friese MDR 51, 592)

a) Sind einzelne Miteigentumsanteile selbständig mit dinglichen Rechten belastet, so bedarf eine Vereinbarung nach § 12 WEG als Änderung des Inhalts eines Rechts an einem Grundstück nach §§ 877, 876 BGB der Zustimmung des dinglich Berechtigten.

b) Ist das Grundstück im ganzen belastet, so ist die Zustimmung der dinglichen Berechtigten zu einer Vereinbarung nach § 12 nicht erforderlich, weil ihre Rechte am Grundstück durch die Vereinbarung nicht betroffen werden.

c) Sind alle Miteigentumsanteile mit Gesamthypotheken (Gesamtgrundschulden, Gesamtrentenschulden) belastet, so ist zu unterscheiden: **aa)** Wenn ursprünglich das Grundstück als Ganzes belastet war und erst durch die Begründung von Miteigentum Gesamtbelastungen aller Anteile entstanden sind, so ist die Zustimmung der dinglich Berechtigten nicht erforderlich, weil ihre Stellung durch die Vereinbarung nicht schlechter wird, als sie ursprünglich war. **bb)** Wenn die Grundpfandrechte von vornherein als Gesamtbelastungen aller Miteigentumsanteile bestellt worden sind, bedarf die Vereinbarung der Zustimmung der dinglich Berechtigten (§§ 877, 876 BGB).

III. Zustimmung zur Veräußerung

Haben die Raumeigentümer wirksam eine Vereinbarung nach § 12 WEG getroffen, so ergeben sich für den Fall der Veräußerung eines Raumeigentumsrechtes die folgenden Rechtswirkungen:

1. Wirksamkeit der Veräußerung. Von der Erteilung der Zustimmung hängt die Wirksamkeit sowohl des dinglichen Veräußerungsgeschäftes wie auch des Verpflichtungsgeschäftes ab (§ 12 Abs. 3 Satz 1). Die Zustimmung ist formlos wirksam (§ 182 Abs. 2 BGB).

a) Wird die Zustimmung von allen Zustimmungsberechtigten vor Abschluß des Verpflichtungsgeschäftes erteilt („Einwilligung" nach § 183 BGB), so ist dieses — und damit auch das dingliche Geschäft — von vornherein wirksam. Wird die Zustimmung nach Abschluß des Verpflichtungsgeschäftes („Genehmigung" nach § 184 BGB), aber vor dem Abschluß des dinglichen Geschäftes erteilt, so wird das Verpflichtungsgeschäft mit der Erteilung der Zustimmung wirksam, das dingliche Geschäft ist von vornherein wirksam. Wird die Genehmigung nach dem Abschluß des dinglichen Geschäfts erteilt, so wird dieses — und zugleich das Verpflichtungsgeschäft — mit der Erteilung der Genehmigung wirksam; allerdings wird dieser Fall praktisch kaum vorkommen, weil nach § 925a BGB bei der Auflassung des Raumeigentums die Urkunde über das Verpflichtungsgeschäft vorgelegt oder gleichzeitig errichtet werden soll (vgl. § 3 zu A IV 2). Die Genehmigung wirkt auf den Zeitpunkt des Vertragsschlusses zurück (§ 187 Abs. 1 BGB; ErbVO § 6 A 1; Ho 4; Ba 3a; D 12; a. M. W-W 6 und Weitnauer DNotZ 51, 492).

b) Wird die Genehmigung des schuldrechtlichen oder des dinglichen Rechtsgeschäfts von einem Zustimmungsberechtigten endgültig verweigert und auch nicht durch gerichtliche Entscheidung (§ 43 WEG) ersetzt, so werden beide Rechtsgeschäfte mit rückwirkender Kraft endgültig unwirksam. § 12 Abs. 3 Satz 1 WEG enthält — ebenso wie § 8 Abs. 1 ErbVO — ein absolutes Veräußerungsverbot mit der Wirkung, daß jedes gegen das Verbot verstoßende Rechtsgeschäft — auch Dritten gegenüber — nichtig ist (KG JW 33, 704; D 13).

c) Wird das schuldrechtliche oder das dingliche Veräußerungsgeschäft vor Erteilung der Zustimmung der Zustimmungsberechtigten abgeschlossen, so ist es bis zur Erteilung oder Versagung der Zustimmung schwebend unwirksam. Während dieses Schwebezustandes sind die Vertragsparteien an ihren Vertrag gebunden und einander verpflichtet, sich um die Erlangung der Genehmigung der Zustimmungsberechtigten zu bemühen. Über die Herbeiführung einer Beendigung des Schwebezustandes enthält das WEG keine Vorschrift; mit Diester (A 12) wird eine entsprechende Anwendung der §§ 1396 Abs. 2, 1829 Abs. 2 BGB für zulässig zu halten sein. Der Zustimmungsberechtigte wird sich also, wenn er zur Erklärung über die Genehmigung aufgefordert wird, bis zum Ablauf von 2 Wochen nach dem Empfang der Aufforderung erklären müssen; erklärt er bis dahin nicht seine Genehmigung, so gilt diese als verweigert.

d) Das zu a) bis c) Ausgeführte gilt entsprechend auch für die freiwillige Versteigerung (§§ 19, 53ff. WEG), die Zwangsversteigerung und die Veräußerung durch den Konkursverwalter (§ 12 Abs. 3 Satz 2), falls auch für diese Fälle die Veräußerung eines Raumeigentumsrechtes von einer Zustimmung abhängig ist (s. oben zu I 3 b) aa).

2. Grundbuchrechtliche Fragen. Ist die Beschränkung der Veräußerungsbefugnis eines Raumeigentümers nach § 12 Abs. 1 WEG als Inhalt des Sondereigentums im Grundbuch eingetragen, so gilt folgendes:

a) Ist ein Antrag auf Umschreibung des Raumeigentums auf den Erwerber beim Grundbuchamt eingegangen, so hat es den Nachweis zu verlangen, daß die Zustimmungsberechtigten der Veräußerung zugestimmt haben. Zwar ist dies im WEG nicht (wie in der entsprechenden Vorschrift des § 15 ErbVO) ausdrücklich ausgesprochen, doch ist das nur deshalb unterblieben, weil eine solche Vorschrift für entbehrlich gehalten wurde (W-W 6; Weitnauer DNotZ 51, 492). Die Prüfungspflicht des Grundbuchamtes ergibt sich bereits daraus, daß es sich bei der Vorschrift des § 12 Abs. 1 WEG um ein absolutes Veräußerungsverbot (s. oben zu III 1b) handelt, das jede entgegenstehende Verfügung nichtig macht, und daß das Grundbuchamt die Verfügungsbefugnis des Veräußerers von Amts wegen nachzuprüfen hat (Güthe-Triebel, 6. Aufl., Vorbem. 70 vor § 13 GBO; D 14).

b) Gutgläubiger Erwerb des Raumeigentums durch einen Dritten ist nicht möglich, weil ihm die eingetragene Beschränkung der Veräußerungsbefugnis des Raumeigentümers entgegensteht; dies gilt auch dann, wenn das Grundbuchamt unzulässigerweise den Erwerber trotz fehlender Zustimmung eingetragen hat. Ist die Beschränkung der Veräußerungsbefugnis nicht eingetragen, so kann die Frage nach gutem oder bösem Glauben überhaupt nicht auftreten, weil die Beschränkung wirkungslos (s. oben zu II 1a), das Grundbuch daher nicht unrichtig ist; der Erwerber erlangt in diesem Falle mit seiner Eintragung das ihm veräußerte Raumeigentum (D 13).

IV. Anspruch auf Zustimmung (§ 12 Abs. 2 WEG)

1. Allgemeines. § 12 Abs. 2 WEG ist dem § 7 Abs. 1 ErbVO nachgebildet. Da nach der unabdingbaren Vorschrift des § 12 Abs. 2 Satz 1 WEG die Zustimmung nur aus einem wichtigen Grunde versagt werden darf, steht dem veräußernden Raumeigentümer in allen anderen Fällen, in denen die Zustimmung verweigert wird, ein Anspruch auf Erteilung der Zustimmung zu (vgl. ErbVO § 7 A 1). Wenn nach § 12 Abs. 2 Satz 2 „darüber hinaus" durch Vereinbarung dem veräußernden Raumeigentümer für bestimmte Fälle ein Anspruch auf Erteilung der Zustimmung eingeräumt werden kann, so kann das einmal bedeuten, daß bei entsprechender Vereinbarung die Zustimmung in gewissen Fällen auch bei Vorliegen eines wichtigen Grundes nicht verweigert werden darf, zum anderen aber, daß für gewisse Fälle, in denen es zweifelhaft sein kann, ob ein „wichtiger Grund" für die Versagung der Zustimmung vorliegt (z. B. bei Veräußerung eines Wohnungseigentumsrechtes in einem reinen Wohnhause an einen Gewerbetreibenden als Teileigentum, s. oben zu I 2c), die Beantwortung der Frage in verneinendem Sinne von vornherein klargestellt werden kann. Die gleichen Ansprüche auf Erteilung der Zustimmung, die ein veräußernder Raumeigentümer hat, stehen bei der freiwilligen Versteigerung nach §§ 19, 53ff. dem Antragsteller (§ 54 Abs. 1), in den Fällen des § 12 Abs. 3 Satz 2 bei der Zwangsversteigerung dem betreibenden Gläubiger, im Konkurse dem Konkursverwalter zu. Der Gläubiger einer Geldforderung gegen einen Raumeigentümer kann auch dessen Anspruch auf Erteilung der Zustimmung nach § 857 ZPO pfänden und sich überweisen lassen; das gilt für alle Fälle, in denen ein Raumeigentümer einen Anspruch auf Erteilung der Zustimmung hat (We 2), nicht nur, wie Friese (MDR 51, 592) und Diester (A 15) annehmen, für die Fälle des § 12 Abs. 2 Satz 2 WEG.

2. Durchsetzung des Anspruchs. Der veräußernde Raumeigentümer, der Antragsteller bei der freiwilligen Versteigerung nach §§ 19, 53ff., der betreibende Gläubiger im Zwangsversteigerungsverfahren und der Konkursverwalter können ihren Anspruch auf Erteilung der Zustimmung im gerichtlichen Verfahren durchsetzen. Dabei ist zu unterscheiden:

a) Richtet sich der Anspruch gegen einen oder mehrere Raumeigentümer, so hat das Amtsgericht im Verfahren der freiwilligen Gerichtsbarkeit nach § 43 Abs. 1 Nr. 1 WEG zu entscheiden; die rechtskräftige Entscheidung, daß kein Grund für die Verweigerung der Zustimmung bestehe, ersetzt die Zustimmung.

b) Richtet sich der Anspruch gegen einen Dritten, so ist er durch Klage auf Erteilung der Zustimmung beim zuständigen Prozeßgericht zu verfolgen, das im Zivilprozeßverfahren zu entscheiden hat (W-W 5; D 11 und 15). Auch hier ersetzt eine der Klage stattgebende rechtskräftige Entscheidung die Zustimmung.

V. Vorkaufsrecht

Im Gegensatz zu manchen ausländischen Rechten gewährt das WEG den Raumeigentümern kein gesetzliches Vorkaufsrecht, doch können die Raumeigentümer für den Fall des Verkaufs eines Raumeigentumsrechtes ein rechtsgeschäftliches dingliches Vorkaufsrecht vereinbaren (Begr.). Durch ein solches Vorkaufsrecht wird das davon betroffene Raumeigentumsrecht belastet (§§ 1094, 1095 BGB). Das Vorkaufsrecht ist daher nicht als Inhalt des Sondereigentums, sondern als Belastung des Raumeigentums (Miteigentumsanteils) im Grundbuch einzutragen (OLG Celle NJW 55, 953 = DNotZ 55, 320 mit A. Weitnauer; W-W 7; D 16).

§ 13

Rechte des Wohnungseigentümers

(1) Jeder Wohnungseigentümer kann, soweit nicht das Gesetz oder Rechte Dritter entgegenstehen, mit den im Sondereigentum stehenden Gebäudeteilen nach Belieben verfahren, insbesondere diese bewohnen, vermieten, verpachten oder in sonstiger Weise nutzen, und andere von Einwirkungen ausschließen.

(2) Jeder Wohnungseigentümer ist zum Mitgebrauch des gemeinschaftlichen Eigentums nach Maßgabe der §§ 14, 15 berechtigt. An den sonstigen Nutzungen des gemeinschaftlichen Eigentums gebührt jedem Wohnungseigentümer ein Anteil nach Maßgabe des § 16.

Übersicht

I. Allgemeines

§ 13 umschreibt — allerdings nicht erschöpfend — die Rechte des Raumeigentümers, während § 14 seine Pflichten festlegt. Dabei unterscheidet § 13 zwischen den beiden Eigentumssphären des Raumeigentums; Abs. 1 behandelt die Rechte aus dem Sondereigentum, Abs. 2 die Rechte aus dem gemeinschaftlichen Eigentum. Nicht erwähnt werden die Rechte, die sich aus dem Raumeigentum als Ganzem ergeben.

II. Rechte aus dem Sondereigentum (Abs. 1)

1. Grundsatz. Da der Raumeigentümer hinsichtlich seines Sondereigentums echter Alleineigentümer ist, übernimmt § 13 Abs. 1 insoweit die im § 903 BGB getroffene Regelung der Eigentümerbefugnisse. Danach kann der Raumeigentümer hinsichtlich der in seinem Sondereigentum stehenden Gebäudeteile

a) (in positiver Beziehung) nach Belieben verfahren, insbesondere, wie das Gesetz durch Anführung von Beispielen erläuternd bemerkt, diese Gebäudeteile bewohnen, vermieten, verpachten oder in sonstiger Weise nutzen, sie aber auch (was das Gesetz nicht erwähnt) ergänzen, beseitigen oder verändern (W-W 2; D 5);

b) (in negativer Beziehung) andere von Einwirkungen auf diese Gebäudeteile ausschließen, und zwar durch Klage auf Unterlassung oder Beseitigung (§§ 1004ff. BGB) oder auf Herausgabe nach §§ 985ff. BGB. Daß § 13 Abs. 1 nur von „Einwirkungen" schlechthin spricht, während § 903 BGB dem Eigentümer die Befugnis zur Ausschließung „jeder Einwirkung" gibt, beruht wohl darauf, daß durch § 14 Nr. 3 und Nr. 4 WEG dem Raumeigentümer Duldungspflichten auferlegt sind.

2. Einschränkung. Die allgemeine Beschränkung der zu 1 erwähnten Eigentümerbefugnisse nach § 903 BGB („soweit nicht das Gesetz oder Rechte Dritter entgegenstehen") gilt auch für das Sondereigentum des Raumeigentümers. Entgegenstehende Rechte Dritter können sich hier insbesondere aus § 14 oder aus einer nach § 15 bezüglich des Sondereigentums vereinbarten oder beschlossenen Gebrauchsregelung ergeben (wegen Einzelheiten s. Bä 1).

III. Rechte aus dem gemeinschaftlichen Eigentum

Die für die Nutzung des gemeinschaftlichen Eigentums getroffene Regelung (§ 13 Abs. 2 i. V. mit §§ 14—16) schließt sich an § 743 BGB an. Dabei ist nach § 100 BGB zwischen Gebrauchsvorteilen und sonstigen Nutzungen („Früchten") zu unterscheiden:

1. Gebrauchsvorteile. Nach § 743 Abs. 2 BGB ist jeder Teilhaber zum Gebrauch des gemeinschaftlichen Gegenstandes insoweit befugt, als nicht der Mitgebrauch der übrigen Teilhaber beeinträchtigt wird. Das hiernach jedem Teilhaber zustehende Recht zum Mitgebrauch des gemeinschaftlichen Gegenstandes wird hinsichtlich der im gemeinschaftlichen Eigentum der Raumeigentümer stehenden Grundstücks- und Gebäudeteile näher bestimmt durch die §§ 14 und 15, auf die hier zu verweisen ist.

2. Sonstige Nutzungen, d. h. die „Früchte" i. S. des § 100 BGB. Sie können natürliche Früchte (z. B. die Erträge eines im gemeinschaftlichen Eigentum der Raumeigentümer stehenden Gartens) oder zivile Früchte (z. B. Einnahmen aus der Vermietung oder Verpachtung zum gemeinschaftlichen Eigentum gehörender Räume oder Grundstücksteile) sein. Nach § 743

Abs. 1 BGB gebührt jedem Teilnehmer ein seinem Anteil entsprechender Bruchteil der Früchte. Dies gilt auch für das Recht der Raumeigentümer auf die Früchte des gemeinschaftlichen Eigentums (§ 13 Abs. 2 Satz 2, § 16 Abs. 1).

IV. Rechte aus dem Raumeigentum als besonders ausgestaltetem Miteigentum

1. Verfügungsrecht. Wie sich aus § 747 BGB ergibt, kann jeder Raumeigentümer

a) über sein Raumeigentum ganz oder teilweise (s. § 3 zu A IV 1 c) verfügen, d. h. es veräußern, belasten oder inhaltlich verändern (§ 747 Satz 1), sofern er nicht nach § 12 WEG vereinbarungsgemäß an die Zustimmung anderer Raumeigentümer oder eines Dritten gebunden ist und diese Zustimmung aus einem wichtigen Grunde versagt wird,

b) über das Grundstück im Ganzen einschließlich des darauf stehenden Gebäudes gemeinsam mit den übrigen Raumeigentümern verfügen.

2. Ansprüche gegen Dritte, insbesondere Abwehransprüche aus § 1004 (vgl. §§ 906—909) BGB, kann jeder Raumeigentümer auf Grund seines Miteigentums am Grundstück in Ansehung des ganzen Grundstücks und des Gebäudes geltend machen, einen Anspruch auf Herausgabe jedoch nur mit dem Antrage auf Herausgabe an alle Raumeigentümer gemeinsam (§ 1011 BGB).

V. Besitzverhältnisse

1. Allgemeines. Auf Grund seines Raumeigentums ist der Raumeigentümer (anders als der Mieter oder Pächter) Eigenbesitzer (§ 872 BGB), und zwar hinsichtlich der in seinem Sondereigentum stehenden Gebäudeteile Teilbesitzer (§ 865 BGB), hinsichtlich des Grundstücks und der im gemeinschaftlichen Eigentum stehenden Gebäudeteile dagegen nur Mitbesitzer (§ 866 BGB).

2. Besitzschutz

a) Gegenüber Dritten hat jeder Raumeigentümer hinsichtlich des Sondereigentums und des gemeinschaftlichen Eigentums vollen Besitzschutz, also auch das Selbsthilferecht nach § 859 BGB, jedoch kann er, wenn der Besitz allen Raumeigentümern entzogen worden ist, nur Wiedereinräumung des Besitzes für alle (also seines Mitbesitzes, nicht etwa des Alleinbesitzes) verlangen.

b) Gegenüber einem anderen Raumeigentümer kann ein Raumeigentümer, dem der andere den Mitbesitz völlig entzogen hat, dessen Wiedereinräumung verlangen, sich auch der Besitzentziehung mit Gewalt erwehren. Dagegen steht ihm bei bloßer Störung des Mitbesitzes durch den anderen kein Besitzschutz, sondern nur der Anspruch aus dem Recht (§§ 13 bis 15 WEG) zu (BGB § 866 A 3), über den nach § 43 WEG im Verfahren der freiwilligen Gerichtsbarkeit zu entscheiden ist. Hinsichtlich der im Sondereigentum stehenden Gebäudeteile genießt jeder Raumeigentümer auch den anderen Raumeigentümern gegenüber vollen Besitzschutz (W-W 10—12; D 12 und 13).

VI. Gefahrtragung

Die Gefahr des zufälligen Unterganges trägt der Raumeigentümer hinsichtlich der in seinem Sondereigentum stehenden Gebäudeteile vollständig, hinsichtlich der im gemeinschaftlichen Eigentum stehenden Gebäudeteile bruchteilsmäßig mit den übrigen Raumeigentümern (W-W 4; D 14).

§ 14

Pflichten des Wohnungseigentümers

Jeder Wohnungseigentümer ist verpflichtet:

1. **die im Sondereigentum stehendenGebäudeteile so instand zu halten und von diesen sowie von dem gemeinschaftlichen Eigentum nur in solcher Weise Gebrauch zu machen, daß dadurch keinem der anderen Wohnungseigentümer über das bei einem geordneten Zusammenleben unvermeidliche Maß hinaus ein Nachteil erwächst;**
2. **für die Einhaltung der in Nr. 1 bezeichneten Pflichten durch Personen zu sorgen, die seinem Hausstand oder Geschäftsbetrieb angehören oder denen er sonst die Benutzung der im Sonder- oder Miteigentum stehenden Grundstücks- oder Gebäudeteile überläßt;**
3. **Einwirkungen auf die im Sondereigentum stehenden Gebäudeteile und das gemeinschaftliche Eigentum zu dulden, soweit sie auf einem nach Nrn. 1, 2 zulässigen Gebrauch beruhen;**

4. das Betreten und die Benutzung der im Sondereigentum stehenden Gebäudeteile zu gestatten, soweit dies zur Instandhaltung und Instandsetzung des gemeinschaftlichen Eigentums erforderlich ist; der hierdurch entstehende Schaden ist zu ersetzen.

Übersicht

I. Allgemeines

Wie § 13 die Rechte, so umschreibt § 14 die aus der Gemeinschaft der Raumeigentümer sich ergebenden Pflichten jedes Raumeigentümers, aber ebenfalls nicht erschöpfend (vgl. z. B. § 15 Abs. 3, § 16 Abs. 2). Die im § 14 getroffene Regelung ist ferner nach § 10 Abs. 1 Satz 2 abdingbar; insbesondere können die dem Raumeigentümer obliegenden Pflichten durch Vereinbarung erweitert werden (§ 15 Abs. 1). Die gesetzliche Regelung unterscheidet Pflichten hinsichtlich der Behandlung des Raumeigentums (Nrn. 1 und 2) und Duldungspflichten (Nrn. 3 u. 4).

II. Pflichten hinsichtlich der Behandlung des Raumeigentums

1. Instandhaltung (Nr. 1). Hinsichtlich der im Sondereigentum stehenden Gebäudeteile (Gleiches muß aber auch für die im Sondereigentum stehenden Räume gelten, D 2) liegt dem Raumeigentümer eine gewisse Instandhaltungspflicht ob, d. h. er muß die seinem Sondereigentum unterliegenden Gegenstände so instand halten, daß dadurch keinem anderen Raumeigentümer ein Nachteil erwächst, der über das bei einem geordneten Zusammenleben unvermeidliche Maß der Beeinträchtigung hinausgeht. Nachteile können z. B. durch Schäden an der Wasserleitung oder Zentralheizung, infolge geöffneter Fenster oder durch Ungeziefer entstehen; derartige Schäden hat daher der Sondereigentümer zu beseitigen, widrigenfalls er sich im Falle der Benachteiligung anderer Raumeigentümer diesen gegenüber bei Verschulden schadensersatzpflichtig macht (§ 823 Abs. I BGB); Hypothekengläubigern gegenüber haftet er nach den §§ 1133—35 (s. § 6 zu I 3). Zur Instandhaltung des gemeinschaftlichen Eigentums sind alle Raumeigentümer verpflichtet (§ 21 Abs. 5 Nr. 2).

2. Schonender Gebrauch (Nr. 1). Die Pflicht zum schonenden Gebrauch bezieht sich sowohl auf das Sondereigentum wie auf das gemeinschaftliche Eigentum. Auch der Gebrauch muß so ausgeübt werden, daß keinem anderen Raumeigentümer ein Nachteil erwächst, der das bei einem geordneten Zusammenleben unvermeidliche Maß der Beeinträchtigung überschreitet (z. B. Verbot ruhestörenden Lärms in den Räumen des Sondereigentums, übermäßiger Beschmutzung des gemeinschaftlichen Eigentums). Soweit der Gebrauch nicht durch Vereinbarung (§ 15 Abs. 1), Beschluß (§ 15 Abs. 2) oder Hausordnung (§ 21 Abs. 5 Nr. 1) näher geregelt ist, kann jeder Raumeigentümer im Streitfalle eine gerichtliche Entscheidung über das zulässige Maß des Gebrauchs herbeiführen (§ 15 Abs. 3, § 43 Abs. 1 Nr. 1).

3. Einhaltung dieser Pflichten durch andere Personen (Nr. 2). Der Raumeigentümer hat die ihm obliegenden Pflichten zur Instandhaltung und zum schonenden Gebrauch nicht nur persönlich zu erfüllen, sondern auch dafür zu sorgen, daß diese Pflichten von anderen Personen eingehalten werden, die sich in den in Frage kommenden Räumen aufhalten oder mit den entsprechenden Grundstücks- oder Gebäudeteilen zu tun haben, nämlich von **a)** Personen, die dem Hausstand des Raumeigentümers angehören (Familienangehörige, Hausangestellte), **b)** Personen, die seinem Geschäftsbetrieb angehören (Geschäfts- oder Büroangestellte), **c)** Personen, denen der Raumeigentümer sonst die Benutzung der im Sondereigentum oder im gemeinschaftlichen Eigentum stehenden Grundstücks- oder Gebäudeteile überläßt (z. B. Mieter oder Pächter). § 14 Nr. 2 besagt nichts über die Haftung des Raumeigentümers für diese Personen. Sie bestimmt sich nach den §§ 278, 831 BGB; die zum Hausstand oder Geschäftsbetrieb eines Raumeigentümers gehörenden Personen sind (ebenso wie die zum Hausstand oder Geschäftsbetrieb eines Mieters gehörenden) seine Erfüllungsgehilfen, soweit die Erfüllung seiner Pflichten als Raumeigentümer in ursächlichem Zusammenhang mit einer ihnen aufgetragenen Arbeitsleistung steht (**RG** 84, 222; 87, 276; 159, 32; W-W § 13 A 14; D 4).

III. Duldungspflichten

1. Einwirkungen auf Grund ordnungsmäßigen Gebrauchs (Nr. 3). Nach Nr. 1 hat jeder Raumeigentümer sich hinsichtlich seines Sondereigentums und des gemeinschaftlichen Eigentums so zu verhalten, daß keinem anderen Raumeigentümer über das bei einem geordneten Zusammenleben unvermeidliche Maß hinaus ein Nachteil erwächst. Nachteile also, die im Rahmen eines geordneten Zusammenlebens unvermeidlich sind, muß jeder Raumeigentümer in Kauf nehmen; entsprechende Einwirkungen auf sein Sondereigentum und auf das gemeinschaftliche Eigentum, die von einem anderen Raumeigentümer (Nr. 1) oder den in Nr. 2 bezeichneten Personen ausgehen, hat er zu dulden. Nr. 3, wo dieses ausgesprochen wird, stellt also das Gegenstück zu den Nrn. 1 und 2 dar. Gegen Einwirkungen, die über das bei einem geordneten Zusammenleben unvermeidliche Maß hinausgehen, kann der beeinträchtigte Raumeigentümer nach den §§ 862ff., 1004 BGB, notfalls nach § 18 WEG vorgehen.

2. Einwirkungen in besonderen Fällen (Nr. 4). Über die allgemeine Duldungspflicht der Nr. 3 hinaus hat jeder Raumeigentümer ferner gegen Schadensersatzleistung zu dulden **a)** das Betreten und die Benutzung der im Sondereigentum stehenden Gebäudeteile, soweit dies zur Instandhaltung und Instandsetzung des gemeinschaftlichen Eigentums erforderlich ist (§ 14 Nr. 4, vgl. § 16 Abs. 4), **b)** Maßnahmen am gemeinschaftlichen Eigentum (nicht am Sondereigentum!), die zur Herstellung der im § 21 Abs. 5 Nr. 6 bezeichneten Einrichtungen zugunsten eines anderen Raumeigentümers erforderlich sind (§ 21 Ab. 6).

IV. Folgen mangelnder Pflichterfüllung

Erfüllt ein Raumeigentümer eine ihm nach § 14 obliegende Pflicht nicht, so kann **1.** jeder andere dadurch betroffene Raumeigentümer von ihm die Erfüllung dieser Pflicht — gegebenenfalls Unterlassung störenden Verhaltens — verlangen und deswegen, soweit der Anspruch aus dem Gemeinschaftsverhältnis hergeleitet wird, gemäß § 43 Abs. 1 Nr. 1 das Gericht anrufen, **2.** jeder andere dadurch geschädigte Raumeigentümer gemäß § 276 BGB Ersatz seines Schadens beanspruchen, und zwar gerichtlich im Wege des § 43 Abs. 1 Nr. 1, soweit der Anspruch auf das Gemeinschaftsverhältnis gestützt wird, **3.** die Gesamtheit der anderen Raumeigentümer unter den Voraussetzungen des § 18 im Klagewege (§ 51) Entziehung des Raumeigentums verlangen.

§ 15

Gebrauchsregelung

(1) Die Wohnungseigentümer können den Gebrauch des Sondereigentums und des gemeinschaftlichen Eigentums durch Vereinbarung regeln.

(2) Soweit nicht eine Vereinbarung nach Absatz 1 entgegensteht, können die Wohnungseigentümer durch Stimmenmehrheit einen der Beschaffenheit der im Sondereigentum stehenden Gebäudeteile und des gemeinschaftlichen Eigentums entsprechenden ordnungsmäßigen Gebrauch beschließen.

(3) Jeder Wohnungseigentümer kann einen Gebrauch der im Sondereigentum stehenden Gebäudeteile und des gemeinschaftlichen Eigentums verlangen, der dem Gesetze, den Vereinbarungen und Beschlüssen und, soweit sich die Regelung hieraus nicht ergibt, dem Interesse der Gesamtheit der Wohnungseigentümer nach billigem Ermessen entspricht.

Übersicht:

I. Allgemeines

Das BGB regelt die Verwaltung und Benutzung der gemeinschaftlichen Sache bei der Miteigentümergemeinschaft in den §§ 745, 746, 1010 Abs. 1. Das WEG gibt für die Gemeinschaft der Raumeigentümer als besonders ausgestaltete Miteigentümergemeinschaft nach Bruchteilen besondere Bestimmungen, die den erwähnten Vorschriften des BGB vorgehen (§ 10 I 1). Dabei trennt es die Regelung der Benutzung von der Regelung der Verwaltung; diese bezieht sich nur auf das gemeinschaftliche Eigentum der Raumeigentümer, während die Regelung der Benutzung auch das Sondereigentum ergreift. Die Verwaltung des gemeinschaftlichen Eigentums wird in den §§ 20ff. behandelt, die Regelung der Benutzung im § 15. Statt „Benutzung“ (so die §§ 745, 746, 1010 Abs. 1 BGB, abweichend § 743 Abs. 2) verwendet das WEG gleichbedeutend den Ausdruck „Gebrauch" (anders jedoch § 14 Abs. 4). § 15 gibt keine materiellrechtliche Gebrauchsregelung, sondern zeigt nur die Formen auf, in denen Näheres über die Art des Gebrauchs bestimmt werden kann; danach kann der Gebrauch des Sondereigentums und des gemeinschaftlichen Eigentums auf drei verschiedenen Wegen geregelt werden, nämlich durch Vereinbarung der Raumeigentümer, durch Mehrheitsbeschluß oder durch gerichtliche Entscheidung.

II. Vereinbarung (§ 15 Abs. 1)

Vereinbarungen (§ 10 Abs. 2), die den Gebrauch regeln, müssen von allen Raumeigentümern einstimmig getroffen und können auch nur einstimmig aufgehoben oder geändert werden; das gilt auch, wenn die Gebrauchsregelung in einer Hausordnung (§ 21 Abs. 5 Nr. 1) niedergelegt wird, die durch Vereinbarung zustande kommt. Wird die vereinbarte Gebrauchsregelung als Inhalt des Sondereigentums im Grundbuch eingetragen, so erlangt sie dingliche Wirkung auch gegen die Sondernachfolger (§ 10 zu II).

Der Gebrauch des gemeinschaftlichen Eigentums kann z. B. geregelt werden durch Vereinbarungen über die Benutzung einer gemeinsamen Waschküche, gemeinsamer Boden- oder Kellerräume, eines gemeinsamen Hausgartens, Hofes oder Trockenplatzes, das Verbot des Abstellens von Fahrrädern u. dgl. im Hausflur, die Anbringung von Namensschildern oder Werbeplakaten, der Gebrauch des Sondereigentums z. B. durch Vereinbarungen über die Gestattung oder Nichtgestattung der Verwendung von Räumen zu gewerblichen Zwecken oder ihre Vermietung oder Verpachtung, über die zeitliche Einschränkung des Musizierens, die Haltung von Hunden, Katzen und anderen Haustieren in ihnen.

III. Mehrheitsbeschluß (§ 15 Abs. 2, vgl. § 10 zu III)

1. Allgemeines. § 15 Abs. 2 entspricht dem § 745 Abs. 1 BGB mit der Maßgabe, daß er einerseits nur den Gebrauch, nicht auch die Verwaltung, anderseits aber nicht nur das gemeinschaftliche Eigentum, sondern auch das Sondereigentum betrifft. Für die Gebrauchsregelung im Beschlußwege (ebenso für die Aufhebung oder Änderung gefaßter Beschlüsse) ist nicht wie bei der Vereinbarung Einstimmigkeit aller Raumeigentümer erforderlich, sondern es genügt die Mehrheit der Anwesenden in einer beschlußfähigen Versammlung der Raumeigentümer (§ 25). Dies gilt auch, wenn die Gebrauchsregelung im Rahmen einer Hausordnung beschlossen wird (§ 21 Abs. 5 Nr. 1).

2. Einschränkungen. Die Gebrauchsregelung im Beschlußwege ist jedoch in folgenden Hinsichten beschränkt:

a) Sie kommt nur insoweit in Frage, als ihr nicht eine gemäß § 15 Abs. 1 getroffene Vereinbarung aller Raumeigentümer entgegensteht.

b) Es kann nur ein Gebrauch beschlossen werden, der **aa)** der Beschaffenheit des gemeinschaftlichen Eigentums und der im Sondereigentum stehenden Gebäudeteile entspricht, **bb)** ordnungsmäßig ist. Ob diese Voraussetzungen gegeben sind, richtet sich nach der Art des Einzelfalles. Als nicht „ordnungsmäßig" wird ein Gebrauch anzusehen sein, bei welchem der Freiheit des Raumeigentümers entweder zu viel oder zu wenig Spielraum gelassen wird (z. B. einerseits Gestattung lärmender oder mit sonstigen Belästigungen verbundener gewerblicher Tätigkeit, andererseits Verbot jedes Musizierens, W-W 3). Ob ein Beschluß sich in dem durch diese Voraussetzungen gezogenen Rahmen hält, kann auf Antrag eines Raumeigentümers oder des Verwalters durch das Gericht im Verfahren der freiwilligen Gerichtsbarkeit geprüft werden (§ 43 Abs. 1 Nr. 4); ungültig ist der Beschluß nur dann, wenn das Gericht ihn für ungültig erklärt hat (§ 23 Abs. 4).

IV. Gerichtliche Entscheidung

§ 15 Abs. 3 übernimmt die im § 745 Abs. 2 BGB getroffene Regelung, soweit diese sich auf die Benutzung des gemeinschaftlichen Gegenstandes bezieht, und ergänzt sie durch Gewährung des Anspruchs auf einen Gebrauch, der dem Gesetz, den Vereinbarungen und den Beschlüssen entspricht. Die Vorschrift gibt danach zweierlei Ansprüche:

1. Feststellungsentscheidungen und Durchführungsanordnungen. Jeder Raumeigentümer kann verlangen, daß von dem gemeinschaftlichen Eigentum und den im Sondereigentum stehenden Gebäudeteilen ein Gebrauch gemacht wird, der dem Gesetz, den getroffenen Vereinbarungen (§ 15 Abs. 1) und den gefaßten Beschlüssen (§ 15 Abs. 2) entspricht, mag es sich dabei um den zulässigen eigenen Gebrauch handeln, der ihm von anderen Raumeigentümern streitig gemacht wird, oder um den Gebrauch, den andere Raumeigentümer in unzulässiger Weise von ihrem Sondereigentum oder dem gemeinschaftlichen Eigentum machen. Im ersten Falle geht der Anspruch auf Gestattung des zulässigen, im zweiten Falle auf Untersagung des unzulässigen Gebrauchs. Der Anspruch ist sowohl dann gegeben, wenn die Grenzen des zulässigen Gebrauchs nach dem Gesetz, den Vereinbarungen oder den Beschlüssen umstritten sind, wie auch dann, wenn sie zwar unstreitig sind, aber nicht beachtet werden; in beiden Fällen hat der Richter, wenn der Anspruch begründet ist, das Erforderliche zu veranlassen, damit die Grenzen eingehalten werden, im ersten Falle hat er außerdem diese Grenzen selbst, wie sie sich aus Gesetz, Vereinbarung oder Mehrheitsbeschluß ergeben, festzustellen. Über den Anspruch ist nach § 43 Abs. 1 Nr. 1 WEG im Wege der freiwilligen Gerichtsbarkeit zu entscheiden. Dabei sind die Anordnungen zu treffen, die zur Durchführung der Entscheidung erforderlich sind (§ 44 Abs. 4).

2. Gestaltungsentscheidungen. Sind die Grenzen des zulässigen Gebrauchs streitig und ist die Streitfrage nicht durch Gesetz, Vereinbarung oder Mehrheitsbeschluß (z. B. wenn ein solcher mangels Stimmenmehrheit nicht zustande kommt) geregelt, so kann jeder Raumeigentümer einen Gebrauch des gemeinschaftlichen Eigentums oder des (eigenen oder fremden) Sondereigentums für sich oder den anderen Raumeigentümer verlangen, der nach billigem Ermessen dem Interesse der Gesamtheit der Raumeigentümer entspricht; insoweit übernimmt § 15 Abs. 3 WEG sinngemäß die im § 745 Abs. 2 BGB getroffene Regelung, doch braucht (anders als nach BGB, s. BGB § 745 A 3) der Antragsteller nicht einen bestimmt formulierten Antrag zu stellen, denn das Verfahren ist hier nicht das der ZPO, sondern das des FGG nach § 43 Abs. 1 Nr. 1 WEG. Der Richter entscheidet nach billigem Ermessen (§ 15 Abs. 3, § 43 Abs. 3) und ist daher nicht an Anträge der Beteiligten gebunden; sein Beschluß ist eine Gestaltungsentscheidung, die einen Mehrheitsbeschluß der Raumeigentümer ersetzt und damit die Grenzen des zulässigen Gebrauchs allgemein und für die Dauer bis zum etwaigen Zustandekommen eines abweichenden Mehrheitsbeschlusses der Raumeigentümer bestimmt.

§ 16

Nutzungen, Lasten und Kosten

(1) Jedem Wohnungseigentümer gebührt ein seinem Anteil entsprechender Bruchteil der Nutzungen des gemeinschaftlichen Eigentums. Der Anteil bestimmt sich nach dem gemäß § 47 der Grundbuchordnung im Grundbuch eingetragenen Verhältnis der Miteigentumsanteile.

(2) Jeder Wohnungseigentümer ist den anderen Wohnungseigentümern gegenüber verpflichtet, die Lasten des gemeinschaftlichen Eigentums sowie die Kosten der Instandhaltung, Instandsetzung, sonstigen Verwaltung und eines gemeinschaftlichen Gebrauchs des gemeinschaftlichen Eigentums nach dem Verhältnis seines Anteils (Absatz 1 Satz 2) zu tragen.

(3) Ein Wohnungseigentümer, der einer Maßnahme nach § 22 Abs. 1 nicht zugestimmt hat, ist nicht berechtigt, einen Anteil an Nutzungen, die auf einer solchen Maßnahme beruhen, zu beanspruchen; er ist nicht verpflichtet, Kosten, die durch eine solche Maßnahme verursacht sind, zu tragen.

(4) Zu den Kosten der Verwaltung im Sinne des Absatzes 2 gehören insbesondere Kosten eines Rechtsstreits gemäß § 18 und der Ersatz des Schadens im Falle des § 14 Nr. 4.

(5) Kosten eines Verfahrens nach § 43 gehören nicht zu den Kosten der Verwaltung im Sinne des Absatzes 2.

Übersicht

I. Allgemeines

§ 16 bezieht sich nur auf das gemeinschaftliche Eigentum der Raumeigentümer; er behandelt die Verteilung der Nutzungen, Lasten und Verwaltungskosten dieses gemeinschaftlichen Vermögens. Die grundlegende Regelung ist in den beiden ersten Absätzen enthalten; sie wird durch die folgenden Absätze (3—5) in Einzelheiten ergänzt und klargestellt. Abs. 1, der die Verteilung der Nutzungen betrifft, entspricht dem § 743 Abs. 1 BGB, Abs. 2, der die Verteilung der Lasten und Verwaltungskosten regelt, dem § 748 BGB.

II. Verteilungsgrundsatz

1. Verhältnis der Miteigentumsanteile. Die im § 16 getroffene Regelung beruht auf dem auch in § 743 Abs. 1, § 748 BGB ausgesprochenen allgemeinen Grundsatz, daß für die Verteilung sowohl der Nutzungen wie auch der Lasten und Verwaltungskosten das Verhältnis der Miteigentumsanteile der Raumeigentümer zueinander maßgebend ist. Entscheidend ist dabei das gemäß § 47 GBO im Grundbuch eingetragene Verhältnis der Anteile (§ 16 Abs. 1 Satz 2, Abs. 2; vgl. § 7 zu III 1). Wie dieses Verhältnis zu bestimmen ist, haben die Raumeigentümer selbst zu entscheiden, die dabei an keine Vorschriften gebunden sind (Begr.; § 3 zu B II 1 b.) Die im Grundbuch eingetragenen Anteile brauchen daher nicht dem Wertverhältnis der im Sondereigentum der einzelnen Raumeigentümer stehenden Raumeinheiten zu entsprechen.

2. Abdingbarkeit. Der Verteilungsgrundsatz des § 16 ist jedoch wie alle Vorschriften dieses Paragraphen abdingbar (vgl. § 10 zu II 4). Die Raumeigentümer können daher ihre Beteiligung an den Nutzungen, Lasten und Verwaltungskosten des gemeinschaftlichen Eigentums durch Vereinbarung (aber nicht durch Mehrheitsbeschluß, da § 16 nicht auf § 15 Abs. 2 verweist) auch abweichend von dem im Grundbuch eingetragenen Verhältnis ihrer Miteigentumsanteile bestimmen, und zwar nicht nur allgemein, sondern auch in Einzelheiten, so wenn in Abweichung von dem eingetragenen Anteilsverhältnis bestimmte im gemeinschaftlichen Eigentum stehende Einrichtungen für die einzelnen Raumeigentümer bei gleichen Miteigentumsanteilen von verschiedenem Werte (z. B. Fahrstuhl, Heizanlagen, Dachantennen) oder bei verschieden großen Miteigentumsanteilen von gleichem Werte (z. B. Dachantenne, Beleuchtungsanlage für das Treppenhaus) sind.

III. Verteilung der Nutzungen

1. Fruchtziehung im allgemeinen. Unter „Nutzungen" sind hier nur die (natürlichen oder zivilen) Früchte des gemeinschaftlichen Eigentums zu verstehen, da an den Gebrauchsvorteilen (§ 100 BGB) keine Bruchteile möglich sind (§ 13 zu III). In Frage kommen hauptsächlich die Erzeugnisse eines im gemeinschaftlichen Eigentum stehenden Gartens und die Miet- oder Pachtzinsen bei Vermietung oder Verpachtung von Grundstücksteilen oder Räumen, die im gemeinschaftlichen Eigentum stehen. Auch die Früchte des gemeinschaftlichen Eigentums fallen unter dieses (§ 953 BGB), gehören also allen Raumeigentümern gemeinsam. Die Fruchtziehung (nicht aber die Verteilung des nach Abzug der Verwaltungskosten verbleibenden Reinertrags der Nutzungen) steht als Verwaltungsangelegenheit (BGB § 743 A 1) den Raumeigentümern gemeinschaftlich zu, soweit nicht durch Vereinbarung oder Mehrheitsbeschluß etwas anderes bestimmt, z. B. die Fruchtziehung dem Verwalter oder einem einzelnen Raumeigentümer übertragen ist (§ 21 Abs. 1 und 3; so W-W 5 gegen Ho 2).

2. Anspruch des einzelnen Raumeigentümers. Der einzelne Raumeigentümer hat nur einen Anspruch gegen die anderen Raumeigentümer auf Gewährung eines Bruchteils der Früchte, der seinem Anteil (s. zu II) entspricht; dies ist der Sinn der Vorschrift, daß jedem Raumeigentümer ein seinem Anteil entsprechender Bruchteil der Nutzungen gebührt (BGB § 743 A 1). Der einzelne Raumeigentümer kann daher auch nur über diesen seinen Anspruch gegen die anderen Raumeigentümer, nicht etwa über die der Gesamtheit der Raumeigentümer zustehenden Miet- oder Pachtzinsforderungen aus Vermietung oder Verpachtung gemeinschaftlichen Eigentums verfügen. Ebenso kann der Gläubiger eines Raumeigentümers nur dessen Anspruch gegen die anderen Raumeigentümer, nicht etwa die Miet- oder Pachtzinsforderungen der Raumeigentümergemeinschaft pfänden lassen. Unter „Nutzungen" (Früchte) i. S. des § 16 Abs. 1 Satz 1 WEG ist nicht der Rohertrag, sondern nur der nach Abzug der Lasten und Kosten verbleibende Reinertrag der Miet- und Pachtzinsen zu verstehen (BGB § 743 A 1); nur von diesem Reinertrage berechnet sich daher der dem einzelnen Raumeigentümer „gebührende" (und pfändbare) Bruchteil. Von einer auf einem einzelnen Raumeigentum ruhenden Hypothek und von der Zwangsverwaltung (§ 21 Abs. 2, § 148 ZVG) wird der Anspruch aus § 16 Abs. 1 Satz 1 WEG nicht erfaßt, da weder § 1123 noch § 1126 BGB zutrifft (so mit Recht W-W 4).

3. Keine Beeinträchtigung dieses Anspruchs. Nicht übernommen hat das WEG den § 745 Abs. 3 Satz 2 BGB, wonach das Recht des einzelnen Teilhabers auf einen seinem Anteil entsprechendem Bruchteil der Nutzungen nicht ohne seine Zustimmung beeinträchtigt werden kann. Die Vorschrift ist für das WEG überflüssig, weil sich bereits aus dem Fehlen eines Hinweises auf § 15 Abs. 2 im § 16 ergibt, daß keinem Raumeigentümer sein Anspruch aus § 16 Abs. 1 Satz 1 gegen seinen Willen durch Mehrheitsbeschluß entzogen werden kann (vgl. § 10 zu I 3 b).

4. Außergewöhnliche Veränderungen. Nach § 22 Abs. 1 WEG können werterhöhende bauliche Veränderungen und Aufwendungen, die über die ordnungsmäßige Instandhaltung oder Instandsetzung des gemeinschaftlichen Eigentums ohne die Zustimmung aller Raumeigentümer nur insoweit beschlossen werden, als die Rechte der nicht zustimmenden durch die Veränderung nicht über das bei einem geordneten Zusammenleben unvermeidliche Maß hinaus beeinträchtigt werden. Wird ein solcher Mehrheitsbeschluß gefaßt, so haben die Raumeigentümer, die dem Beschluß nicht zugestimmt haben, keinen Anspruch auf einen Anteil an den Nutzungen (Früchten), die aus der beschlossenen Maßnahme nach ihrer Durchführung sich ergeben (§ 16 Abs. 3).

IV. Verteilung der Lasten

„Lasten" (§ 103 BGB) sind Leistungen, die aus dem Grundstück zu entrichten sind und insoweit im Gegensatze zu den Nutzungen stehen, als der Nutzungswert des Grundstücks durch sie gemindert wird (**RG** 66, 318), z. B. Hypotheken- und Grundschuldszinsen, Renten (§ 1199 BGB), aber nicht Hypotheken und Grundschulden als solche, auch nicht Kapitalrücklagen zwecks Rückzahlung einer noch nicht fälligen Hypothek, wohl auch nicht regelmäßig wiederkehrende Tilgungsbeträge (**RG** JW 31, 2722[23]; BGB § 748 A 2; W-W 10; D 5; Bä 20; a. M. Ba 1 d). Von diesen privatrechtlichen Lasten sind die öffentlichen Lasten zu unterscheiden (§ 1047 BGB), d. h. Leistungen, die kraft öffentlichen Rechtes aus dem Grundstück zu entrichten sind und dessen Nutzungen mindern (**RG** 66, 318; 127, 135). Hierher gehören die von dem Grundstück im Ganzen zu erhebenden Gebühren und Abgaben, aber nicht die Grundsteuer, da sie nach § 61 WEG auf dem einzelnen Raumeigentum lastet.

V. Verteilung der Verwaltungskosten

1. Begriff der Verwaltungskosten. § 748 BGB spricht von den „Kosten der Erhaltung, der Verwaltung und einer gemeinschaftlichen Benutzung"; § 16 Abs. 2 WEG ersetzt diese Fassung sinngemäß durch „Kosten der Instandhaltung, Instandsetzung, sonstigen Verwaltung und eines gemeinschaftlichen Gebrauchs". Diese hier aufgeführten Arten von Kosten — auch die des gemeinschaftlichen Gebrauchs (z. B. der Beleuchtung und etwaigen Beheizung der zum gemeinschaftlichen Eigentum gehörenden Gebäudeteile) — können im weiteren Sinne als Kosten der Verwaltung angesehen werden (W-W 11, 13). Sie müssen durch berechtigte, zugunsten der Gemeinschaft vorgenommene Maßregeln entstanden sein (BGB § 748 A 2). Näheres ergeben die §§ 21, 22 WEG. Insbesondere gehören zu den Verwaltungskosten auch **a)** die Vergütung des Verwalters und seine ihm zu ersetzenden Auslagen; **b)** der Ersatz von Schäden, die durch das Betreten und die Benutzung der im Sondereigentum stehenden Gebäudeteile entstanden sind, soweit dies zur Instandhaltung und Instandsetzung des gemeinschaftlichen Eigentums erforderlich war (§ 14 Nr. 4, § 16 Abs. 4); **c)** die der Raumeigentümergemeinschaft erwachsenen Kosten eines gerichtlichen Verfahrens, das die Gemeinschaft der Raumeigentümer oder in ihrem Interesse der Verwalter oder ein einzelner Raumeigentümer auf Grund eines Mehrheitsbeschlusses (§ 10 Abs. 4) gegenüber Dritten durchgeführt hat (s. jedoch § 16 Abs. 5, unten zu 2 b); **d)** die der Raumeigentümergemeinschaft erwachsenen Kosten eines Rechtsstreits, der die Entziehung des Raumeigentums gegenüber einem Raumeigentümer zum Gegenstand hat (§ 16 Abs. 4, § 18); der beklagte Raumeigentümer muß sich also an der Tragung der Prozeßkosten auch im Falle seines Obsiegens beteiligen.

2. Keine Verwaltungskosten i. S. des § 16 Abs. 2 sind: **a)** mangels anderweitiger Vereinbarung die sog. Kapitalkosten, d. h. die Beträge für Tilgung und Rückzahlung von Hypotheken und Grundschulden (selbst bei gesamthypothekarischer Belastung aller Miteigentumsanteile; vgl. § 27 Abs. 2 Nr. 1, wo Tilgungsbeträge — allerdings auch Hypothekenzinsen, die zu den Lasten gehören, s. oben zu IV — gesondert neben Lasten- und Kostenbeträgen genannt werden; vgl. ferner zum Begriff der Kapitalkosten § 17 der VO über Wirtschaftlichkeits- und Wohnflächenberechnung für neugeschaffenen Wohnraum (BerechnungsVO) vom 20. 11. 50 (BGBl. I 753), auf die W-W 12 hinweisen; **b)** die Kosten eines Verfahrens nach § 43 WEG (§ 16 Abs. 5); hier bestimmt vielmehr der Richter, welche Beteiligten die Kosten des Verfahrens zu tragen haben (§ 47), so daß die (gerichtlichen und außergerichtlichen) Kosten u. U. einzelnen Raumeigentümern auferlegt werden können (s. zu § 47).

3. Kosten außergewöhnlicher Maßnahmen. Sind bauliche Veränderungen oder Aufwendungen, die über die ordnungsmäßige Instandhaltung oder Instandsetzung des gemeinschaftlichen Eigentums hinausgehen, von einer Mehrheit der Raumeigentümer beschlossen worden (§ 22 Abs. 1), so sind Raumeigentümer, die dem Beschlusse nicht zugestimmt haben, nicht verpflichtet, sich an den Kosten zu beteiligen, die durch die beschlossene Maßnahme verursacht worden sind, wie sie auch keinen Anspruch auf einen Anteil an den Nutzungen (Früchten) haben, die aus ihr herrühren (§ 16 Abs. 3; vgl. oben zu III 4).

§ 17

Anteil bei Aufhebung der Gemeinschaft

Im Falle der Aufhebung der Gemeinschaft bestimmt sich der Anteil der Miteigentümer nach dem Verhältnis des Wertes ihrer Wohnungseigentumsrechte zur Zeit der Aufhebung der Gemeinschaft. Hat sich der Wert eines Miteigentumsanteils durch Maßnahmen verändert, denen der Wohnungseigentümer gemäß § 22 Abs. 1 nicht zugestimmt hat, so bleibt eine solche Veränderung bei der Berechnung des Wertes dieses Anteils außer Betracht.

I. Aufhebung der Gemeinschaft

1. Allgemeines. § 17 regelt nur die Fälle, in denen nicht bloß das Sondereigentum, sondern die Gemeinschaft der Miteigentümer überhaupt aufgehoben wird. Eine derartige Aufhebung ist nur möglich **a)** durch Vereinbarung sämtlicher Miteigentümer (§ 11 zu I 2 a), **b)** auf einseitiges Verlangen eines Raumeigentümers, wenn das Gebäude ganz oder teilweise zerstört ist, eine Verpflichtung zum Wiederaufbau nach § 22 Abs. 2 nicht besteht und eine Vereinbarung i. S. von § 11 Abs. 1 Satz 3 getroffen worden ist (§ 11 zu II). Die Auseinandersetzung der Raumeigentümer über Grundstück und Gebäude vollzieht sich im Falle der Aufhebung der Gemeinschaft nach den §§ 752ff. BGB, und zwar, da eine Teilung in Natur (§ 752) in der Regel ausgeschlossen sein wird, durch Zwangsversteigerung und Teilung des Erlöses (§ 753). Für die Teilung des Erlöses gelten die besonderen Vorschriften des § 17 WEG. Die aus ihnen sich ergebenden Ansprüche der einzelnen Raumeigentümer sind nicht im Verfahren der freiwilligen Gerichtsbarkeit nach § 43, sondern im Zivilprozeßwege geltend zu machen (§ 43 Abs. 1 Nr. 1).

2. Verteilungsgrundsätze. Abweichend von dem Grundsatz des § 16, daß für die Verteilung der Nutzungen, Lasten und Kosten des gemeinschaftlichen Eigentums das im Grundbuch eingetragene Verhältnis der Miteigentumsanteile maßgebend ist, läßt § 17, der jedoch abdingbar ist, mit Rücksicht darauf, daß der Auseinandersetzung das gesamte Raumeigentum, also nicht nur das gemeinschaftliche Eigentum, sondern auch das Sondereigentum der Raumeigentümer unterliegt, für die Beteiligung der Raumeigentümer am Versteigerungserlös den wirklichen Wert der einzelnen Raumeigentumsrechte im Zeitpunkte der Aufhebung der Gemeinschaft bestimmend sein. Dabei ist zwischen dem Sondereigentum und dem Miteigentumsanteil zu unterscheiden:

a) Sind Wertverschiebungen im Verhältnis der einzelnen Raumeigentumsrechte gegenüber dem im Grundbuch eingetragenen Verhältnis der Miteigentumsanteile dadurch eingetreten, daß im Sondereigentum einzelner Raumeigentümer stehende Räume oder Gebäudeteile durch Aufwendungen der Sondereigentümer verbessert oder durch nachlässige Behandlung verschlechtert worden sind, so sind diese Werterhöhungen oder Wertminderungen, die sich auch auf den Gesamtwert des Gebäudes auswirken, bei der Berechnung der Anteile am Erlös zu berücksichtigen (§ 17 Abs. 1).

b) Hat sich das Wertverhältnis der Anteile am gemeinschaftlichen Eigentum dadurch verändert, daß die Mehrheit der Raumeigentümer bauliche Veränderungen und Aufwendungen beschlossen hat, die über die ordnungsmäßige Instandhaltung oder Instandsetzung des gemeinschaftlichen Eigentums hinausgehen (§ 22 Abs. 1), so bleiben Werterhöhungen der Miteigentumsanteile durch die beschlossenen Maßnahmen bei der Berechnung der Anteile derjenigen Raumeigentümer außer Betracht, die dem Beschlusse nicht zugestimmt haben (§ 17 Abs. 2, vgl. § 16 Abs. 3).

II. Aufhebung des Sondereigentums

Wird nicht die Gemeinschaft der Miteigentümer, sondern nur das Sondereigentum gemäß § 4 WEG durch Einigung der Beteiligten aufgehoben, so bleibt die Miteigentümergemeinschaft als einfache Bruchteilsgemeinschaft bestehen (§ 10 zu I 2 b) und es kommt eine unmittelbare Anwendung des § 17 WEG nicht in Betracht; § 17 Satz 1 wird aber entsprechend anzuwenden sein, wenn infolge Wertänderungen am Sondereigentum Wertausgleichungen notwendig werden (h. M.).

§ 18

Entziehung des Wohnungseigentums

(1) Hat ein Wohnungseigentümer sich einer so schweren Verletzung der ihm gegenüber anderen Wohnungseigentümern obliegenden Verpflichtungen schuldig gemacht, daß diesen die Fortsetzung der Gemeinschaft mit ihm nicht mehr zu-

gemutet werden kann, so können die anderen Wohnungseigentümer von ihm die Veräußerung seines Wohnungseigentums verlangen.

(2) Die Voraussetzungen des Absatzes 1 liegen insbesondere vor, wenn

1. der Wohnungseigentümer trotz Abmahnung wiederholt gröblich gegen die ihm nach § 14 obliegenden Pflichten verstößt;

2. der Wohnungseigentümer sich mit der Erfüllung seiner Verpflichtungen zur Lasten- und Kostentragung (§ 16 Abs. 2) in Höhe eines Betrages, der drei vom Hundert des Einheitswertes seines Wohnungseigentums übersteigt, länger als drei Monate in Verzug befindet.

(3) Über das Verlangen nach Absatz 1 beschließen die Wohnungseigentümer durch Stimmenmehrheit. Der Beschluß bedarf einer Mehrheit von mehr als der Hälfte der stimmberechtigten Wohnungseigentümer. Die Vorschriften des § 25 Abs. 3, 4 sind in diesem Falle nicht anzuwenden.

(4) Der in Absatz 1 bestimmte Anspruch kann durch Vereinbarung der Wohnungseigentümer nicht eingeschränkt oder ausgeschlossen werden.

Übersicht

I. Allgemeines

Der im § 18 geregelte Anspruch auf Entziehung des Raumeigentums bildet das (beim alten Stockwerkseigentum fehlende) notwendige Gegenstück zu der grundsätzlichen Unauflösbarkeit der Raumeigentümergemeinschaft (§ 11). Er entspricht in etwa dem Ausschließungsrecht im Gesellschaftsrecht (§ 737 BGB; §§ 140, 161 Abs. 2 HGB; RG 169, 333). Während aber bei der Gesellschaft aus dem Gesamthandverhältnis folgt, daß der Anteil des ausscheidenden Gesellschafters den übrigen Gesellschaftern zuwächst (§ 738 Abs. 1 BGB, § 105 Abs. 2 § 161 Abs. 2 HGB), ist eine entsprechende Regelung bei der Gemeinschaft der Raumeigentümer nicht möglich, weil diese eine Bruchteilsgemeinschaft ist und jeder Raumeigentümer außer seinem Anteil am gemeinschaftlichen Eigentum noch Sondereigentum hat. Hier muß der ausscheidende Raumeigentümer durch einen an seine Stelle tretenden Dritten ersetzt, also zur Veräußerung seines Raumeigentums an einen Dritten gezwungen werden können. Das Raumeigentum verliert hierdurch nicht — auch nicht in Verbindung mit der Möglichkeit einer vertraglichen Beschränkung der Veräußerungsbefugnis (§ 12) — die Natur echten Eigentums (h. M.; a. M. Wesenberg DRiZ 51, 123; vgl. § 1 zu I 2).

II. Voraussetzungen des Entziehungsanspruchs

§ 18 gibt im Abs. 1 eine Generalklausel und führt im Abs. 2 als Beispiele zwei besonders wichtige Sondertatbestände an.

1. **Generalklausel** (§ 18 Abs. 1). Allgemeine Voraussetzungen des Entziehungsanspruchs sind danach

a) schwere Verletzung der einem Raumeigentümer gegenüber anderen Raumeigentümern obliegenden Verpflichtungen; diese brauchen nicht auf dem Gemeinschaftsverhältnis zu beruhen, auch nicht gegenüber allen anderen Raumeigentümern zu bestehen, z. B. kann erhebliche Belästigung eines anderen Raumeigentümers oder seiner Familienangehörigen genügen; es braucht sich auch nicht um wiederholte Verstöße zu handeln, vielmehr kann ein einzelner, besonders grober Verstoß (z. B. tätlicher Angriff auf einen Hausgenossen) ausreichen;

b) eine solche Schwere der Pflichtverletzung, daß den durch sie betroffenen Raumeigentümern die Fortsetzung der Gemeinschaft mit dem Pflichtvergessenem nicht mehr zugemutet werden kann; nicht erforderlich ist, daß die Fortsetzung der Gemeinschaft für alle anderen

Raumeigentümer unzumutbar ist; über die Frage der Unzumutbarkeit hat das Gericht nach Maßgabe des Einzelfalles zu entscheiden, wobei die Rechtsprechung zu § 2 MSchG Anhaltspunkte geben kann, jedoch zu berücksichtigen ist, daß die Entziehung des Raumeigentums ein stärkerer Eingriff in die Rechtssphäre einer Person ist als die Aufhebung eines Mietverhältnisses, daher auch höhere Anforderungen an die Schwere der Pflichtverletzung wird stellen müssen als diese (W-W 4; D 5 a);

c) grundsätzlich ein Verschulden des Störers („schuldig gemacht"), doch wird von ihm bei besonders schwerer Störung des Gemeinschaftslebens (z. B. durch einen Geisteskranken) abgesehen werden dürfen (W-W 4 a; Bä 1 und 2; a. M. D 5 a); vgl. auch § 18 Abs. 2 Nr. 2 WEG i. V. mit § 279 BGB.

2. Sondertatbestände (§ 18 Abs. 2). Die beiden hier aufgeführten Tatbestände sind nur Beispielsfälle, in denen der Gesetzgeber die Voraussetzungen des Abs. 1 stets als gegeben ansieht, so daß also beim Vorliegen eines dieser Sondertatbestände nicht geprüft zu werden braucht, ob auch der allgemeine Tatbestand des Abs. 1 (insbesondere Unzumutbarkeit) erfüllt ist.

a) Verstoß gegen § 14. Trotz Abmahnung muß der Raumeigentümer wiederholt gröblich gegen die ihm nach § 14 WEG (s. die Erläuterungen dort) obliegenden Pflichten verstoßen haben. Es muß sich also um gröbliche Verstöße gegen diese Pflichten handeln, und zwar müssen die Verstöße nach Abmahnung noch mindestens zweimal, im ganzen also mindestens dreimal — und zwar jedesmal in gröblicher Weise — stattgefunden haben. Weniger häufige Verstöße rechtfertigen den Anspruch auf Entziehung des Raumeigentums nur, wenn die Voraussetzungen des § 18 Abs. 1 erfüllt sind, insbesondere also die Fortsetzung der Gemeinschaft mit dem Störer nicht zumutbar ist. Im allgemeinen wird der Anspruch aus § 18 Abs. 2 Nr. 1 Verschulden des Störers voraussetzen; nur in Ausnahmefällen wird davon abgesehen werden können (s. oben zu II 1 c). Haftung für Verschulden von Erfüllungsgehilfen (§ 278 BGB) genügt für den Entziehungsanspruch nicht, es muß vielmehr in einem solchen Falle eigene Pflichtverletzung des Raumeigentümers i. S. des § 14 Nr. 2 vorliegen und einen mindestens dreimaligen gröblichen Verstoß gegen diese Vorschrift darstellen.

b) Zahlungsverzug. Voraussetzungen sind: **aa)** Der Raumeigentümer muß mit seinen Zahlungen für Lasten und Kosten des gemeinschaftlichen Eigentums nach § 16 Abs. 2 (also z. B. mit der Zahlung von Hypotheken- und Grundschuldzinsen, aber nicht mit Tilgungsbeträgen, s. § 16 IV und V 2 a) den anderen Raumeigentümern (nicht Dritten) gegenüber in Verzug geraten, also, sofern nicht die Leistungstermine kalendermäßig bestimmt sind, von den anderen Raumeigentümern oder dem Verwalter zuvor gemahnt worden sein (§ 284 BGB). Auf Verschulden braucht der Zahlungsverzug nicht zu beruhen (§ 279 BGB; Ba 1 a) bb); a. M. Hu 1). **bb)** Der geschuldete Betrag muß 3% des Einheitswertes des Raumeigentums (§ 61) des Schuldners übersteigen. **cc)** Seit dem Eintritt des Verzuges (§ 284 BGB) müssen mehr als drei Monate verstrichen sein; gemäß § 19 Abs. 2 kann der Schuldner jedoch die Entziehung seines Raumeigentums noch nachträglich durch Zahlung abwenden.

III. Der Entziehungsanspruch und seine Geltendmachung

1. Anspruchsberechtigt sind nicht allein diejenigen Raumeigentümer, denen gegenüber die schwere Pflichtverletzung begangen ist, sondern alle Raumeigentümer (mit Ausnahme des Störers) gemeinsam. Das bedeutet aber nicht, daß die Klage auf Verurteilung des Störers zur Veräußerung seines Raumeigentums von allen anderen Raumeigentümern erhoben werden müßte, vielmehr kann auch ein Raumeigentümer oder der Verwalter mit der Erhebung der Klage beauftragt werden. Zu weit aber dürfte es gehen, jedem einzelnen Raumeigentümer ohne weiteres gemäß § 432 BGB die Befugnis zur Klageerhebung (anders beim Antrag auf Versteigerung, § 54 Abs. 1) zuzusprechen (vgl. W-W 8; D 9; Ho 5b; Hu § 19 A 2 a). S. auch § 27 zu III 2 e.

2. Mehrheitsbeschluß. Darüber, ob von dem Störer die Veräußerung seines Raumeigentums verlangt werden soll, haben die übrigen Raumeigentümer (der Störer selbst ist gemäß § 25 Abs. 5 an der Beschlußfassung nicht beteiligt) durch Beschluß zu entscheiden, und zwar (abweichend von § 25 Abs. 3) mit qualifizierter Mehrheit: erforderlich ist die absolute Mehrheit aller (nicht nur der erschienenen) stimmberechtigten Raumeigentümer, wobei jedem von ihnen eine Stimme zukommt (§ 25 Abs. 2). Kommt eine solche Mehrheit nicht zustande, so kann das Verlangen nach Veräußerung des Raumeigentums an den Störer nicht gestellt werden; § 25 Abs. 4 ist nicht anwendbar. Kommt die absolute Mehrheit zustande, so werden dadurch auch die überstimmten Raumeigentümer gebunden (§ 10 Abs. 4).

3. Entziehungsklage. Fügt der Störer sich dem gemäß § 18 Abs. 3 beschlossenem Verlangen nach Veräußerung seines Raumeigentums nicht, kommt auch keine Einigung zwischen den Beteiligten zustande, so hat gegebenenfalls das Gericht darüber zu entscheiden, ob das Verlangen begründet ist. Der Entziehungsanspruch kann im Zivilprozeßwege (s. § 43 Abs. 1 Nr. 1) durch Klage gegen den Störer geltend gemacht werden. Zuständig ist ohne Rücksicht auf den Wert des Streitgegenstandes das Amtsgericht, in dessen Bezirk das Grundstück liegt (§ 51). Der Klageantrag geht auf Verurteilung des Beklagten zur Veräußerung seines Wohnungseigentums (Teileigentums); ein Erwerber ist nicht zu bezeichnen, seine Auswahl ist dem Beklagten zu überlassen. Daher ergeht auch das Urteil, wenn der Klage stattgegeben wird, schlechthin auf Verurteilung des Beklagten zur Veräußerung seines Wohnungseigentums (Teileigentums); wegen der Wirkungen eines solchen Urteils s. § 19. Kosten, die den klagenden Raumeigentümern durch den Rechtsstreit entstehen, sind Kosten der Verwaltung und als solche von allen Raumeigentümern — auch dem Beklagten — zu tragen (§ 16 Abs. 4).

IV. Abdingbarkeit

1. Unabdingbar ist nach § 18 Abs. 4, der auf Grund eines Zusatzantrags im Plenum des Bundestages in das Gesetz aufgenommen worden ist, der im Abs. 1 bestimmte Anspruch, d. h. die Möglichkeit, unter den im Abs. 1 gegebenen Voraussetzungen die Verurteilung eines die Gemeinschaft störenden Raumeigentümers zur Veräußerung seines Raumeigentums zu verlangen, darf durch Vereinbarung der Raumeigentümer weder ausgeschlossen noch eingeschränkt werden; der grundsätzlichen Unabdingbarkeit der Unauflösbarkeit der Gemeinschaft der Raumeigentümer steht also die Unabdingbarkeit des Entziehungsanspruchs gegen den Störer des gemeinschaftlichen Lebens gegenüber. Nur eine Beseitigung, Einengung oder Erschwerung des durch Abs. 1 gewährten Entziehungsanspruchs ist also verboten, nicht aber eine Erweiterung oder Erleichterung dieses Anspruchs (z. B. durch Milderung der gesetzlichen Voraussetzungen, Ausdehnung des Anspruchs auf weitere Fälle störenden Verhaltens eines Raumeigentümers).

2. Abdingbar sind dagegen die Vorschriften in Abs. 2 und 3 des § 18. Die im Abs. 2 beispielsweise aufgeführten, das Veräußerungsverlangen rechtfertigenden Sondertatbestände können also durch Vereinbarung aller Raumeigentümer sowohl erweitert wie auch eingeengt oder ganz gestrichen werden, da hierdurch die im § 18 Abs. 1 bezeichneten Voraussetzungen des Entziehungsanspruchs nicht angetastet werden. Ebenso kann das Zustandekommen eines Beschlusses nach Abs. 3 sowohl (z. B. durch Beseitigung des Erfordernisses der qualifizierten Mehrheit oder durch Zulassung der Anwendung des § 25 Abs. 3 und 4) erleichtert wie auch (z. B. durch das Erfordernis einer größeren Mehrheit oder der Einstimmigkeit der Stimmberechtigten) erschwert werden; es handelt sich insoweit nicht um eine Einschränkung des im Abs. 1 bestimmten, der Raumeigentümergemeinschaft gegen den Störer zustehenden Anspruchs, sondern um eine Erhöhung der Anforderungen an einen Beschluß der Anspruchsberechtigten, ihren Anspruch gegen den Störer durchzusetzen, eine dahingehende Vereinbarung aber wird durch § 18 Abs. 4 nicht verboten (OLG Celle NJW 55, 953 = DNotZ 55, 320; W-W 10; a. M. D 11).

§ 19

Wirkung des Urteils

(1) Das Urteil, durch das ein Wohnungseigentümer zur Veräußerung seines Wohnungseigentums verurteilt wird, ersetzt die für die freiwillige Versteigerung des Wohnungseigentums und für die Übertragung des Wohnungseigentums auf den Ersteher erforderlichen Erklärungen. Aus dem Urteil findet zugunsten des Erstehers die Zwangsvollstreckung auf Räumung und Herausgabe statt. Die Vorschriften des § 93 Abs. 1 Satz 2 und 3 des Gesetzes über die Zwangsversteigerung und Zwangsverwaltung gelten entsprechend.

(2) Der Wohnungseigentümer kann im Falle des § 18 Abs. 2 Nr. 2 bis zur Erteilung des Zuschlags die in Absatz 1 bezeichnete Wirkung des Urteils dadurch abwenden, daß er die Verpflichtungen, wegen deren Nichterfüllung er verurteilt ist, einschließlich der Verpflichtung zum Ersatz der durch den Rechtsstreit und das Versteigerungsverfahren entstandenen Kosten sowie die fälligen weiteren Verpflichtungen zur Lasten- und Kostentragung erfüllt.

(3) Ein gerichtlicher oder vor einer Gütestelle geschlossener Vergleich, durch den sich der Wohnungseigentümer zur Veräußerung seines Wohnungseigentums verpflichtet, steht dem in Absatz 1 bezeichneten Urteil gleich.

I. Allgemeines

1. Unmittelbare Folgen des Urteils für den Verurteilten. Das Urteil, durch das ein Raumeigentümer zur Veräußerung seines Raumeigentums verurteilt worden ist, äußert mit der Rechtskraft folgende Wirkungen für den Verurteilten: **a)** Der Verurteilte hat bei der Beschlußfassung in Versammlungen der Raumeigentümer kein Stimmrecht mehr (§ 25 Abs. 5). **b)** Er ist verpflichtet, sein Raumeigentum an einen Dritten zu veräußern.

2. Verhalten des Verurteilten. Hinsichtlich der Veräußerungspflicht ist ein zweifaches Verhalten des Verurteilten möglich: **a)** Entweder kommt er der ihm durch das Urteil auferlegten Verpflichtung nach, indem er sein Raumeigentum freihändig an einen von ihm gewählten Dritten veräußert — dann ergeben sich keine Besonderheiten —, oder **b)** er kommt dieser Verpflichtung nicht nach; dann muß sein Raumeigentum zwangsweise im Wege der sog. „freiwilligen Versteigerung" veräußert werden. Dieses Versteigerungsverfahren ist in den §§ 53—58 WEG besonders geregelt. Welche Wirkungen das rechtskräftige Urteil für das Versteigerungsverfahren hat, bestimmt § 19.

II. Prozessuale Urteilswirkungen

Da das Urteil den Beklagten nur allgemein zur Veräußerung seines Raumeigentums, nicht zur Abgabe einer konkreten Willenserklärung verurteilt, ist § 894 ZPO nicht anwendbar. Die Wirkungen des Urteils mußten daher anderweit bestimmt werden. Sie sind nach § 19 Abs. 1 zweifacher Art:

1. Das Urteil **ersetzt** die **Erklärungen** (Abs. 1 Satz 1), die erforderlich sind

a) für die freiwillige Versteigerung des Raumeigentums (§§ 53—58): Bei der freiwilligen Versteigerung bewirkt der Zuschlag nicht (wie nach § 90 ZVG bei der Zwangsversteigerung von Grundstücken) den Eigentumsübergang, sondern nur das Zustandekommen des Kaufvertrages. Zur Versteigerung bedarf der versteigernde Notar einer Vollmacht; diese wird durch das Urteil ersetzt. Die Vollmacht des Notars dürfte ihn auch berechtigen, den Anspruch des Verkäufers aus dem Kaufvertrage auf Abnahme des Kaufgegenstandes (also des Raumeigentums) gegen den Ersteher geltend zu machen (We 2; W-W 5; D 3; vgl. Friese NJW 51, 510; MDR 51, 592).

b) für die Übertragung des Raumeigentums auf den Ersteher: Da der Zuschlag nicht den Eigentumsübergang bewirkt, vollzieht dieser sich nicht außerhalb des Grundbuchs, das dann nur noch der Berichtigung bedürfte, vielmehr ist auch die Auflassung und die Eintragung des Eigentumsübergangs im Grundbuch erforderlich. Die Auflassungserklärung des verurteilten Raumeigentümers wird durch das gegen ihn ergangene rechtskräftige Urteil ersetzt. Dem Ersteher bleibt es überlassen, die Annahme dieser Auflassungserklärung zu erklären und die Umschreibung des Eigentums im Grundbuch zu beantragen. Tut er dies nicht, so werden die Raumeigentümer gegen ihn in entsprechender Anwendung des § 18 auf Veräußerung seines Anwartschaftsrechts klagen können (Ho 4; D 3; s. auch oben II 1 a).

2. Das Urteil ist ein **Vollstreckungstitel für den Ersteher** (nicht für die Kläger, die es erwirkt haben!). Zu seinen Gunsten findet aus dem rechtskräftigen Urteil die Zwangsvollstreckung gegen den verurteilten Raumeigentümer auf Räumung und Herausgabe statt (Abs. 1 Satz 2). Das Urteil wirkt aber (anders als grundsätzlich der Zuschlagsbeschluß im Zwangsversteigerungsverfahren) nicht gegen Dritte, die im Besitz der herauszugebenden Räume und Gebäudeteile (z. B. als Mieter, Pächter, Nießbraucher, Inhaber eines Wohnungsrechtes nach § 1093 BGB) sind. Sie werden behandelt wie im Zwangsversteigerungsverfahren dritte Personen, die auf Grund eines durch den Zuschlag nicht erloschenen Rechtes besitzen, können also der Zwangsvollstreckung gemäß § 771 ZPO widersprechen (§ 93 Abs. 1 Satz 2 und 3 ZVG, § 19 Abs. 1 Satz 3 WEG).

III. Abwendungsbefugnis (§ 19 Abs. 2)

Ein Raumeigentümer, der wegen Zahlungsverzuges (§ 18 Abs. 2 Nr. 2) zur Veräußerung seines Raumeigentums verurteilt worden ist, kann die Urteilswirkungen (s. zu II) bis zur Erteilung des Zuschlags (§ 57 WEG) durch nachträgliche Zahlung abwenden. Voraussetzung ist, daß er **1.** die rückständigen Verpflichtungen, wegen deren Nichterfüllung er verurteilt worden ist, **2.** die inzwischen weiter fällig gewordenen Verpflichtungen zur Tragung von Lasten und Kosten erfüllt, **3.** die durch den Rechtsstreit und das Versteigerungsverfahren entstandenen Kosten zahlt. Darüber, ob diese Voraussetzungen vollständig gegeben sind und demgemäß das Verfahren einzustellen ist, hat der versteigernde Notar zu entscheiden; gegen seine Entscheidung ist sofortige Beschwerde zulässig (§ 58).

IV. Vergleich (§ 19 Abs. 3)

Wie ein rechtskräftiges Urteil, das einen Raumeigentümer zur Veräußerung seines Raumeigentums verurteilt, ist ein Vergleich zu behandeln, der vor Gericht oder vor einer von der Landesjustizverwaltung eingerichteten oder anerkannten Gütestelle (§ 794 Abs. 1 Nr. 1 ZPO) geschlossen worden ist, nicht dagegen ein sonstiger (z. B. vor einem Rechtsanwalt oder einem Notar) geschlossener Vergleich. Ein hiernach dem Urteil gleichstehender Vergleich äußert also ebenfalls die zu II erörterten Urteilswirkungen; er beläßt auch im Versteigerungsverfahren bis zur Erteilung des Zuschlags dem Schuldner die Befugnis zur Abwendung dieser Wirkungen durch Zahlung (s. zu III).

V. Abdingbarkeit

§ 19 Abs. 2 ist gemäß § 10 Abs. 1 Satz 2 abdingbar. Dagegen sind Abs. 1 und 3 des § 19 unabdingbar, weil es sich hier nicht um das Verhältnis der Raumeigentümer untereinander (§ 10 Abs. 1 Satz 1), sondern um verfahrensrechtliche Vorschriften handelt (§ 10 zu II 5 a).

3. Abschnitt

Verwaltung

Aus Zweckmäßigkeitsgründen sind aus den Vorschriften, die das Verhältnis der Raumeigentümer zueinander regeln, diejenigen über die Verwaltung des gemeinschaftlichen Eigentums ausgeklammert und zu einem besonderen Abschnitt zusammengefaßt worden (s. Vorbem. zum 2. Abschnitt). Im Gegensatz zum 2. Abschnitt bezieht sich aber der 3. Abschnitt nicht auch auf das Sondereigentum — insoweit ist jeder Raumeigentümer im Rahmen des § 13 Abs. 1 in der Verwaltung unbeschränkt —, sondern ausschließlich auf das gemeinschaftliche Eigentum (§ 15 zu I). Die Regelung schließt sich wesentlich an die für die Bruchteilsgemeinschaft des BGB geltende (§§ 744, 745 BGB) an. Die allgemeinen Vorschriften des 2. Abschnitts sind auch hier zu beachten. Insbesondere sind ergänzende und abweichende Vereinbarungen der Raumeigentümer möglich, soweit nicht etwas anderes ausdrücklich bestimmt ist (§ 10 Abs. 1 Satz 2); solche Ausnahmen sind nur im § 20 Abs. 2 und im § 27 Abs. 3 vorgesehen.

§ 20

Gliederung der Verwaltung

(1) Die Verwaltung des gemeinschaftlichen Eigentums obliegt den Wohnungseigentümern nach Maßgabe der §§ 21 bis 25 und dem Verwalter nach Maßgabe der §§ 26 bis 28, im Falle der Bestellung eines Verwaltungsbeirats auch diesem nach Maßgabe des § 29.

(2) Die Bestellung eines Verwalters kann nicht ausgeschlossen werden.

I. Allgemeines

§ 20 Abs. 1 bildet nur die Einleitung zum 3. Abschnitt:

1. Er bezeichnet die **Verwaltungsorgane der Raumeigentümergemeinschaft,** nämlich **a)** die Versammlung der Raumeigentümer (obligatorisch), **b)** den Verwalter (obligatorisch), **c)** den Verwaltungsbeirat (fakultativ).

2. Er gibt einen Hinweis auf die **systematische Gliederung** des 3. Abschnitts. Diese ist folgende: **a)** Verwaltung durch die Raumeigentümer (§§ 21—25), und zwar **aa)** materiellrechtliche Vorschriften (§§ 21, 22), **bb)** Raumeigentümerversammlung und Beschlußfassung (§§ 23—25), **b)** Verwalter (§§ 26—28), **c)** Verwaltungsbeirat (§ 29).

3. Er begründet für die Raumeigentümer und die Verwaltungsorgane eine **Pflicht** („obliegt"), nicht nur ein Recht **zur Verwaltung** (D 1).

II. Verwalterbestellung (§ 20 Abs. 2)

Die Vorschrift des Abs. 1 über die Bestellung des Verwalters ist — ebenso wie die Vorschriften über seine Aufgaben und Befugnisse (§ 27 Abs. 1—3) — unabdingbar. Ist hiernach der Verwalter ein notwendiges Organ jeder Raumeigentümergemeinschaft ohne Rücksicht auf ihre Größe, so ist sie doch zur Bestellung eines Verwalters nicht gezwungen. Fehlt ein Verwalter, so ist ein solcher in dringenden Fällen bis zur Behebung des Mangels auf Antrag durch den Richter der freiwilligen Gerichtsbarkeit zu bestellen (§ 26 Abs. 2, § 43 Abs. 1 Nr. 3).

§ 21

Verwaltung durch die Wohnungseigentümer

(1) Soweit nicht in diesem Gesetz oder durch Vereinbarung der Wohnungseigentümer etwas anderes bestimmt ist, steht die Verwaltung des gemeinschaftlichen Eigentums den Wohnungseigentümern gemeinschaftlich zu.

(2) Jeder Wohnungseigentümer ist berechtigt, ohne Zustimmung der anderen Wohnungseigentümer die Maßnahmen zu treffen, die zur Abwendung eines dem gemeinschaftlichen Eigentum unmittelbar drohenden Schadens notwendig sind.

(3) Soweit die Verwaltung des gemeinschaftlichen Eigentums nicht durch Vereinbarung der Wohnungseigentümer geregelt ist, können die Wohnungseigentümer eine der Beschaffenheit des gemeinschaftlichen Eigentums entsprechende ordnungsmäßige Verwaltung durch Stimmenmehrheit beschließen.

(4) Jeder Wohnungseigentümer kann eine Verwaltung verlangen, die den Vereinbarungen und Beschlüssen und, soweit solche nicht bestehen, dem Interesse der Gesamtheit der Wohnungseigentümer nach billigem Ermessen entspricht.

(5) Zu einer ordnungsmäßigen, dem Interesse der Gesamtheit der Wohnungseigentümer entsprechenden Verwaltung gehört insbesondere:

1. die Aufstellung einer Hausordnung;
2. die ordnungsmäßige Instandhaltung und Instandsetzung des gemeinschaftlichen Eigentums;
3. die Feuerversicherung des gemeinschaftlichen Eigentums zum Neuwert sowie die angemessene Versicherung der Wohnungseigentümer gegen Haus- und Grundbesitzerhaftpflicht;
4. die Ansammlung einer angemessenen Instandhaltungsrückstellung;
5. die Aufstellung eines Wirtschaftsplans (§ 28);
6. die Duldung aller Maßnahmen, die zur Herstellung einer Fernsprechteilnehmereinrichtung, einer Rundfunkempfangsanlage oder eines Energieversorgungsanschlusses zugunsten eines Wohnungseigentümers erforderlich sind.

(6) Der Wohnungseigentümer, zu dessen Gunsten eine Maßnahme der in Absatz 5 Nr. 6 bezeichneten Art getroffen wird, ist zum Ersatz des hierdurch entstehenden Schadens verpflichtet.

Übersicht

A. Allgemeines

§ 21 gibt die grundlegenden materiellrechtlichen Vorschriften für die Verwaltung des gemeinschaftlichen Eigentums durch die Raumeigentümer; ergänzt wird er durch § 22. Sein Vorbild hat er in den §§ 744, 745 BGB: Abs. 1 entspricht dem § 744 Abs. 1, Abs. 2 dem § 744 Abs. 2, Abs. 3 dem § 745 Abs. 1, Abs. 4 dem § 745 Abs. 2 BGB. Die Absätze 5 und 6 ergänzen die Absätze 3 und 4. Dem § 745 Abs. 3 Satz 1 BGB entspricht § 22 WEG. Alle Vorschriften des § 21 sind gemäß § 10 Abs. 1 Satz 2 abdingbar.

B. Begriff der Verwaltung

Unter „Verwaltung" ist bei der Bruchteilsgemeinschaft Geschäftsführung zum allgemeinen gemeinschaftlichen Besten zu verstehen; der Begriff steht im Gegensatz zu dem der „Benutzung" (§§ 745, 746 BGB) oder des „Gebrauchs" (§ 743 Abs. 2 BGB, § 15 WEG, s. dort zu I und BGB § 744 A 2), die dem eigenen Besten jedes Teilhabers dienen. Dabei bedeutet „Geschäftsführung" sowohl die Vornahme von tatsächlichen Verrichtungen (z. B. Instandhaltungen, Instandsetzungen) wie von Rechtsgeschäften (z. B. Abschluß von Verträgen, Geltendmachung von Ansprüchen, Abgabe notwendiger Erklärungen), soweit solche Maßnahme die Bewirtschaftung des gemeinschaftlichen Eigentums betreffen (vgl. BGB § 709 A 1). Beispiele von Verwaltungsmaßnahmen führt das WEG in § 21 Abs. 5, § 27 Abs. 1 und 2 an. Über den Rahmen bloßer Verwaltungshandlungen hinaus gehen die Verfügung über gemeinschaftliches Eigentum (§ 747 BGB) und dessen wesentliche Veränderung (§ 745 Abs. 3 Satz 1 BGB, s. hierzu auch § 22 WEG, D 2). Keine Verwaltungshandlungen sind ferner die Rückzahlung und die Tilgung von Hypotheken oder Grundschulden (s. § 16 zu V 2 a) und die Verteilung des nach Abzug der Verwaltungskosten verbleibenden Reinertrages des gemeinschaftlichen Eigentums (BGB § 743 A 1; WEG § 16 zu III 1; W-W 2; D 3 a). Die von dem Verwalter ausgeübte Verwaltung beruht auf einem (entgeltlichen oder unentgeltlichen) Geschäftsbesorgungsvertrage (§§ 662, 675 BGB), die von den Raumeigentümern selbst ausgeübte unmittelbar auf dem Gemeinschaftsverhältnis (W-W 2).

C. Zuständigkeit

I. Grundsatz. Nach § 21 Abs. 1, der dem § 744 Abs. 1 BGB entspricht, steht die Verwaltung des gemeinschaftlichen Eigentums grundsätzlich allen Raumeigentümern gemeinschaftlich zu. Das bedeutet, daß grundsätzlich **1.** die Verwaltung den Raumeigentümern selbst zusteht und **2.** Verwaltungsmaßnahmen der Zustimmung aller Raumeigentümer bedürfen. In beiden Hinsichten wird jedoch der Grundsatz des § 21 Abs. 1 so stark von Ausnahmen durchbrochen, daß er nur noch in einer Minderheit von Fällen gilt (vor allem für Maßnahmen, die den Rahmen einer „ordnungsmäßigen" Verwaltung — s. unten zu E I — überschreiten, § 21 Abs. 3—5, § 22).

II. Ausnahmen. Die den Grundsatz zu I. durchbrechenden Ausnahmen beruhen

1. entweder auf einer von allen Raumeigentümern gemäß § 10 Abs. 1 Satz 2 — mindestens mündlich — ausdrücklich getroffenen **Vereinbarung** (s. § 10 zu II 3) oder

2. unmittelbar auf Vorschriften des **WEG.** Die hier gemachten Ausnahmen durchbrechen **a)** den Grundsatz, daß die Verwaltung den Raumeigentümern selbst zusteht, dadurch, daß gewisse Aufgaben und Befugnisse dem Verwalter (§§ 27, 28) und einem etwas bestellten Verwaltungsbeirat (§ 29) übertragen werden, **b)** den Grundsatz, daß die Verwaltung allen Raumeigentümern gemeinsam zusteht, insofern, als **aa)** eine der Beschaffenheit des gemeinschaftlichen Eigentums entsprechende ordnungsmäßige Verwaltung durch Stimmenmehrheit der Raumeigentümer beschlossen werden kann (§ 21 Abs. 3), **bb)** jeder Raumeigentümer eine den Vereinbarungen und Beschlüssen und, soweit solche nicht bestehen, dem Interesse der Gesamtheit der Raumeigentümer nach billigem Ermessen entsprechende Verwaltung verlangen (§ 21 Abs. 4) und die zur Abwendung eines dem gemeinschaftlichen Eigentums unmittelbar drohenden Schadens notwendigen Maßnahmen ohne Zustimmung der anderen Raumeigentümer treffen kann (§ 21 Abs. 2).

D. Die gesetzlichen Ausnahmen im einzelnen

I. Abwendung drohenden Schadens durch einen Raumeigentümer (§ 21 Abs. 2). § 744 Abs. 2 BGB berechtigt jeden Teilhaber, die zur Erhaltung des Gegenstandes notwendigen Maßregeln ohne Zustimmung der anderen Teilhaber zu treffen und zu verlangen, daß diese ihre Einwilligung zu einer solchen Maßregel im voraus erteilen. Da es bei der Gemeinschaft der Raumeigentümer Sache des Verwalters ist, die für die ordnungsmäßige Instandhaltung und Instandsetzung des gemeinschaftlichen Eigentums und in dringenden Fällen die sonstigen zur Erhaltung erforderlichen Maßnahmen zu treffen (§ 27 Abs. 1 Nr. 2 u. 3), beschränkt § 21 Abs. 2 WEG gegenüber dem § 744 Abs. 2 BGB die Befugnis des einzelnen Raumeigentümers, einseitig Maßnahmen zu treffen, auf den Fall eines dem gemeinschaftlichen Eigentum unmittelbar drohenden Schadens; sie wird also nur praktisch werden, wenn ein sofortiges Handeln des Einzelnen unbedingt notwendig ist und der Verwalter fehlt oder nicht zu erreichen ist. In diesem Falle wird für den einzelnen Raumeigentümer auch eine Pflicht zum sofortigen Handeln bestehen (§ 242 BGB). Die Vorschrift des § 744 Abs. 2 BGB, wonach jeder Teilhaber verlangen kann, daß die anderen Teilhaber ihre Einwilligung zu einseitigen Maßregeln im voraus erteilen, hat das WEG im Hinblick auf § 21 Abs. 3 u. 4 und § 27 Abs. 1 Nr. 3 u. 4 nicht übernommen. Aufwendungen, die ein Raumeigentümer zur Abwendung eines dem gemeinschaftlichen Eigentum unmittelbar drohenden Schadens gemacht hat, sind ihm als Verwaltungskosten (§ 16 Abs. 2) von den übrigen Raumeigentümern zu ersetzen und von ihm ggf. im Verfahren der freiwilligen Gerichtsbarkeit nach § 43 Abs. 1 Nr. 1 geltend zu machen. Unbenommen bleiben ihm auch Ansprüche aus Geschäftsführung ohne Auftrag (§ 744 BGB A 5) und ungerechtfertigter Bereicherung (D 8; W-W 4), die aber im Zivilprozeßwege geltend gemacht werden müssen.

II. Mehrheitsbeschluß. § 21 Abs. 3 WEG entspricht dem § 745 Abs. 1 Satz 1 BGB, soweit dieser sich auf die Verwaltung des gemeinschaftlichen Gegenstandes bezieht (wegen der „Benutzung" vgl. § 15 zu III). § 745 Abs. 1 Satz 2 BGB wird durch § 25 WEG ersetzt. Weitere Fälle der Zulässigkeit von Mehrheitsbeschlüssen s. in § 26 Abs. 1, § 28 Abs. 4 u. 5, § 29 Abs. 1 Satz 1.

1. Voraussetzungen. Die Verwaltung des gemeinschaftlichen Eigentums kann durch Mehrheitsbeschluß der Raumeigentümer unter folgenden Voraussetzungen geregelt werden:

a) Ein Mehrheitsbeschluß kommt nur in Frage, soweit die Verwaltung nicht bereits durch Vereinbarung sämtlicher Raumeigentümer geregelt ist; getroffene Vereinbarungen können nur durch neue Vereinbarung aufgehoben oder geändert werden.

b) Die zu beschließende Art der Verwaltung muß der Beschaffenheit des gemeinschaftlichen Eigentums entsprechen. Es dürfen also keine Mehrheitsbeschlüsse gefaßt werden, durch welche diese Beschaffenheit, insbesondere die wirtschaftliche Zweckbestimmung des gemeinschaftlichen Eigentums geändert würde; ebenso kann nicht mit Stimmenmehrheit z. B. beschlossen werden, das Treppenhaus eines einfachen Wohnhauses mit Einrichtungen auszustatten, die denen einer Luxusvilla entsprechen würden.

c) Nur eine „ordnungsmäßige Verwaltung" (s. über diesen Begriff unten zu E) kann mit Stimmenmehrheit beschlossen werden, nicht eine Maßnahme, die über den Rahmen einer ordnungsmäßigen Verwaltung hinausgeht; dagegen kann eine solche Maßnahme mit Stimmenmehrheit abgelehnt werden.

2. Das **Verfahren der Beschlußfassung,** über das im BGB keine Vorschriften vorhanden sind, ist in den §§ 23—25 WEG geregelt.

3. Über die **Wirkung** von Mehrheitsbeschlüssen s. § 10 Abs. 3 u. 4.

4. Wirksamkeit. Ob ein Mehrheitsbeschluß die Voraussetzungen zu 1 erfüllt und verfahrensmäßig zustande gekommen ist, hat ggf. das Gericht im Rahmen der freiwilligen Gerichtsbarkeit nach § 43 Abs. 1 Nr. 4 zu entscheiden. Ungültig und unwirksam ist ein Beschluß nur dann, wenn er gemäß § 43 Abs. 1 Nr. 4 für ungültig erklärt worden ist (§ 23 Abs. 4 Nr. 1).

III. Anspruch auf ordnungsmäßige Verwaltung (§ 21 Abs. 4). Nach § 745 Abs. 2 kann jeder Teilhaber eine dem Interesse aller Teilhaber nach billigem Ermessen entsprechende Verwaltung verlangen, sofern nicht die Verwaltung durch Vereinbarung oder Mehrheitsbeschluß geregelt ist (wegen der „Benutzung" vgl. § 15 zu IV). § 21 Abs. 4 WEG übernimmt den Gedanken, erweitert ihn aber dahin, daß, wenn Vereinbarungen oder Beschlüsse über die Verwaltung vorliegen, jeder Raumeigentümer eine diesen Vereinbarungen und Beschlüssen entsprechende Verwaltung verlangen kann, regelt also im Gegensatz zu § 745 Abs. 2 BGB nicht nur den Fall des Nichtvorliegens, sondern auch den des Vorliegens von Vereinbarungen und Beschlüssen über die Verwaltung. Der Anspruch des einzelnen Raumeigentümers geht entweder dahin, daß die vorhandenen Vereinbarungen und Beschlüsse befolgt werden oder, wenn solche nicht vorhanden sind (z. B. weil kein Mehrheitsbeschluß zustande kommt), die Verwaltung so geführt wird, wie es dem Interesse aller Raumeigentümer nach billigem Ermessen entspricht; eine solche Verwaltung ist stets auch eine „ordnungsmäßige" (vgl. § 21 Abs. 5 und § 22, wo zwischen beiden Begriffen kein Unterschied gemacht wird). Der Anspruch ist im Verfahren der freiwilligen Gerichtsbarkeit nach § 43 Abs. 1 Nr. 1 gegen den Verwalter und (oder) die übrigen Raumeigentümer geltend zu machen, wobei die begehrte Maßnahme im Antrage zu bezeichnen ist, aber ein formeller Sachantrag (wie bei der Klage nach § 745 Abs. 2 BGB, vgl. BGB § 745 A 3) nicht gestellt zu werden braucht (W-W 12; D 13).

E. Ordnungsmäßige Verwaltung

I. Allgemeines

1. Bedeutung des Begriffs. Der Begriff der „ordnungsmäßigen Verwaltung" ist im § 21 in doppelter Hinsicht von Bedeutung: eine ordnungsmäßige Verwaltung kann **a)** mangels entsprechender Vereinbarung mit Stimmenmehrheit der Raumeigentümer beschlossen (§ 21 Abs. 3), **b)** mangels entsprechender Vereinbarungen oder Beschlüsse von jedem Raumeigentümer verlangt werden (§ 21 Abs. 4).

2. Abgrenzung des Begriffs. Welche Verwaltungsmaßnahmen im Einzelfalle als „ordnungsmäßige" anzusehen sind, ist im wesentlichen Tatfrage (billiges Ermessen, Abs. 4). Als Maßnahmen, die über den Rahmen einer ordnungsmäßigen Verwaltung hinausgehen, erwähnt das WEG selbst die im § 22 bezeichneten; sie können weder mit Stimmenmehrheit der Raumeigentümer beschlossen (§ 21 Abs. 3), noch von einem einzelnen Raumeigentümer verlangt werden (§ 21 Abs. 4). Allgemein gehen wesentliche Veränderungen (§ 745 Abs. 3 Satz 1 BGB) an dem gemeinschaftlichen Eigentum über den Rahmen der ordnungsmäßigen Verwaltung hinaus. Im übrigen muß Richtschnur das Interesse sein, das — vom Standpunkte eines vernünftig und wirtschaftlich denkenden Beurteilers aus und unter Berücksichtigung der allgemeinen wirtschaftlichen Verhältnisse — die Gesamtheit der Raumeigentümer an der Vornahme oder Nichtvornahme einer Verwaltungshandlung hat (vgl. **BGH** 6, 76 [81ff.]; **BGH** 17. 9. 54 — V ZR 35/54 — LM Nr. 14 BGB § 1004). Im Rahmen einer ordnungsmäßigen Verwaltung liegt jedenfalls ein Mehrheitsbeschluß, der das Umlegeverfahren für die Kosten der Zentralheizung regelt (AG Düsseldorf 15. 9. 54 — 62 II 1/54-; W-W 7).

II. Einzelmaßnahmen. § 21 Abs. 5 führt als Beispiele („insbesondere") eine Anzahl von Verwaltungsmaßnahmen an, die zu einer ordnungsmäßigen, dem Interesse aller Raumeigentümer entsprechenden Verwaltung gehören, also nicht nur durch Mehrheitsbeschluß getroffen werden können, sondern auch angeordnet werden sollen, soweit nicht etwas anderes vereinbart ist. Dies sind:

1. Aufstellung einer Hausordnung, d. h. „einer Art Haussatzung" (W-W 14), einer Zusammenstellung von Regeln, die für das Zusammenleben innerhalb der Raumeigentümergemeinschaft gelten sollen. Es wird sich dabei hauptsächlich um Fragen des täglichen Lebens handeln, deren Regelung zwar für die Erhaltung und Sicherung des Hausfriedens wichtig, anderseits aber nicht von so grundlegender Bedeutung ist, daß sie durch Vereinbarung (§ 10 Abs. 1 Satz 2) getroffen werden müßte. Geregelt werden können in der Hausordnung nicht nur Fragen der Verwaltung des gemeinschaftlichen Eigentums (z. B. Reinigung des Treppenhauses, Schließung der Haustür), sondern auch Fragen, die den Gebrauch des gemeinschaftlichen Eigentums (z. B. Benutzung der Waschküche, eines Trockenbodens, eines Fahrstuhls) oder des Sondereigentums (z. B. Festlegung der Zeiten, innerhalb deren in der Wohnung nicht musiziert oder eine geräuschvolle Tätigkeit ausgeübt werden darf) betreffen.

2. Ordnungsmäßige Instandhaltung und Instandsetzung des gemeinschaftlichen Eigentums. Hierfür hat auch der Verwalter zu sorgen (§ 27 Abs. 1 Nr. 2). Die durch solche Maßnahmen entstehenden Kosten sind Verwaltungskosten i. S. des § 16 Abs. 2. Über den Rahmen der ordnungsmäßigen Instandhaltung oder Instandsetzung hinausgehende bauliche Veränderungen können nicht mit Stimmenmehrheit beschlossen werden (§ 22).

3. Feuer- und Haftpflichtversicherung (vgl. hierzu Hentschel in „Versicherungswirtschaft" 52, 347 und GemWoW 52, 490). Erforderlich ist zur ordnungsmäßigen Verwaltung **a)** die Feuerversicherung des gemeinschaftlichen Eigentums (nicht auch des Sondereigentums, dessen Versicherung jedem Sondereigentümer überlassen bleibt, sofern nicht etwas anderes vereinbart ist) zu seinem Neuwert (vgl. auch § 22 Abs. 2), **b)** die Versicherung aller Raumeigentümer gegen Haus- und Grundbesitzerhaftpflicht in Höhe einer angemessenen Versicherungssumme. Der Abschluß weiterer Versicherungen steht im Belieben der Raumeigentümer oder kann ihnen durch Vereinbarung auferlegt werden.

4. Instandhaltungsrückstellung (vgl. § 17 Abs. 4 des 1. Wohnungsbaugesetzes vom 24. 4. 50, BGBl. 83). Die Ansammlung einer angemessenen Rückstellung für Instandhaltungsausgaben soll die Durchführung notwendig werdender Instandhaltungs- und Instandsetzungsarbeiten sichern; sie ist u. U. steuerlich begünstigt (Nr. 158 der Einkommensteuer-Richtlinien 1955, Beilage zum BAnz. 56 Nr. 71 vom 12. 4. 56; W-W 17, § 62 A 3 a; vgl. auch Rockhoff, Deutsche Wohnungswirtschaft 55, 83). Die Rückstellungen hat der Verwalter in den Wirtschaftsplan aufzunehmen (§ 28 Abs. 1 Nr. 3) und zu verwalten (§ 27 Abs. 1 Nr. 4).

5. Aufstellung eines Wirtschaftsplans. Der Plan ist vom Verwalter aufzustellen und von den Raumeigentümern mit Stimmenmehrheit zu beschließen (§ 28 Abs. 1 u. 5).

6. Duldungspflichten. Jeder Raumeigentümer hat alle Maßnahmen zu dulden, die zur Herstellung **a)** einer Fernsprechteilnehmereinrichtung, **b)** einer Rundfunkempfangsanlage (wohl auch einer Fernsehempfangsanlage), **c)** eines Energieversorgungsanschlusses zugunsten eines Raumeigentümers erforderlich sind. Die Duldungspflicht bezieht sich nur auf das gemeinschaftliche Eigentum; Eingriffe in Sondereigentum bedürfen daher der Zustimmung des betroffenen Sondereigentümers. Die zur Anlegung eines Fernsprechanschlusses erforderliche Erklärung des

Grundstückseigentümers hat der Verwalter abzugeben (§ 27 Abs. 2 Nr. 6). Schäden, die durch Maßnahmen der bezeichneten Art am gemeinschaftlichen Eigentum entstehen, hat der Raumeigentümer, zu dessen Gunsten die Maßnahmen durchgeführt werden, der Raumeigentümergemeinschaft zu ersetzen (§ 21 Abs. 6).

III. Verstoß gegen ordnungsmäßige Verwaltung. Wird ein Raumeigentümer durch ordnungswidrige Verwaltung, insbesondere mangelhafte Instandhaltung des gemeinschaftlichen Eigentums geschädigt, so hat er einen Schadensersatzanspruch, den er gemäß § 43 Abs. 1 Nr. 1, 2 geltend machen kann, und zwar in erster Linie gegen den Verwalter (§ 27 Abs. 1 Nrn. 2), wenn dieser schuldhaft gehandelt hat, ggf. auch gegen andere Raumeigentümer, wenn diese ein Verschulden trifft. Als Erfüllungsgehilfe (§ 278 BGB) der anderen Raumeigentümer ist der Verwalter nicht anzusehen (W-W 20).

§ 22

Besondere Aufwendungen, Wiederaufbau

(1) Bauliche Veränderungen und Aufwendungen, die über die ordnungsmäßige Instandsetzung des gemeinschaftlichen Eigentums hinausgehen, können nicht gemäß § 21 Abs. 3 beschlossen oder gemäß § 21 Abs. 4 verlangt werden. Die Zustimmung eines Wohnungseigentümers zu solchen Maßnahmen ist insoweit nicht erforderlich, als durch die Veränderung dessen Rechte nicht über das in § 14 bestimmte Maß hinaus beeinträchtigt werden.

(2) Ist das Gebäude zu mehr als der Hälfte seines Wertes zerstört und ist der Schaden nicht durch eine Versicherung oder in anderer Weise gedeckt, so kann der Wiederaufbau nicht gemäß § 21 Abs. 3 beschlossen oder gemäß § 21 Abs. 4 verlangt werden.

Übersicht

A. Allgemeines

§ 22 WEG bildet das Gegenstück zu § 21 Abs. 3 u. 5, die von der ordnungsmäßigen Verwaltung des gemeinschaftlichen Eigentums handeln; er begrenzt den Begriff der ordnungsmäßigen Verwaltung, indem er zwei Fälle von Maßnahmen herausgreift, die über den Rahmen der ordnungsmäßigen Verwaltung hinausgehen und daher weder von einem einzelnen Raumeigentümer verlangt (§ 21 Abs. 4) noch grundsätzlich mit Stimmenmehrheit beschlossen (§ 21 Abs. 3) werden können. § 22 übernimmt dabei den Grundgedanken des § 745 Abs. 3 Satz 1 BGB, wonach eine wesentliche Veränderung des gemeinschaftlichen Gegenstandes nicht beschlossen oder verlangt werden kann, führt ihn aber näher aus und paßt ihn der Eigenart der Raumeigentümergemeinschaft an. Er regelt im Abs. 1 den Fall von baulichen Veränderungen oder Aufwendungen, die über die ordnungsmäßige Instandhaltung oder Instandsetzung des gemeinschaftlichen Eigentums hinausgehen, im Abs. 2 den Fall des Wiederaufbaus eines zerstörten Gebäudes. Alle Vorschriften des § 22 sind abdingbar (§ 10 Abs. 1 Satz 2). Über Streitigkeiten aus ihnen ist gemäß § 43 Abs. 1 im Verfahren der freiwilligen Gerichtsbarkeit zu entscheiden.

B. Bauliche Veränderungen und Aufwendungen (§ 22 Abs. 1)

I. Begriff. Den Begriff einer „wesentlichen Veränderung" des (gemeinschaftlichen) Gegenstandes (§ 745 Abs. 3 Satz 1 BGB) bestimmt § 22 Abs. 1 WEG genauer als „bauliche Veränderungen und Aufwendungen, die über die ordnungsmäßige Instandhaltung oder Instandsetzung des gemeinschaftlichen Eigentums hinausgehen". Hierunter fallen

1. Instandsetzungen, die das erforderliche Maß überschreiten, z. B. ausgeführt werden sollen, ohne daß hierfür ein Bedürfnis besteht, weil die in Betracht kommenden Gebäudeteile noch in ordnungsmäßigem Zustande sind, oder den früheren Zustand nicht nur in angemessener Weise wiederherstellen, sondern durch eine luxuriösere Ausgestaltung der betreffenden Gebäudeteile ersetzen sollen.

2. Sonstige bauliche Veränderungen und Aufwendungen, die sich überhaupt nicht als Instandhaltungs- oder Instandsetzungsmaßnahmen darstellen, sondern baulich etwas zusätzlich Neues schaffen (z. B. Ein- oder Ausbauten wie etwa Aufstockungen, Ausbau des Dachgeschosses, Anbau von Balkonen, Anlage eines Fahrstuhls oder einer Zentralheizung, Bau einer Garage) oder sonst in sachlicher oder persönlicher Beziehung dem bestehenden Zustand etwas Neues hinzufügen, das Aufwendungen erfordert (wie z. B. Ausgestaltung des Treppenhauses durch Treppenbelag oder Wandbemalung, Einstellung eines Heizers oder Hausmeisters). Auch grundlegende Veränderungen der unbebauten Grundstücksteile (z. B. Anlage eines ursprünglich nicht vorgesehenen Hausgartens) werden sinngemäß hierzu gehören, selbst wenn sie keine besonderen Aufwendungen erfordern (D 2).

II. Gesetzliche Behandlung im allgemeinen. Veränderungen der zu I erwähnten Art können **1.** von keinem Raumeigentümer verlangt werden — dies gilt ausnahmslos, soweit nicht die Raumeigentümer eine abweichende Vereinbarung getroffen haben; **2.** mangels abweichender Vereinbarung nicht mit Stimmenmehrheit beschlossen werden; um solche Veränderungen zu beschließen, ist daher grundsätzlich Zustimmung aller Raumeigentümer erforderlich (s. jedoch die Ausnahme in § 22 Abs. 1 Satz 2, unten zu III).

III. Ausnahmeregelung

1. Einstimmigkeit ist nicht notwendig, wenn die Veränderung, die den Gegenstand der Beschlußfassung bildet, die Rechte einzelner Raumeigentümer nicht über das bei einem geordneten Zusammenleben unvermeidliche Maß hinaus (§ 14) beeinträchtigt; liegt diese Voraussetzung vor, so ist die Zustimmung dieser Raumeigentümer nicht notwendig, der Beschluß kann vielmehr auch gegen ihren Widerspruch gefaßt werden. Erforderlich ist aber, daß er (mangels abweichender Vereinbarung) mit (einfacher) Stimmenmehrheit gefaßt wird, denn § 22 Abs. 1 Satz 2 beseitigt nur das Erfordernis der Einstimmigkeit, nicht das der (einfachen) Stimmenmehrheit, das für jeden Beschluß gilt, der nicht einstimmig oder mit qualifizierter Mehrheit gefaßt werden muß (§ 21 Abs. 3, § 25 Abs. 1). Anders wäre es nur, wenn diejenigen Raumeigentümer, die durch die Veränderung nicht über das im § 14 bestimmte Maß hinaus beeinträchtigt werden, nicht stimmberechtigt wären; das ist aber nicht der Fall (§ 25 Abs. 5), sie können vielmehr bei der Beschlußfassung mitstimmen, wie sich aus ihrem Widerspruchsrecht (§ 22 Abs. 1 Satz 2) ergibt (D 5 a; a. M. Bä 4; W-W 3). Überdies können die Raumeigentümer auch einen die Veränderung ausdrücklich ablehnenden Mehrheitsbeschluß fassen (vgl. § 21 zu D II 1 c).

2. Folgen mangelnder Einstimmigkeit. Wird von der Mehrheit der Raumeigentümer eine Veränderung i. S. des § 22 Abs. 1 Satz 1 beschlossen, so ergeben sich für die Raumeigentümer, die dem Beschluß nicht zugestimmt haben, deren Zustimmung aber nach Abs. 1 Satz 2 auch nicht erforderlich ist, folgende Wirkungen: **a)** Sie sind nicht verpflichtet, sich an den Kosten zu beteiligen, die durch die beschlossenen Veränderungen entstehen, aber auch nicht berechtigt, einen Anteil an den Nutzungen zu beanspruchen, die auf diesen Veränderungen beruhen (§ 16 Abs. 3). **b)** Bei der Berechnung ihrer Anteile im Falle einer Aufhebung der Miteigentümergemeinschaft bleibt eine Werterhöhung (ggf. auch eine Wertminderung) außer Betracht, die das gemeinschaftliche Eigentum durch die Ausführung der beschlossenen Änderungen erfahren hat (§ 17 Satz 2).

C. Wiederaufbau (§ 22 Abs. 2)

I. Voraussetzung für Anspruch und Mehrheitsbeschluß. Die Frage, ob der Wiederaufbau eines zerstörten Gebäudes von einem Raumeigentümer verlangt und mit welcher Stimmenzahl er beschlossen werden kann, beantwortet sich danach, ob eine Verpflichtung der Raumeigentümer zum Wiederaufbau besteht oder nicht. **1.** Besteht eine Verpflichtung zum Wiederaufbau, so kann jeder Raumeigentümer den Wiederaufbau verlangen (§ 21 Abs. 4) und der Wiederaufbau kann mit einfacher Stimmenmehrheit beschlossen werden (§ 21 Abs. 3). **2.** Besteht keine Verpflichtung zum Wiederaufbau, so hat kein Raumeigentümer einen Anspruch auf den Wiederaufbau und dieser kann nur mit Zustimmung aller Raumeigentümer beschlossen werden, sofern nicht etwas anderes vereinbart ist. Jeder Raumeigentümer kann aber, wenn ein derartiger einstimmiger Wiederaufbaubeschluß nicht zustande kommt, die Aufhebung der Miteigentümergemeinschaft verlangen, sofern ein solcher Aufhebungsanspruch durch Vereinbarung für diesen Fall vorgesehen ist (§ 11 Abs. 1 Satz 3).

II. Verpflichtung zum Wiederaufbau

1. Eine Verpflichtung zum Wiederaufbau besteht, wenn **a)** das Gebäude höchstens zur Hälfte des Wertes des an ihm (nicht am Grundstück!) bestehenden gemeinschaftlichen Eigentums (nicht auch des Sondereigentums) zerstört ist oder b) der durch die Zerstörung entstandene Schaden durch eine Versicherung oder in anderer Weise (z. B. durch Schadensersatzansprüche) gedeckt ist.

2. **Keine Verpflichtung** zum Wiederaufbau besteht, wenn **a)** das Gebäude zu mehr als der Hälfte des Wertes des an ihm bestehenden gemeinschaftlichen Eigentums zerstört und **b)** der Schaden nicht durch Versicherung oder in anderer Weise gedeckt ist.

§ 23

Wohnungseigentümerversammlung

(1) Angelegenheiten, über die nach diesem Gesetz oder nach einer Vereinbarung der Wohnungseigentümer die Wohnungseigentümer durch Beschluß entscheiden können, werden durch Beschlußfassung in einer Versammlung der Wohnungseigentümer geordnet.

(2) Zur Gültigkeit eines Beschlusses ist erforderlich, daß der Gegenstand bei der Einberufung bezeichnet ist.

(3) Auch ohne Versammlung ist ein Beschluß gültig, wenn alle Wohnungseigentümer ihre Zustimmung zu diesem Beschluß schriftlich erklären.

(4) Ein Beschluß ist nur ungültig, wenn er gemäß § 43 Abs. 1 Nr. 4 für ungültig erklärt ist. Der Antrag auf eine solche Entscheidung kann nur binnen eines Monats seit der Beschlußfassung gestellt werden, es sei denn, daß der Beschluß gegen eine Rechtsvorschrift verstößt, auf deren Einhaltung rechtswirksam nicht verzichtet werden kann.

I. Allgemeines

Während das BGB keine Vorschriften über das Verfahren bei der Beschlußfassung der Teilnehmer einer Bruchteilsgemeinschaft enthält, gibt das WEG in den §§ 23—25 solche Vorschriften für die Gemeinschaft der Raumeigentümer, wobei es sich teilweise an Grundsätze des Vereinsrechts anlehnt. Aus § 32 BGB übernimmt § 23 WEG den Grundsatz, daß Beschlüsse in einer Mitgliederversammlung zu fassen sind. Die Vorschriften des § 23 sind abdingbar (§ 10 Abs. 1 Satz 2). Über Streitigkeiten aus ihnen ist gemäß § 43 Abs. 1 im Verfahren der freiwilligen Gerichtsbarkeit zu entscheiden.

II. Beschlußfassung

1. **Grundsätzlich** sind Beschlüsse in einer **Versammlung der Raumeigentümer** zu fassen (§ 23 Abs. 1 WEG entsprechend § 32 Abs. 1 Satz 1 BGB). Das gilt für alle Angelegenheiten, über welche die Raumeigentümer durch Beschluß entscheiden können, mag diese Befugnis auf dem Gesetz oder auf Vereinbarung beruhen, mag es sich um Mehrheitsbeschlüsse oder um einstimmige Beschlüsse handeln. Voraussetzung für die Gültigkeit eines so gefaßten Beschlusses ist, daß die Versammlung schriftlich einberufen (s. § 24 zu II 2) und daß der Gegenstand der Beschlußfassung bei der Einberufung bezeichnet worden ist (§ 23 Abs. 2 WEG, entsprechend § 32 Abs. 2 Satz 2 BGB).

2. **Ausnahmsweise** kann ein Beschluß auch ohne Versammlung im **schriftlichen Verfahren** gefaßt werden; er ist aber nur dann gültig, wenn sämtliche Raumeigentümer sich an der Abstimmung beteiligen und ihre Zustimmung schriftlich erklären, mag für eine Beschlußfassung in der Versammlung auch Stimmenmehrheit genügen (§ 23 Abs. 3 WEG, entsprechend § 32 Abs. 2 BGB). Durch Stillschweigen kann also niemals ein Beschluß zustande kommen (wie auch keine Vereinbarung, s. § 10 zu II 3). Ein Beschluß, der Einstimmigkeit erfordert, wird auch in der Weise gefaßt werden können, daß ein Teil der Raumeigentümer in der Versammlung und der andere schriftlich zustimmt (**RG** 136, 189; W-W 3; D 3).

III. Ungültigkeit von Beschlüssen (§ 23 Abs. 4)

1. **Grundsatz.** Während nach Vereinsrecht sich jedermann ohne weiteres auf die Ungültigkeit eines fehlerhaften Beschlusses berufen kann (BGB § 32 A 5), ist ein Beschluß der Raumeigentümer mangels abweichender Vereinbarung nur dann ungültig, wenn er vom Gericht gemäß § 43 Abs. 1 Nr. 4 für ungültig erklärt worden ist. Die Ungültigkeitserklärung hat Wirkung gegen alle (**RG** 85, 313) und macht den Beschluß rückwirkend unwirksam; Voraussetzung für sie ist jedoch, daß wenigstens äußerlich ein (wenn auch fehlerhafter oder der erforderlichen Stimmenzahl entbehrender) Beschluß vorliegt. Der zur Ungültigkeitserklärung führende Fehler des Beschlusses kann auf seinem Zustandekommen oder seinem Inhalt, aber auch auf fehlerhafter Ein-

berufung der Versammlung (mangelnder Schriftlichkeit, Nichtbezeichnung des Gegenstandes der Beschlußfassung) beruhen.

2. Ausnahme. Unberührt läßt § 23 Abs. 4 die Frage, ob ein Beschluß absolut nichtig ist, weil sein Inhalt gegen ein zwingendes gesetzliches Verbot oder die guten Sitten verstößt (W-W 5; D 6; Ba 2; a. M. We 2); auf die Nichtigkeit eines Beschlusses wegen seines Inhalts kann sich also jedermann auch außerhalb eines Verfahrens nach § 43 Abs. 1 Nr. 4 berufen. Verstößt dagegen das Zustandekommen des Beschlusses gegen § 134 oder § 138 BGB, so wird es der Ungültigkeitserklärung nach § 23 Abs. 4 bedürfen (W-W 7 unter Berufung auf **RG** 131, 141). Ebenso fallen unter § 23 Abs. 4 alle sonstigen Verstöße von Beschlüssen gegen ein Gesetz oder eine Vereinbarung der Raumeigentümer (W-W 6); zu eng ist die Ansicht von Friese (NJW 51, 510) und Diester (A 6), daß § 23 Abs. 4 nur Beschlüsse betreffe, die gegen eine Vorschrift des WEG verstießen.

3. Antragstellung

a) Zum Antrage auf Ungültigkeitserklärung eines Beschlusses sind der Verwalter und jeder Raumeigentümer, nicht dagegen Dritte befugt (§ 43 Abs. 1 Nr. 4).

b) Der Antrag muß grundsätzlich innerhalb eines Monats seit der Beschlußfassung gestellt werden; diese Frist ist eine Ausschlußfrist und in ihrem Ablauf unabhängig von Kenntnis oder Unkenntnis des Beschlusses. Eine Ausnahme besteht bei Beschlüssen, die gegen eine Rechtsvorschrift verstoßen, auf deren Einhaltung rechtswirksam nicht verzichtet werden kann. Was das Gesetz hiermit meint, ist nicht recht klar, da Beschlüsse, die wegen Verstoßes ihres Inhalts gegen die §§ 134, 138 BGB absolut nichtig sind, keiner Ungültigkeitserklärung bedürfen (s. oben zu III 2): Weitnauer-Wirths (A 8) denken an Fälle von Sittenwidrigkeit, die nicht im Beschluß als solchen in Erscheinung tritt, Diester (Anm. 5) an Nichtbeachtung formeller Gültigkeitsvoraussetzungen (z. B. Fehlen der vorgeschriebenen Mehrheit, Nichtbezeichnung des Beschlußgegenstandes bei der Einberufung der Versammlung). Zu eng ist aber auch die Auffassung von Diester, daß die Ausschlußfrist nur für die Geltendmachung von sachlichen Verstößen gegen das WEG gelte. Vgl. zu der Frage auch Hu 4 d.

§ 24

Einberufung, Vorsitz, Niederschrift

(1) Die Versammlung der Wohnungseigentümer wird von dem Verwalter mindestens einmal im Jahre einberufen.

(2) Die Versammlung der Wohnungseigentümer muß von dem Verwalter in den durch Vereinbarung der Wohnungseigentümer bestimmten Fällen, im übrigen dann einberufen werden, wenn dies schriftlich unter Angabe des Zweckes und der Gründe von mehr als einem Viertel der Wohnungseigentümer verlangt wird.

(3) Die Einberufung erfolgt schriftlich. Die Frist der Einberufung soll, sofern nicht ein Fall besonderer Dringlichkeit vorliegt, mindestens eine Woche betragen.

(4) Den Vorsitz in der Wohnungseigentümerversammlung führt, sofern diese nichts anderes beschließt, der Verwalter.

(5) Über die in der Versammlung gefaßten Beschlüsse ist eine Niederschrift aufzunehmen. Die Niederschrift ist von dem Vorsitzenden und einem Wohnungseigentümer und, falls ein Verwaltungsbeirat bestellt ist, auch von dessen Vorsitzenden oder seinem Vertreter zu unterschreiben. Jeder Wohnungseigentümer ist berechtigt, die Niederschriften einzusehen.

I. Allgemeines

§ 24 regelt die Einberufung der Versammlung der Raumeigentümer, den Vorsitz in ihr und die Protokollierung der von ihr gefaßten Beschlüsse. Die Regelung lehnt sich an die §§ 36, 37 BGB an, gestaltet sie aber unter Anpassung an die Bedürfnisse des WEG um und näher aus. Alle Vorschriften des § 24 sind nach § 10 Abs. 1 Satz 2 abdingbar (a. M. bez. § 24 Abs. 1 u. 2 Bä § 27 A 2).

II. Einberufung

1. Häufigkeit

a) Obligatorische Einberufung. Die Versammlung muß einberufen werden **aa)** mindestens einmal im Jahre (Abs. 1); **bb)** in den Fällen, in denen eine Vereinbarung der Raumeigentümer es bestimmt; **cc)** wenn mehr als der vierte Teil der Raumeigentümer es schriftlich unter

Angabe des Zweckes und der Gründe verlangt (Abs. 2); **dd)** wenn eine Versammlung beschlußunfähig gewesen ist (§ 25 Abs. 4 Satz 1).

b) Fakultative Einberufung. Darüber hinaus kann die Versammlung jederzeit einberufen werden, wenn das aus Gründen einer ordnungsmäßigen Verwaltung ratsam erscheint.

2. Form. Die Versammlung muß schriftlich einberufen werden (Abs. 3 Satz 1); eingeschriebener Brief ist zweckmäßig, aber nicht vorgeschrieben. Wahrung der Schriftform ist Gültigkeitsvoraussetzung (s. § 23 zu II 1) für die in der Versammlung gefaßten Beschlüsse (W-W 2; Ba 1; a. M. Bä **4**, § 23 A 2; D 3, § 23 A 5). Wegen der Bezeichnung des Gegenstandes der Tagesordnung s. § 23 Abs. 2.

3. Frist. Die Einberufungsfrist soll mindestens eine Woche betragen, sofern nicht ein Fall besonderer Dringlichkeit vorliegt (Abs. 3 Satz 2). Die Wahrung der Frist ist keine Gültigkeitsvoraussetzung für die gefaßten Beschlüsse, da es sich nur um eine Sollvorschrift handelt, ihre Nichtbeachtung kann aber u. U. zu Schadensersatzansprüchen gegen den Einberufer führen, wenn diesen ein Verschulden trifft.

III. Aufgaben des Verwalters

Sache des Verwalters ist

1. die Einberufung der Versammlung (Abs. 1 u. 2). Verletzt der Verwalter seine aus Abs. 1 u. 2 sich ergebende Verpflichtung zur Einberufung, so kann diese von jedem Raumeigentümer durch gerichtliche Entscheidung gemäß § 43 Abs. 1 Nr. 2 erzwungen werden; außerdem macht sich der Verwalter u. U. schadensersatzpflichtig;

2. die Führung des Vorsitzes in der Versammlung (Abs. 4), sofern nichts anderes vereinbart ist oder von der Versammlung beschlossen wird; das wird namentlich dann in Frage kommen, wenn über eine den Verwalter betreffende Angelegenheit (z. B. seine Vergütung oder Abberufung) Beschluß gefaßt werden soll (Bä 3).

IV. Niederschrift (Abs. 5)

1. Inhalt. In die Niederschrift sind die gefaßten Beschlüsse aufzunehmen, die ja nicht nur die Raumeigentümer, sondern (ohne Eintragung im Grundbuch) auch ihre Sondernachfolger binden (§ 10 Abs. 3); das wird sinngemäß nicht nur für die in der Versammlung, sondern auch für die nach § 23 Abs. 3 außerhalb einer Versammlung gefaßten Beschlüsse gelten müssen. Dagegen braucht der Gang der Verhandlungen nicht protokolliert zu werden. Die Aufnahme eines Beschlusses in die Niederschrift ist keine Gültigkeitsvoraussetzung des Beschlusses (s. § 23 zu II 1, III 1), die Nichtaufnahme kann aber u. U. zu Schadensersatzansprüchen führen. Darüber, wer die Niederschrift anzufertigen hat, sagt das WEG nichts; mangels anderweitiger Vereinbarungen oder Beschlüsse wird der Verwalter als hierzu verpflichtet anzusehen sein.

2. Form. Die Niederschrift ist von dem Vorsitzenden und einem Raumeigentümer zu unterschreiben, bei Bestellung eines Verwaltungsbeirats auch von dessen Vorsitzendem oder seinem Vertreter. Weitere Formvorschriften enthält das WEG nicht. Insbesondere sagt es nichts über die Aufbewahrung der Niederschriften (z. B. ihre Sammlung in einem vom Verwalter zu führenden Protokollbuch); Bestimmungen hierüber können durch Vereinbarung oder Beschluß der Raumeigentümer getroffen werden. Einreichung der Niederschriften zu den Grundakten kommt aber nicht in Frage, weil das Grundbuchamt dadurch mit Angelegenheiten befaßt würde, die nicht zu seinen Aufgaben gehören (W-W 5; D 5).

3. Einsichtnahme. Jeder Raumeigentümer hat Anspruch auf Einsicht in die Niederschriften, damit auch auf Erteilung von Abschriften der gefaßten Beschlüsse und auf deren Mitteilung an Dritte, die ein berechtigtes Interesse hieran haben (D 5, weitergehend W-W 8), z. B. Kaufinteressenten; ein eigenes Recht von Dritten auf Einsicht wird dagegen nur dann bestehen, wenn es sich aus einer Vereinbarung oder einem Beschlusse der Raumeigentümer ergibt (D 5). Das gleiche wie für Beschlüsse der Raumeigentümer wird auch für gerichtliche Entscheidungen gelten müssen (W-W 8).

§ 25

Mehrheitsbeschluß

(1) Für die Beschlußfassung in Angelegenheiten, über die die Wohnungseigentümer durch Stimmenmehrheit beschließen, gelten die Vorschriften der Absätze 2 bis 5.

(2) Jeder Wohnungseigentümer hat eine Stimme. Steht ein Wohnungseigentum mehreren gemeinschaftlich zu, so können sie das Stimmrecht nur einheitlich ausüben.

(3) Die Versammlung ist nur beschlußfähig, wenn die erschienenen stimmberechtigten Wohnungseigentümer mehr als die Hälfte der Miteigentumsanteile, berechnet nach der im Grundbuch eingetragenen Größe dieser Anteile, vertreten.

(4) Ist eine Versammlung nicht gemäß Absatz 3 beschlußfähig, so beruft der Verwalter eine neue Versammlung mit dem gleichen Gegenstand ein. Diese Versammlung ist ohne Rücksicht auf die Höhe der vertretenen Anteile beschlußfähig; hierauf ist bei der Einberufung hinzuweisen.

(5) Ein Wohnungseigentümer ist nicht stimmberechtigt, wenn die Beschlußfassung die Vornahme eines auf die Verwaltung des gemeinschaftlichen Eigentums bezüglichen Rechtsgeschäfts mit ihm oder die Einleitung oder Erledigung eines Rechtsstreits der anderen Wohnungseigentümer gegen ihn betrifft oder wenn er nach § 18 rechtskräftig verurteilt ist.

I. Allgemeines

1. § 25 regelt zusätzlich zu den §§ 23, 24 die **Voraussetzungen für das Zustandekommen von Mehrheitsbeschlüssen,** die alle Raumeigentümer binden (§ 10 Abs. 4). Seine Vorschriften sind sämtlich abdingbar (§ 10 Abs. 1 Satz 2).

2. Die einzelnen gesetzlichen Voraussetzungen sind: **a)** daß — in Abweichung von dem Grundsatz des § 21 Abs. 1, wonach die Verwaltung des gemeinschaftlichen Eigentums allen Raumeigentümern gemeinschaftlich zusteht (§ 21 zu C I) — in der in Betracht kommenden Angelegenheit ein Mehrheitsbeschluß nach Vereinbarung oder Gesetz (s. § 15 Abs. 2, § 18 Abs. 3, § 21 Abs. 3, § 26 Abs. 1, § 28 Abs. 4 u. 5, § 29 Abs. 1; anders dagegen § 22 Abs. 1) zulässig ist; **b)** daß der Mehrheitsbeschluß in einer Versammlung der Raumeigentümer gefaßt wird (§ 23 zu II), **c)** daß diese Versammlung beschlußfähig ist (§ 25 Abs. 3 u. 4, § 18 Abs. 3); **d)** daß der Beschluß von einer Mehrheit der stimmberechtigten Versammlungsteilnehmer gefaßt wird (§ 25 Abs. 1 u. 5; § 18 Abs. 3).

II. Beschlußfähigkeit

1. Grundsätzlich richtet sich die Beschlußfähigkeit nach dem Umfang der in der Versammlung insgesamt vertretenen Miteigentumsanteile, und zwar ist die im Grundbuch eingetragene Größe der Anteile maßgebend; beschlußfähig ist die Versammlung, wenn die Anteile der erschienenen stimmberechtigten Raumeigentümer zusammen mehr als die Hälfte aller Anteile ausmachen (Abs. 3).

2. Ausnahmen

a) Wiederholte Einberufung. War eine Versammlung nicht gemäß 1 beschlußfähig, so hat der Verwalter unter Beachtung von § 23 Abs. 2 und § 24 Abs. 3 eine neue Versammlung mit der gleichen Tagesordnung einzuberufen und dabei darauf hinzuweisen, daß die neue Versammlung ohne Rücksicht auf die Höhe der vertretenen Anteile beschlußfähig sein werde. Die darauf zusammentretende neue Versammlung ist dann in jedem Falle beschlußfähig, auch wenn nur eine Minderheit der Anteile vertreten ist (Abs. 4).

b) Entziehung des Raumeigentums. Die Vorschriften über die Beschlußfähigkeit (§ 25 Abs. 3 u. 4) gelten nicht, wenn es sich um die Beschlußfassung über die Entziehung des Raumeigentums eines Raumeigentümers handelt (§ 18 Abs. 3 Satz 3). In diesem Falle kommt es nicht auf den Umfang der in der Versammlung vertretenen Anteile, sondern auf die Zahl der erschienenen Raumeigentümer an, und zwar muß mehr als die Hälfte aller stimmberechtigten Raumeigentümer bei der Beschlußfassung anwesend sein (§ 18 Abs. 3 Satz 2). Trifft diese Voraussetzung nicht zu, so ist die Versammlung beschlußunfähig; eine neue Versammlung braucht aber mangels anderweitiger Vereinbarung nur dann einberufen zu werden, wenn mehr als der vierte Teil der Raumeigentümer es schriftlich unter Angabe des Zweckes und der Gründe verlangt.

III. Stimmenmehrheit

1. Grundsatz. Anders als die Beschlußfähigkeit der Versammlung und abweichend von § 745 Abs. 1 Satz 2 BGB ist die Stimmenmehrheit nicht nach der Größe der Anteile, sondern nach Köpfen zu berechnen, wobei mangels anderweitiger Vereinbarung grundsätzlich jeder stimmberechtigte Raumeigentümer eine Stimme hat.

2. Berechnung der Mehrheit. Maßgebend hierfür ist **a)** grundsätzlich die Zahl der in einer beschlußfähigen Versammlung erschienenen Raumeigentümer, und zwar genügt zur Beschlußfassung mangels abweichender Vereinbarung die einfache Mehrheit der Erschienenen. **b)** Ausnahmsweise ist die Zahl aller stimmberechtigten Raumeigentümer maßgebend, wenn es sich um die Beschlußfassung über die Entziehung des Raumeigentums (§ 18 Abs. 3) handelt; mangels abweichender Vereinbarung genügt zum Zustandekommen eines die Entziehung verlangenden Beschlusses die einfache Mehrheit sämtlicher Raumeigentümer.

IV. Stimmrecht

1. Kein Stimmrecht (Abs. 5, vgl. § 34 BGB) hat ein Raumeigentümer, wenn

a) über die Vornahme eines auf die Verwaltung des gemeinschaftlichen Eigentums bezüglichen Rechtsgeschäfts mit ihm (z. B. über Kohlenlieferungen, Leistung von Reparaturarbeiten oder baulichen Maßnahmen) Beschluß gefaßt werden soll;

b) es sich um die Beschlußfassung über die Einleitung oder Erledigung (d. h. die Art der Durchführung oder Beendigung) eines Rechtsstreits der anderen Raumeigentümer gegen ihn (z. B. wegen Entziehung des Raumeigentums, §§ 18, 51) handelt;

c) er gemäß § 18 zur Veräußerung seines Raumeigentums rechtskräftig verurteilt worden ist.

Dagegen sind Raumeigentümer, auf deren Zustimmung zu einem Beschlusse nach § 22 Abs. 1 es nicht ankommt, stimmberechtigt (s. § 22 zu B III 1).

2. Abstimmung. Grundsätzlich steht jedem stimmberechtigten Raumeigentümer ohne Rücksicht auf die Größe seines Anteils eine Stimme zu; daher hat auch derjenige nur eine Stimme, dem mehrere Raumeinheiten gehören. Anderseits können mehrere Personen, denen (z. B. als Ehegatten, Miterben, Gesellschaftern, Miteigentümern nach Bruchteilen) ein Raumeigentumsrecht gemeinschaftlich zusteht, ihr Stimmrecht nur einheitlich ausüben, d. h. sie haben zusammen nur eine Stimme. Jeder Raumeigentümer kann sein Stimmrecht auch durch einen Vertreter ausüben lassen.

§ 26

Bestellung des Verwalters

(1) Über die Bestellung und Abberufung des Verwalters beschließen die Wohnungseigentümer durch Stimmenmehrheit.

(2) Fehlt ein Verwalter, so ist ein solcher in dringenden Fällen bis zur Behebung des Mangels auf Antrag eines Wohnungseigentümers oder eines Dritten, der ein berechtigtes Interesse an der Bestellung eines Verwalters hat, durch den Richter zu bestellen.

Übersicht

I. Allgemeines

Nach der unabdingbaren Vorschrift des § 20 muß jede Raumeigentümergemeinschaft einen Verwalter haben; er ist ihr wichtigstes Organ nach der Raumeigentümerversammlung. Seine Rechtsstellung regeln die §§ 26—28; zuerst werden seine Bestellung und Abberufung im § 26 behandelt. Abs. 1 des § 26 ist abdingbar (§ 10 Abs. 1 Satz 2), dagegen nicht Abs. 2, weil dieser nicht das Verhältnis der Raumeigentümer untereinander (§ 10 Abs. 1 Satz 1) betrifft (s. § 10 zu II 4 a), überdies nur eine Folgerung aus der unabdingbaren Vorschrift des § 20 ist.

II. Bestellung des Verwalters

1. Bestellung durch die Raumeigentümer

a) Die Auswahl des Verwalters ist in erster Linie Sache der Raumeigentümer. Soweit nicht anderes vereinbart ist oder schon vor Entstehung der Raumeigentümergemeinschaft bindende Abmachungen der einzelnen Raumeigentümer mit Dritten (z. B. dem Wohnungsbauunternehmer) über die Bestellung des Verwalters getroffen worden sind, genügt ein Mehrheitsbeschluß (§ 25) der Raumeigentümer. Der Beschluß betrifft jedoch nur die interne Willensbildung der Raumeigentümer hinsichtlich der Person des Verwalters.

b) Zu einer wirksamen Bestellung des Verwalters muß ein Vertrag hinzukommen, den die Raumeigentümergemeinschaft mit dem gewählten Verwalter zu schließen hat. Deshalb müssen die Raumeigentümer auch über die Einzelheiten des zu schließenden Vertrages und den Abschluß selbst beschließen, wobei ebenfalls Mehrheitsbeschluß genügt.

2. Bestellung durch das Gericht (§ 26 Abs. 2 WEG, vgl. § 29 BGB). Das Gericht hat einen Verwalter gemäß § 43 Abs. 1 Nr. 3 zu bestellen, wenn kein Verwalter vorhanden (oder der vorhandene rechtlich oder tatsächlich verhindert) ist, jedoch nur in dringenden Fällen und nur bis zur Behebung des Mangels, also etwa bis zur Bestellung eines Verwalters durch die Raumeigentümer (oder bis zu dem Zeitpunkt, in dem die Verhinderung des ursprünglichen Verwalters aufhört). Voraussetzung ist ein Antrag, den jeder Raumeigentümer oder ein Dritter stellen kann, der ein berechtigtes Interesse an der Bestellung eines Verwalters hat (z. B. ein Lieferant oder sonstiger Gläubiger). Soweit erforderlich, hat das Gericht mit dem von ihm bestellten Verwalter Näheres über dessen Rechte und Pflichten (z. B. seine Vergütung) zu vereinbaren. Unabhängig von der durch § 26 Abs. 2 gegebenen Möglichkeit kann jeder Raumeigentümer auch gemäß § 21 Abs. 4, § 43 Abs. 1 Nr. 1 die Bestellung einer bestimmten geeigneten Person zum Verwalter verlangen (W-W 4a; D 7).

III. Einzelheiten

1. Person des Verwalters. Der Verwalter muß eine natürliche oder juristische Person sein, doch kommt auch eine Gesellschaft in Frage. Auch ein Raumeigentümer kann mit der Verwaltung betraut werden (a. M. Hu 1 a), doch ist es unzulässig, sämtliche Raumeigentümer zu Verwaltern zu bestellen, weil der Verwalter ein besonderes Organ neben der Gesamtheit der Raumeigentümer sein muß (Bä 2; W-W 2; D 5). Auch die Bestellung mehrerer Raumeigentümer zu gleichzeitigen Verwaltern wird wegen der damit verbundenen Unklarheiten nicht angängig sein (D 5), wohl aber ihre Bestellung in turnusmäßigem Wechsel (Bä 2). Über die Eignungsvoraussetzungen des Verwalters sagt das WEG nichts; sie müssen sich nach dem Umfang und der Bedeutung seiner Verwaltung richten.

2. Vertragsverhältnis. Die Verwaltungsführung kann entgeltlich oder unentgeltlich sein und demgemäß auf einem Geschäftsbesorgungsvertrage (§ 675 BGB) oder einem Auftrage (§ 662 BGB) beruhen. Danach regeln sich in Verbindung mit den §§ 27, 28 WEG die dem Verwalter gegenüber den Raumeigentümern zustehenden Rechte und obliegenden Pflichten; ihre nähere Festlegung bleibt dem zwischen beiden Teilen abzuschließenden Vertrage überlassen. Seinen etwaigen Anspruch auf Vergütung (§ 612 BGB) kann der Verwalter gegenüber der Raumeigentümergemeinschaft nicht nach § 43 Abs. 1 Nr. 2 WEG, sondern nur im Wege des Zivilprozesses geltend machen, weil der Anspruch kein Recht des Verwalters „bei" der Verwaltung des gemeinschaftlichen Eigentums ist (W-W 4).

3. Gegenüber Dritten hat der Verwalter in bestimmtem Umfange, der durch Vereinbarung erweitert werden kann, die Stellung eines gesetzlichen Vertreters der Raumeigentümer (s. § 27 zu III); er kann von den Raumeigentümern die Ausstellung einer entsprechenden Vollmachtsurkunde verlangen (§ 27 Abs. 5).

4. Haftung des Verwalters

a) Den Raumeigentümern gegenüber haftet der Verwalter aus dem mit ihnen geschlossenen Vertrage (Auftrag oder Geschäftsbesorgungsvertrag), aus Geschäftsführung ohne Auftrag oder aus unerlaubter Handlung (D 11).

b) Dritten gegenüber haftet der Verwalter nur aus unerlaubter Handlung (§§ 823ff. BGB). Für ihn haften die Raumeigentümer gesamtschuldnerisch, und zwar bei Verschulden des Verwalters als Erfüllungsgehilfen gemäß § 278 BGB, bei außervertraglichem Verschulden nach § 831 BGB (Bä 6; D 11), wohl nicht nach § 31 BGB, wie Weitnauer-Wirths (§ 27 A 20) meinen.

IV. Abberufung des Verwalters (Abs. 1)

Soweit nichts anderes vereinbart ist, beschließen die Raumeigentümer mit Stimmenmehrheit über die Abberufung des Verwalters in gleicher Weise wie über seine Bestellung. Der Beschluß betrifft nur die Frage, ob die Raumeigentümer von einem gegebenen Abberufungsrecht Gebrauch machen sollen; ob sie ein solches Abberufungsrecht haben, richtet sich nach dem von ihnen mit dem Verwalter geschlossenen Vertrage (vgl. auch § 671 Abs. 1, §§ 620ff. BGB). Hierüber hat im Streitfalle das Prozeßgericht zu entscheiden. Bei einem gerichtlich bestellten Verwalter (§ 26 Abs. 2) wird eine Abberufung in der Regel nicht erforderlich, vielmehr anzunehmen sein, daß sein Amt von selbst erlischt, wenn das Bedürfnis wegfällt, das zu seiner Bestellung geführt hat (s. BGB § 29 A 1; W-W 5 a).

§ 27

Aufgaben und Befugnisse des Verwalters

(1) Der Verwalter ist berechtigt und verpflichtet:

1. Beschlüsse der Wohnungseigentümer durchzuführen und für die Durchführung der Hausordnung zu sorgen;

2. die für die ordnungsmäßige Instandhaltung und Instandsetzung des gemeinschaftlichen Eigentums erforderlichen Maßnahmen zu treffen;
3. in dringenden Fällen sonstige zur Erhaltung des gemeinschaftlichen Eigentums erforderliche Maßnahmen zu treffen;
4. gemeinschaftliche Gelder zu verwalten.

(2) Der Verwalter ist berechtigt, im Namen aller Wohnungseigentümer und mit Wirkung für und gegen sie:
1. Lasten- und Kostenbeiträge, Tilgungsbeträge und Hypothekenzinsen anzufordern, in Empfang zu nehmen und abzuführen, soweit es sich um gemeinschaftliche Angelegenheiten der Wohnungseigentümer handelt;
2. alle Zahlungen und Leistungen zu bewirken und entgegenzunehmen, die mit der laufenden Verwaltung des gemeinschaftlichen Eigentums zusammenhängen;
3. Willenserklärungen und Zustellungen entgegenzunehmen, soweit sie an alle Wohnungseigentümer in dieser Eigenschaft gerichtet sind;
4. Maßnahmen zu treffen, die zur Wahrung einer Frist oder zur Abwendung eines sonstigen Rechtsnachteils erforderlich sind;
5. Ansprüche gerichtlich und außergerichtlich geltend zu machen, sofern er hierzu durch Beschluß der Wohnungseigentümer ermächtigt ist;
6. die Erklärungen abzugeben, die zur Vornahme der in § 21 Abs. 5 Nr. 6 bezeichneten Maßnahmen erforderlich sind.

(3) Die dem Verwalter nach den Absätzen 1, 2 zustehenden Aufgaben und Befugnisse können durch Vereinbarung der Wohnungseigentümer nicht eingeschränkt werden.

(4) Der Verwalter ist verpflichtet, Gelder der Wohnungseigentümer von seinem Vermögen gesondert zu halten. Die Verfügung über solche Gelder kann von der Zustimmung eines Wohnungseigentümers oder eines Dritten abhängig gemacht werden.

(5) Der Verwalter kann von den Wohnungseigentümern die Ausstellung einer Vollmachturkunde verlangen, aus der der Umfang seiner Vertretungsmacht ersichtlich ist.

I. Allgemeines

§ 27 bestimmt im Abs. 1 das Mindestmaß der Aufgaben und Befugnisse des Verwalters in seinem Verhältnis zu den Raumeigentümern, im Abs. 2 das Mindestmaß seiner Vertretungsbefugnis nach außen. Abs. 3 verbietet eine Einschränkung dieser Aufgaben und Befugnisse. Abs. 4 ergänzt Abs. 1 Nr. 4, Abs. 5 den Abs. 2. Abs. 4 und 5 sind abdingbar (§ 10 Abs. 1 Satz 2).

II. Aufgaben und Befugnisse des Verwalters (Abs. 1 und 4)

Sie sind gleichbedeutend mit seinen Pflichten und Rechten und können durch Vereinbarung der Raumeigentümer weder ihm entzogen noch eingeschränkt, wohl aber erweitert werden (Abs. 3). Im Streitfalle entscheidet über den Umfang seiner Aufgaben und Befugnisse das Gericht der freiwilligen Gerichtsbarkeit nach § 43 Abs. 1 Nr. 2. Im einzelnen gehören zu den unabdingbaren Rechten und Pflichten des Verwalters (außer seinem Recht, in den Fällen des § 43 Abs. 1 Nr. 2 und 4 — die als verfahrensrechtliche Vorschriften unabdingbar sind — das Gericht anzurufen):

1. Die Durchführung der Beschlüsse der Raumeigentümer, wozu auch das Recht des Verwalters gehört, gemäß § 43 Abs. 1 Nr. 4 die gerichtliche Entscheidung über die Gültigkeit solcher Beschlüsse zu beantragen, sowie die Sorge für die Durchführung der Hausordnung (s. § 21 zu E II 1), darüber hinaus aber auch die Sorge dafür, daß die Raumeigentümer ihre Pflichten (§ 14) erfüllen, und das Recht, bei gröblichen Verstößen gegen diese Pflichten die im § 18 Abs. 2 Nr. 1 vorgesehene Abmahnung auszusprechen (Abs. 1 Nr. 1).

2. Die Sorge für die ordnungsmäßige Instandhaltung und Instandsetzung des gemeinschaftlichen Eigentums. Insbesondere hat der Verwalter die hierzu erforderlichen Maßnahmen aus eigener Entschließung zu treffen (Abs. 1 Nr. 2; vgl. § 21 Abs. 5 Nr. 2). Ob und inwieweit der Verwalter durch solche Maßnahmen die Raumeigentümer unmittelbar gegenüber Dritten verpflichten kann, ergibt sich nicht aus Abs. 1 (so W-W 3; Ho 1; Ba 1), sondern aus dem die Vertretungsbefugnis des Verwalters regelnden Abs. 2 (so D 4; vgl. unten zu III) oder aus einer besonderen Ermächtigung des Verwalters durch Beschluß der Raumeigentümer.

3. Darüber hinaus **in dringenden Fällen** die Ergreifung **sonstiger** (d. h. über die ordnungsmäßige Instandhaltung und Instandsetzung hinausgehender) **Maßnahmen,** die zur Erhaltung des gemeinschaftlichen Eigentums (also zur Abwendung diesem drohender Schäden, z. B. bei Brandgefahr) erforderlich sind (Abs. 1 Nr. 3; vgl. § 21 zu D 1).

4. Die Verwaltung der gemeinschaftlichen Gelder (Abs. 1 Nr. 4, Abs. 4).

a) Zu den gemeinschaftlichen Geldern gehören vor allem Vorschüsse auf die Lasten und Beiträge, Verwaltungskosten (§ 16 Abs. 2, § 28 Abs. 2), Rückstellungsbeträge für die Instandhaltung (§ 21 Abs. 5 Nr. 4) und Einnahmen aus der Vermietung oder Verpachtung gemeinschaftlichen Eigentums (s. § 16 zu III 1).

b) Der Verwalter hat die gemeinschaftlichen Gelder von seinem Vermögen gesondert zu halten (Abs. 4 Satz 1), also Bargeld in einer besonderen Kasse, Bank-, Sparkassen- oder Postscheckguthaben auf Sonderkonto. Die Verfügung hierüber steht ihm nur im Rahmen seiner Ermächtigung zu. Das Eigentum an den gemeinschaftlichen Geldern gehört zum gemeinschaftlichen Eigentum der (nach § 11 grundsätzlich unauflöslichen) Raumeigentümergemeinschaft (vgl. § 11 zu I 2 c), steht also nicht etwa den Raumeigentümern als einfacher Bruchteilsgemeinschaft i. S. der §§ 741 ff. BGB zu (Bä § 11 A 8; D 16 und § 11 A 6; a. M. W-W 17). Veräußert ein Raumeigentümer sein Raumeigentum, so geht sein Anteil an den gemeinschaftlichen Geldern daher ohne weiteres auf den Erwerber über (D a. a. O.; a. M. W-W a. a. O.).

c) Die Verfügung des Verwalters über gemeinschaftliche Gelder kann von der Zustimmung eines Raumeigentümers oder eines Dritten abhängig gemacht werden (Abs. 4 Satz 2). Das ist an sich selbstverständlich, weil es sich um die Verwaltung von Fremdgeldern handelt; Abs. 4 Satz 2 will nur klarstellen, daß hierin keine (nach Abs. 3 unzulässige) Einschränkung der Verwaltungsbefugnis des Verwalters (Abs. 2 Nr. 4) liegt (W-W 18; D 17).

III. Vertretungsmacht des Verwalters (Abs. 2 und 5)

1. Allgemeines

a) Abs. 2 bezeichnet das Mindestmaß der Angelegenheiten, in denen der Verwalter berechtigt ist, im Namen aller Raumeigentümer mit Wirkung für und gegen sie zu handeln; der Kreis dieser Angelegenheiten darf erweitert, aber nicht eingeschränkt werden (Abs. 3). In diesen Angelegenheiten hat also der Verwalter (anders als in den im Abs. 1 bezeichneten) die gesetzliche Befugnis, die Raumeigentümer zu vertreten und dadurch auch unmittelbar zu verpflichten; er ist insoweit ihr gesetzlicher Vertreter (W-W 6; D 7; a. M. Bä 5). Zu eng dürfte die Ansicht von Diester (A 8 und 10) sein, daß es sich hier nur um Erfüllungsgeschäfte handle (vgl. unten zu 2 b).

b) Als gesetzlicher Vertreter der Raumeigentümer ist der Verwalter an § 181 BGB gebunden; er kann also nicht mit sich selbst kontrahieren, es sei denn, daß er hierzu besonders ermächtigt worden ist oder das Rechtsgeschäft ausschließlich in der Erfüllung einer Verbindlichkeit besteht (W-W 6).

c) Im Abs. 2 wird der Verwalter zur Vornahme der hier angeführten Handlungen nur als berechtigt, nicht (wie im Abs. 1) auch als verpflichtet bezeichnet. Er muß hierzu aber auch insoweit als verpflichtet angesehen werden, wie eine ordnungsmäßige Verwaltung (§ 21 Abs. 4) das erfordert (vgl. auch D 8).

d) Da die Gemeinschaft der Raumeigentümer keiner registergerichtlichen Aufsicht unterliegt, hat der Verwalter (außer bei Bestellung durch das Gericht nach § 26 Abs. 2) keinen amtlichen Ausweis über seine Vertretungsbefugnis. Deshalb hat er gegen die Raumeigentümer einen gesetzlichen Anspruch auf Ausstellung einer (privaten) Vollmachtsurkunde, aus der seine Stellung als Verwalter und (mit Rücksicht auf die Möglichkeit einer vertraglichen Erweiterung seiner Vertretungsbefugnis) der Umfang seiner Vertretungsmacht ersichtlich ist (Abs. 5). Den Anspruch kann der Verwalter nach § 43 Abs. 1 Nr. 2 geltend machen (W-W 19; a. M. Ho 6). Bei Abberufung des Verwalters gelten hinsichtlich seiner Vertretungsmacht § 172 Abs. 2, §§ 173, 175, 176 BGB.

2. Die gesetzlichen Einzelfälle

a) Anforderung, Empfangnahme und Abführung der Lasten- und Kostenbeiträge, Tilgungsbeiträge und Hypothekenzinsen, soweit es sich um gemeinschaftliche Angelegenheiten der Raumeigentümer handelt (Nr. 1). Sache des Verwalters ist es, die nach § 16 Abs. 2 von den Raumeigentümern zu tragenden Lasten (§ 16 zu IV) und Verwaltungskosten (§ 16 zu V) des gemeinschaftlichen Eigentums von den einzelnen Raumeigentümern einzuziehen und an die Berechtigten abzuführen. Tilgungsbeträge gehören weder zu den Lasten noch zu den Verwaltungskosten (§ 16 zu IV und V 2 a) und mußten deshalb hier besonders erwähnt werden, um ihre Einziehung durch den Verwalter, die zweckmäßig erschien, zu ermöglichen. Hypothekenzinsen gehören (ebenso wie Grundschuldzinsen und Renten) zu den Lasten des gemeinschaftlichen Eigentums; sie werden neben den Lasten nur deshalb besonders angeführt, weil abweichende Vereinbarungen über ihre Tragung getroffen werden können und auch für diesen Fall ihre Einziehung durch den Verwalter sichergestellt werden soll (W-W 7). Die Vorschrift der Nr. 1 bezieht sich nur auf Belastungen des gemeinschaftlichen Eigentums im ganzen, nicht auf Belastungen eines einzelnen Raumeigentums, doch kann der Verwalter auch insoweit durch besondere Abmachung mit der Einziehung und Abführung der Zinsen und Tilgungsbeträge beauftragt werden. Bei der Einziehung der in Nr. 1 bezeichneten Beträge macht der Verwalter nicht die Ansprüche der Gläubiger gegen die Gemeinschaft der Raumeigentümer, sondern die aus § 16 Abs. 2 sich ergebenden Ansprüche der Raumeigentümergemeinschaft gegen die einzelnen Raumeigentümer geltend; er handelt also als Vertreter nicht der Gläubiger, sondern der Raumeigentümergemeinschaft; zur gerichtlichen Geltendmachung ist er nur im Rahmen der Nr. 5 berechtigt (W-W 7).

b) Bewirkung und Entgegennahme aller Zahlungen und Leistungen, die mit der laufenden Verwaltung des gemeinschaftlichen Eigentums zusammenhängen (Nr. 2), z. B. Bezahlung von Löhnen, Versicherungsbeträgen, öffentlichen Umlagen, der Müllabfuhr, der Treppenhaus- und Kaminreinigung, der Rechnungen für die Versorgung mit Wasser, Gas und elektrischem Strom und die Lieferung von Heizmaterial, ferner die Abnahme geleisteter Arbeiten und Lieferungen; auch die Bestellung von Arbeiten und Lieferungen, die im Rahmen einer ordnungsmäßigen Verwaltung notwendig sind (z. B. die Bestellung von Heizmaterial, vgl. D 10), wird man hierher rechnen müssen. Natürlich kommen nur Verwendungen für das gemeinschaftliche Eigentum, nicht solche für das Sondereigentum in Frage.

c) Entgegennahme von Willenserklärungen und Zustellungen, soweit sie an alle Raumeigentümer in dieser Eigenschaft gerichtet sind (Nr. 3). Bei den Willenserklärungen, die der Verwalter entgegennehmen kann, handelt es sich z. B. um die Kündigung einer auf dem Grundstück lastenden Hypothek oder des Miet- oder Pachtvertrages über Räume oder Grundstücksteile, die im gemeinschaftlichen Eigentum stehen. Bei gerichtlichen Zustellungen — z. B. in einem Rechtsstreit gegen alle Raumeigentümer als solche oder in einem Verfahren nach § 43 Abs. 1 — ist der Verwalter Zustellungsbevollmächtigter (§§ 174ff. ZPO); das wird auch dann gelten müssen, wenn er als Antragsteller oder Antragsgegner den Raumeigentümern gegenübersteht (so W-W § 43 A 20 unter Berufung auf **RG** 157, 169; D § 43 A 11; a. M. Ho 3).

d) Ergreifung von Maßnahmen, die zur Wahrung einer Frist oder zur Abwendung eines sonstigen Rechtsnachteils erforderlich sind (Nr. 4). Zu wahrende Fristen sind vor allem Verjährungs-, Ausschluß- und Rechtsmittelfristen, aber auch sonstige Fristen (z. B. für eine Kündigung oder die Erhebung von Mängelrügen, rechtsgeschäftlich bestimmte Fristen). Zur Abwendung sonstiger Rechtsnachteile können z. B. Anträge im Zwangsvollstreckungsverfahren oder auf Einleitung eines Beweissicherungsverfahrens erforderlich sein.

e) Gerichtliche und außergerichtliche Geltendmachung von Ansprüchen der Raumeigentümergemeinschaft, jedoch nur, wenn der Verwalter durch Beschluß (in der Regel wohl Mehrheitsbeschluß, § 21 Abs. 3) der Raumeigentümer hierzu (allgemein oder für den Einzelfall) ermächtigt ist (Nr. 5). In diesem Falle ist der Verwalter bei gerichtlicher Geltendmachung Prozeßbevollmächtigter (§ 81 ZPO) für Aktivprozesse der Gemeinschaft (z. B. gegen Handwerker wegen mangelhafter Ausführung von Instandsetzungsarbeiten oder gegen Lieferanten wegen mangelhafter Lieferung), wohl auch im Falle des § 18 Abs. 1, § 51 gegen einen Raumeigentümer (vgl. auch § 16 Abs. 4 und § 16 zu V 1 d; D 13; Ho 3; a. M. W-W 11). Fehlt die Ermächtigung, so ist der Verwalter nur Zustellungsbevollmächtigter nach Nr. 3. Das gleiche gilt für Passivprozesse, soweit nicht gemäß § 10 Abs. 1 Satz 2 etwas anderes vereinbart oder dem Verwalter für den Einzelfall Prozeßvollmacht erteilt ist (vgl. D 13).

f) Abgabe von Erklärungen, die zur Vornahme der im § 21 Abs. 5 Nr. 6 bezeichneten Maßnahmen (Herstellung einer Fernsprechteilnehmereinrichtung, einer Rundfunkempfangsanlage oder eines Energieversorgungsanschlusses zugunsten eines Raumeigentümers) erforderlich sind (Nr. 6), insbesondere der Eigentümererklärung nach der Fernsprechordnung vom 24. 11. 39 (vgl. § 21 zu E II 6).

§ 28

Wirtschaftsplan, Rechnungslegung

(1) Der Verwalter hat jeweils für ein Kalenderjahr einen Wirtschaftsplan aufzustellen. Der Wirtschaftsplan enthält:

1. die voraussichtlichen Einnahmen und Ausgaben bei der Verwaltung des gemeinschaftlichen Eigentums;

2. die anteilmäßige Verpflichtung der Wohnungseigentümer zur Lasten- und Kostentragung;

3. die Beitragsleistung der Wohnungseigentümer zu der in § 21 Abs. 5 Nr. 4 vorgesehenen Instandhaltungsrückstellung.

(2) Die Wohnungseigentümer sind verpflichtet, nach Abruf durch den Verwalter dem beschlossenen Wirtschaftsplan entsprechende Vorschüsse zu leisten.

(3) Der Verwalter hat nach Ablauf des Kalenderjahres eine Abrechnung aufzustellen.

(4) Die Wohnungseigentümer können durch Mehrheitsbeschluß jederzeit von dem Verwalter Rechnungslegung verlangen.

(5) Über den Wirtschaftsplan, die Abrechnung und die Rechnungslegung des Verwalters beschließen die Wohnungseigentümer durch Stimmenmehrheit.

I. Allgemeines

§ 28 bestimmt die Grundsätze einer ordnungsmäßigen Wirtschaftsführung für die Gemeinschaft der Raumeigentümer (Wirtschaftsplan, Vorschußleistungen, Abrechnung, Rechnungslegung). Alle seine Vorschriften sind nach § 10 Abs. 1 Satz 2 abdingbar.

II. Wirtschaftsplan

1. Aufstellung. Für jedes Kalenderjahr ist ein Wirtschaftsplan, d. h. ein Kostenvoranschlag aufzustellen. Die Aufstellung des Plans, die mangels abweichender Vereinbarung jeder Raumeigentümer verlangen kann (§ 21 Abs. 5 Nr. 5), ist Sache des Verwalters; über die endgültige Feststellung des Plans, wobei der vom Verwalter aufgestellte Plan geändert werden kann, haben die Raumeigentümer mit (einfacher) Stimmenmehrheit zu beschließen (Abs. 5).

2. Inhalt. Der Wirtschaftsplan muß enthalten (Abs. 1)

a) eine Gegenüberstellung der voraussichtlichen Einnahmen (Beiträge der Raumeigentümer, Einnahmen aus Vermietung oder Verpachtung gemeinschaftlichen Eigentums) und Ausgaben (Lasten und Verwaltungskosten, s. § 16 zu IV und V) bei der Verwaltung des gemeinschaftlichen Eigentums;

b) die aus dem Mehrbetrage, mit dem die voraussichtlichen Lasten und Verwaltungskosten die voraussichtlichen Einnahmen übersteigen, zu errechnenden Anteile der einzelnen Raumeigentümer an der Deckung dieses Mehrbetrages;

c) die Höhe der Beiträge, mit denen die einzelnen Raumeigentümer sich an der nach § 21 Abs. 5 Nr. 4 anzusammelnden angemessenen Instandhaltungsrückstellung zu beteiligen haben.

3. Vorschüsse (Abs. 2). Nach Maßgabe der Beitragsverpflichtungen, die ausweislich des beschlossenen Wirtschaftsplans gemäß 2 auf die einzelnen Raumeigentümer entfallen, sind die Beträge festzustellen, in deren Höhe die Raumeigentümer Vorschüsse an den Verwalter zu zahlen haben. Die Zahlungen werden fällig, sobald der Verwalter sie abruft.

4. Abrechnung (Abs. 3). Nach Ablauf des Kalenderjahres hat der Verwalter über die Einnahmen und Ausgaben des abgelaufenen Jahres abzurechnen. Über diese Abrechnung und die Entlastung des Verwalters haben die Raumeigentümer mit Stimmenmehrheit zu beschließen (Abs. 5). Dabei sind — gegebenenfalls in Verbindung mit dem für das nächste Jahr aufgestellten und zu beschließenden Wirtschaftsplan — die endgültigen Beiträge der Raumeigentümer zu den Lasten und Verwaltungskosten des vergangenen Jahres festzustellen.

III. Rechnungslegung (Abs. 4)

Die Verpflichtung des Verwalters, auf Verlangen der Raumeigentümer Rechnung zu legen, ergibt sich bereits aus den §§ 666, 675, 259 BGB. § 28 Abs. 4 stellt klar, daß die Raumeigentümer dieses Verlangen jederzeit auf Grund eines Mehrheitsbeschlusses stellen können. Hat der Verwalter Rechnung gelegt, so ist über seine Entlastung ebenfalls mit Stimmenmehrheit zu beschließen.

§ 29

Verwaltungsbeirat

(1) Die Wohnungseigentümer können durch Stimmenmehrheit die Bestellung eines Verwaltungsbeirats beschließen. Der Verwaltungsbeirat besteht aus einem Wohnungseigentümer als Vorsitzenden und zwei weiteren Wohnungseigentümern als Beisitzern.

(2) Der Verwaltungsbeirat unterstützt den Verwalter bei der Durchführung seiner Aufgaben.

(3) Der Wirtschaftsplan, die Abrechnung über den Wirtschaftsplan, Rechnungslegungen und Kostenanschläge sollen, bevor über sie die Wohnungseigentümerversammlung beschließt, vom Verwaltungsbeirat geprüft und mit dessen Stellungnahme versehen werden.

(4) Der Verwaltungsbeirat wird von dem Vorsitzenden nach Bedarf einberufen.

I. Allgemeines

Der Verwaltungsbeirat ist ein bloß fakultatives Organ der Raumeigentümergemeinschaft; er ist nur zu bestellen, wenn die Raumeigentümer das mit Stimmenmehrheit beschlossen haben. Eine gesetzliche Vorschrift hierüber wäre an sich nicht nötig gewesen, da auch ohne sie die Raumeigentümer auf Grund der ihnen gewährten Freiheit bei der Organisation der Verwaltung des gemeinschaftlichen Eigentums eine derartige Einrichtung hätten schaffen können. Da die Vorschriften des § 29 sämtlich abdingbar sind, soweit § 20 Abs. 2 und § 27 Abs. 3 nicht verletzt werden, können die Raumeigentümer auch bei der Gestaltung des Verwaltungsbeirats von den Vorschriften des § 29 beliebig abweichen. § 29 hat also wesentlich nur die Bedeutung, daß er die Bestellung eines Verwaltungsbeirates anregt, wie er für größere Raumeigentümergemeinschaften zweckmäßig ist, und ein Beispiel für eine Zusammensetzung und seinen Aufgabenkreis gibt.

II. Einzelheiten

1. Zusammensetzung. Mangels abweichender Vereinbarung besteht der Verwaltungsbeirat aus drei Raumeigentümern, nämlich einem Vorsitzenden und zwei Beisitzern (Abs. 1). Der Verwalter kann nicht Mitglied sein (Bä 2).

2. Aufgaben. Der Verwaltungsbeirat hat den Verwalter bei der Durchführung seiner Aufgaben zu unterstützen (Abs. 2). Insbesondere gilt:

a) Der Verwaltungsbeirat soll den Wirtschaftsplan, die Abrechnung über ihn, die Rechnungslegungen und die Kostenanschläge prüfen und mit seiner Stellungnahme versehen, bevor die Raumeigentümerversammlung über sie beschließt (§ 29 Abs. 3).

b) Der Vorsitzende des Verwaltungsbeirates (oder sein Stellvertreter) hat die Niederschriften über die in den Raumeigentümerversammlungen gefaßten Beschlüsse zu unterschreiben (§ 24 Abs. 5 Satz 2).

3. Einberufung. Mangels abweichender Vereinbarung ist der Verwaltungsbeirat von seinem Vorsitzenden jeweils nach Bedarf einzuberufen (Abs. 4).

4. Rechtsstellung. Ob den Mitgliedern des Verwaltungsbeirates eine Vergütung zu gewähren ist, hängt von entsprechender Beschlußfassung der Raumeigentümer ab. Ihre Haftung bestimmt sich nicht nach den für den Vorstand und den Aufsichtsrat einer Aktiengesellschaft geltenden Grundsätzen (§§ 84, 99, 101 AktGes.; Bä 4), sondern nach den Vorschriften, die für das maßgebende Rechtsverhältnis (Auftrag, Geschäftsbesorgung) oder für unerlaubte Handlungen gelten (W-W A; D 2).

4. Abschnitt

Wohnungserbbaurecht

§ 30

(1) Steht ein Erbbaurecht mehreren gemeinschaftlich nach Bruchteilen zu, so können die Anteile in der Weise beschränkt werden, daß jedem der Mitberechtigten das Sondereigentum an einer bestimmten Wohnung oder an nicht zu Wohnzwecken dienenden bestimmten Räumen in einem auf Grund des Erbbaurechts errichteten oder zu errichtenden Gebäude eingeräumt wird (Wohnungserbbaurecht, Teilerbbaurecht).

(2) Ein Erbbauberechtigter kann das Erbbaurecht in entsprechender Anwendung des § 8 teilen.

(3) Für jeden Anteil wird von Amts wegen ein besonderes Erbbaugrundbuchblatt angelegt (Wohnungserbbaugrundbuch, Teilerbbaugrundbuch). Im übrigen gelten für das Wohnungserbbaurecht (Teilerbbaurecht) die Vorschriften über das Wohnungseigentum (Teileigentum) entsprechend.

Übersicht

I. Allgemeines

1. Erbbaurecht statt Grundstückseigentum. „Das Bedürfnis nach einer dem Wohnungseigentum entsprechenden Regelung wird auch dann auftreten können, wenn ein Gebäude nicht auf der Grundlage des Eigentums an dem Grundstück, sondern auf der Grundlage eines Erbbaurechts errichtet wird, da vielfach Gemeinden und andere Grundeigentümer Bauland nur in Form von Erbbaurechten vergeben. Obgleich schon nach § 11 der Erbbaurechtsverordnung die Vorschriften des I. Teils auch im Falle des Erbbaurechts anwendbar wären, erscheint es zweckmäßig, diesen Fall ausdrücklich zu regeln" (Begr.). Demgemäß dehnt der Gesetzgeber im § 30 die Vorschriften, die für die Umwandlung des Miteigentums an einem Grundstück in Wohnungs- oder Teileigentum und für die Gemeinschaft der Wohnungs- oder Teileigentümer gelten, in entsprechender Weise auf die Umwandlung der Mitberechtigung an einem Erbbaurecht in ein Wohnungs- oder Teilerbbaurecht und auf die Gemeinschaft der Wohnungs- oder Teilerbbauberechtigten aus. In ähnlicher Weise werden durch § 42 die Vorschriften über das Dauerwohn- und Dauernutzungsrecht (§§ 31—41) auf das Erbbaurecht erstreckt.

2. Wohnungs- und Teilerbbaurecht. Dem Wohnungseigentum entspricht das Wohnungserbbaurecht, dem Teileigentum das Teilerbbaurecht. Soweit für Wohnungs- und Teilerbbaurecht — ebenso wie für Wohnungs- und Teileigentum — einheitlich dieselben Vorschriften gelten, empfiehlt sich die Verwendung eines beide Begriffe umfassenden Oberbegriffs; als solcher erscheint, dem Begriff „Raumeigentum" entsprechend, der Begriff „Raumerbbaurecht" zweckmäßig. In gleicher Weise können Wohnungs- und Teilerbbauberechtigte unter der Bezeichnung „Raumerbbauberechtigte" zusammengefaßt werden.

II. Erbbaurecht als Grundlage des Raumerbbaurechts

1. Begriff und Arten des Erbbaurechts. Erbbaurecht ist das veräußerliche und vererbliche dingliche Recht, auf oder unter der Oberfläche des Grundstücks ein Bauwerk zu haben (§ 1012 BGB; § 1 Abs. 1 ErbVO); es unterliegt grundsätzlich den Vorschriften, die sich auf Grundstücke beziehen (§ 1017 BGB; § 11 Abs. 1 Satz 1 ErbVO). Zu unterscheiden sind die nach dem Inkrafttreten der ErbVO (22. 1. 19) begründeten Erbbaurechte, für welche die Vorschriften der ErbVO gelten, und die vorher begründeten, die sich noch nach den §§ 1012—1017 BGB richten (§ 38 ErbVO). Von den zwischen beiden Arten des Erbbaurechts bestehenden Unterschieden sind hier von Bedeutung:

a) Nach § 1013 BGB kann das Erbbaurecht auf die Benutzung eines für das Bauwerk nicht erforderlichen Teiles des Grundstücks nur dann erstreckt werden, wenn sie für die Benutzung des Bauwerkes Vorteil bietet, nach § 1 Abs. 2 ErbVO dagegen schon dann, wenn das Bauwerk wirtschaftlich die Hauptsache bleibt (s. ErbVO § 1 A 8).

b) Während nach § 1015 BGB zur Bestellung und nach § 1017 Abs. 2, § 925 BGB zur Übertragung eines Erbbaurechts die Form der Auflassung erforderlich war, ist das nach § 11 Abs. 1 ErbVO nicht der Fall; es muß nur die nach § 873 BGB erforderliche Einigung der Beteiligten dem Grundbuchamt in der Form des § 29 GBO nachgewiesen werden (ErbVO § 1 A 1 b).

c) Während nach § 1017 Abs. 1 BGB die sich auf Grundstücke beziehenden Vorschriften schlechthin für das Erbbaurecht gelten, finden sie nach § 11 Abs. 1 Satz 1 ErbVO nur entsprechende Anwendung, soweit sich nicht aus der ErbVO ein anderes ergibt (ErbVO § 11 A 1).

2. Miteigentum und gemeinschaftliches Erbbaurecht

a) Wie das Raumeigentum als besonders ausgestaltetes Miteigentum an einem Grundstück eine Bruchteilsgemeinschaft von Miteigentümern eines Grundstücks voraussetzt, so das Raumerbbaurecht als besonders ausgestaltete Beteiligung an einem Erbbaurecht eine Bruchteilsgemeinschaft von Erbbauberechtigten.

b) Wie das Raumeigentum ferner das Miteigentum an einem errichteten oder zu errichtenden Gebäude als wesentlichem Bestandteil des gemeinsamen Grundstücks (§ 94 Abs. 1 Satz 1 BGB) voraussetzt, muß auch das Raumerbbaurecht Miteigentum an dem auf Grund des Erbbaurechts errichteten oder zu errichtenden Gebäude voraussetzen. Das trifft zu, weil ein solches Gebäude zwar nicht wesentlicher Bestandteil des Grundstücks (§ 95 Abs. 1 Satz 2 BGB) ist, wohl aber als wesentlicher Bestandteil des Erbbaurechts gilt (§ 12 Abs. 1 Satz 1 ErbVO und so schon nach früherem Recht, s. ErbVO § 12 A 1) und daher bei einem gemeinschaftlichen Erbbaurecht mehrerer Personen in deren Miteigentum steht.

c) Nach § 1014 BGB, § 1 Abs. 3 ErbVO ist die Beschränkung des Erbbaurechts auf einen Teil des Gebäudes, insbesondere ein Stockwerk, unzulässig. Damit wird aber nur gesagt, daß ein Erbbaurecht nur am ganzen Gebäude, nicht an einzelnen seiner Teile bestellt werden kann. Die Befugnis des oder der Erbbauberechtigten, an einzelnen Teilen des ihm oder ihnen gehörenden Gebäudes Sondereigentum zu begründen, wird dadurch nicht berührt (W-W 6; D 9; Bä 1; vgl. auch ErbVO § 1 A 9).

d) Wie beim Raumeigentum das Grundstück, auch soweit es nicht bebaut ist, zum gemeinschaftlichen Eigentum der Raumeigentümer gehört (§ 1 Abs. 4 WEG), so kann das gemeinschaftliche Erbbaurecht auf die Benutzung eines für das Bauwerk nicht erforderlichen Teiles des mit dem Erbbaurecht belasteten Grundstücks erstreckt werden (§ 1013 BGB; § 1 Abs. 2 ErbVO).

3. Eigentum am Gebäude. Während ein auf Grund eines Erbbaurechts errichtetes Gebäude unstreitig im Eigentum des oder der Erbbauberechtigten steht (s. oben zu II 2 b), ist die Frage streitig, ob dies auch gilt, wenn das Gebäude bei der Bestellung des Erbbaurechts schon vorhanden ist oder war. Verschiedentlich wird die Ansicht vertreten, daß ein solches Gebäude zwar für die Dauer des Erbbaurechts dessen wesentlicher Bestandteil werde (§ 12 Abs. 1 Satz 2 ErbVO), gleichwohl aber (beschränktes) Eigentum des Grundstückseigentümers bleibe (s. ErbVO § 1 A 1 a; § 12 A 2; dagegen W-W 4; D 6, 7; Ho 3). Die amtliche Begründung sieht von einer Stellungnahme zu dieser Streitfrage bewußt ab. Für die rechtliche Beurteilung hinsichtlich des Raumerbbaurechts ergibt sich: **a)** Vertritt man die Auffassung, daß auch ein bei Bestellung des Erbbaurechts bereits vorhandenes Gebäude Eigentum des oder der Erbbauberechtigten werde, so ist die Rechtsfrage die gleiche, wie wenn das Gebäude erst nach Bestellung des Erbbaurechts errichtet worden wäre; die Umwandlung des gemeinschaftlichen Erbbaurechts in Raumerbbaurecht ist also möglich (oben zu II 2 b). — **b)** Vertritt man dagegen die Auffassung, das Gebäude sei im Eigentum des Eigentümers oder der Miteigentümer des Grundstücks verblieben, so kommt die Begründung von Raumerbbaurecht mangels Miteigentums der Erbbauberechtigten an dem Gebäude nicht in Frage, es ist aber die Begründung von Raumeigentum der Miteigentümer des Grundstücks möglich, so daß die §§ 1 bis 29 WEG nicht nur mittelbar, sondern unmittelbar anzuwenden sind (W-W 4; D 7); allerdings ist das so entstandene Raumeigentum mit dem Erbbaurecht belastet.

III. Begründung des Raumerbbaurechts

Wie das Raumeigentum kann auch das Raumerbbaurecht auf zwei Arten begründet werden: Der Begründung des Raumeigentums durch Einräumung von Sondereigentum (§ 3) entspricht die Begründung des Raumerbbaurechts durch Einräumung von Sondereigentum (§ 30 Abs. 1); der Begründung des Raumeigentums im Wege der Teilung durch den Eigentümer (§ 8) entspricht die Begründung des Raumerbbaurechts im Wege der Teilung des Erbbaurechts durch den Erbbauberechtigten (§ 30 Abs. 2).

1. Einräumung von Sondereigentum (§ 30 Abs. 1)

a) Voraussetzung ist, daß ein Erbbaurecht mehreren Personen gemeinschaftlich nach Bruchteilen zusteht, woraus sich ihr Miteigentum an dem Gebäude ergibt (s. oben II 2 b). Zur Begründung der Bruchteilsgemeinschaft am Erbbaurecht bedarf es nach der

ErbVO (anders nach § 1017 Abs. 2, § 925 BGB, s. oben II 1 b) der Einigung der Beteiligten, die dem Grundbuchamt in der Form des § 29 GBO nachgewiesen werden muß (§§ 20, 29 GBO), und der Eintragung im Erbbaugrundbuch (§ 873 BGB, §§ 11, 14 ErbVO). Vorherige Zustimmung des Grundstückseigentümers ist erforderlich, wenn als Inhalt des Erbbaurechts vereinbart ist, daß der Erbbauberechtigte zur Veräußerung des Erbbaurechts einer derartigen Zustimmung bedarf (§ 5 Abs. 1, § 15 ErbVO; W-W 6; D 10). Für den schuldrechtlichen Vertrag, durch den der Erbbauberechtigte sich zur Übertragung von Bruchteilen des Erbbaurechts verpflichtet, gilt § 313 BGB (§ 11 Abs. 1 Satz 1 ErbVO, s. ErbVO § 11 A 4).

b) Einigung der Beteiligten über die Beschränkung ihrer Anteile am Erbbaurecht in der Weise, daß jedem Mitberechtigten das Sondereigentum an gewissen Teilen des auf Grund des Erbbaurechts errichteten oder zu errichtenden gemeinschaftlichen Gebäudes eingeräumt wird, und zwar Sondereigentum an einer bestimmten Wohnung, wenn Wohnungserbbaurecht, und Sondereigentum an bestimmten, nicht zu Wohnzwecken dienenden Räumen, wenn Teilerbbaurecht begründet werden soll. Zum Begriff des Sondereigentums s. § 5; es kann nicht unter einer Bedingung oder Zeitbestimmung (§ 4 Abs. 2 Satz 2) und soll nur eingeräumt werden, wenn die Wohnungen oder sonstigen Räume in sich abgeschlossen sind (§ 3 Abs. 2). Während die Einigung bei Begründung des Raumeigentums der für die Auflassung vorgeschriebenen Form bedarf (§ 4 Abs. 2 Satz 1), wird das bei der Begründung von Raumerbbaurecht nicht gelten können, weil auch die Bestellung und Übertragung des Erbbaurechts keine Auflassung erfordern (s. oben II 1 b); vielmehr wird wie bei der Bestellung und Übertragung des Erbbaurechts so auch bei der Umwandlung eines gemeinschaftlichen Erbbaurechts in Raumerbbaurecht die Einigung der Beteiligten nur zum Zweck des Nachweises gegenüber dem Grundbuchamt der Form des § 29 GBO bedürfen (W-W 10 a). Der schuldrechtliche Vertrag, durch den die Erbbauberechtigten sich zur Einräumung von Sondereigentum verpflichten, verlangt die Form des § 313 BGB, weil auch insoweit die Umwandlung eines gemeinschaftlichen Erbbaurechts in Raumerbbaurecht der Bestellung und Übertragung eines Erbbaurechts gleichzustellen sein wird (s. ErbVO § 11 A 4). Dagegen wird die Einigung der Beteiligten auch im Falle des § 5 Abs. 1 ErbVO nicht der Zustimmung des Grundstückseigentümers bedürfen, weil es sich hier nicht um die Veräußerung des Erbbaurechts handelt; daran ändert sich auch nichts, wenn das Erbbaurecht mit einem Erbbauzins (§ 9 ErbVO) belastet ist (W-W 6; s. auch § 3 zu A III 1 a) aa).

c) Eintragung jedes Anteils am Erbbaurecht in einem besonderen (oder dem gemeinschaftlichen) Erbbaugrundbuch (s. unten zu IV 1, 2), auf dem auch das dazu gehörende Sondereigentum und als Beschränkung der Mitberechtigung die Einräumung der zu den anderen Anteilen gehörenden Sondereigentumsrechte eingetragen ist (vgl. § 7 Abs. 1).

2. Teilung des Erbbaurechts (§ 30 Abs. 2). Ein Erbbauberechtigter kann das ihm allein zustehende Erbbaurecht und damit das Eigentum an dem Gebäude durch Erklärung gegenüber dem Grundbuchamt in der Weise in Bruchteile zerlegen, daß mit jedem Anteil das Sondereigentum an einer bestimmten Wohnung (Wohnungserbbaurecht) oder an bestimmten nicht zu Wohnzwecken dienenden Räumen (Teilerbbaurecht) in dem errichteten oder zu errichtenden Gebäude verbunden ist (§ 30 Abs. 2 i. V. mit § 8 Abs. 1). Auch hier gelten § 3 Abs. 2, §§ 5, 6 ,7 Abs. 1 und 3—5 entsprechend. Die Teilung wird mit der Anlegung der besonderen Erbbaugrundbücher (s. unten zu IV 1) wirksam (§ 8 Abs. 2).

IV. Grundbuchrechtliche Behandlung (§ 30 Abs. 3 Satz 1)

1. Grundsätzlich ist für jeden Anteil an dem Erbbaurecht von Amts wegen ein besonderes Erbbaugrundbuch (Wohnungserbbaugrundbuch, Teilerbbaugrundbuch) anzulegen. Diese besonderen Erbbaugrundbuchblätter treten an die Stelle des nach § 14 ErbVO, § 8 GBO angelegten und von Amts wegen zu schließenden Erbbaugrundbuchs, dessen inhaltliche Gestaltung sie übernehmen (vgl. § 7 Abs. 1 WEG; § 8 WGBV). Daneben besteht das Grundbuchblatt für das Grundstück weiter.

2. Ausnahmsweise kann bei Begründung des Raumerbbaurechts durch Einräumung von Sondereigentum (§ 30 Abs. 1) — nicht aber im Falle der Teilung des Erbbaurechts (§ 30 Abs. 2; vgl. § 8 zu IV 2 a) von der Anlegung besonderer Erbbaugrundbuchblätter abgesehen werden, wenn hiervon Verwirrung nicht zu besorgen ist; in diesem Falle ist das Erbbaugrundbuchblatt als „gemeinschaftliches Wohnungserbbaugrundbuch" (oder „Teilerbbaugrundbuch") zu bezeichnen (§ 7 Abs. 2).

3. Eintragungen. In Spalte 3 des Bestandsverzeichnisses sind einzutragen (s. § 7 zu II 1) **a)** der Anteil am Erbbaurecht unter Angabe des Bruchteils (§ 47 GBO, § 16 Abs. 1 Satz 2, § 30 Abs. 3 Satz 2 WEG), **b)** die Bezeichnung des mit dem Erbbaurecht belasteten Grundstücks und seines Eigentümers, **c)** die Dauer und spätere inhaltliche Änderungen des Erbbaurechts, **d)** das mit dem Anteil am Erbbaurecht verbundene Sondereigentum an bestimmten Räumen des Gebäudes, wobei zur näheren Bezeichnung des Gegenstandes und des Inhalts des Sondereigentums auf die Eintragungsbewilligung Bezug genommen werden kann (§ 7 Abs. 3 WEG) — Veränderungen, die sich auf den Gegenstand oder den Inhalt des Sondereigentums beziehen, sind dagegen in Spalte 6 einzutragen —, e) die Beschränkung des Anteils am Erbbaurecht durch die Einräumung der zu den anderen Anteilen gehörenden Sondereigentumsrechte unter Angabe der Grundbuchblätter für die übrigen Anteile.

4. Belastungen des Erbbaurechts, insbesondere die mit einem Erbbauzins (§ 9 ErbVO), sind auf die besonderen Erbbaugrundbuchblätter zu übertragen (§ 48 Abs. 1 Satz 2 GBO).

V. Entsprechende Geltung der Vorschriften über das Raumeigentum (§ 30 Abs. 3 Satz 2)

1. Folgerungen

a) Aufhebung der Gemeinschaft. Die Gemeinschaft der an dem Raumerbbaurecht Beteiligten ist grundsätzlich unauflöslich (§ 11). Wird sie durch Vereinbarung aller Beteiligten oder gemäß § 11 Abs. 1 Satz 3 auf Verlangen eines Beteiligten aufgehoben, so hört jede Gemeinschaft an dem Erbbaurecht auf und es hat die Auseinandersetzung nach den §§ 752ff. BGB stattzufinden, wobei es einer besonderen Aufhebung des Sondereigentums (§ 4 Abs. 1) nicht bedarf (§ 11 zu I 2 a, II 2 c). Wird nur das Sondereigentum gemäß § 4 Abs. 1 aufgehoben, so verwandelt sich die Gemeinschaft der an dem Raumerbbaurecht Beteiligten in eine gewöhnliche Bruchteilsgemeinschaft der an dem Erbbaurecht Beteiligten (§ 4 zu III 1 a).

b) Beschränkung der Veräußerungsbefugnis. Ist gemäß § 12 Abs. 1 vereinbart worden, daß ein Mitberechtigter zur Veräußerung seines Anteils am Raumerbbaurecht der Zustimmung anderer Mitberechtigter oder eines Dritten (insbesondere des Grundstückseigentümers) bedarf, so ist die Zustimmung zur Wirksamkeit des dinglichen wie des schuldrechtlichen Veräußerungsvertrages erforderlich; sie muß daher — ebenso wie eine nach § 5 ErbVO zur Veräußerung des Erbbaurechts erforderliche Zustimmung des Grundstückseigentümers (§ 15 ErbVO, s. oben zu III 1 a) — vor der Eintragung der Rechtsänderung im Grundbuch vorliegen.

c) Gebrauchsregelung hinsichtlich unbebauter Grundstücksflächen. Eine Gebrauchsregelung nach § 15 WEG kann auch auf außerhalb des Gebäudes liegende Grundstücksflächen bezogen werden, auf deren Benutzung das Erbbaurecht gemäß § 1013 BGB, § 1 Abs. 2 ErbVO erstreckt worden ist (s. oben zu II 1 a).

2. Besonderheiten, die sich aus der Natur des Erbbaurechts ergeben

a) Erlischt das Erbbaurecht mit Zeitablauf, so wird das Gebäude wesentlicher Bestandteil des Grundstücks und damit Eigentum des Grundstückseigentümers, der dafür dem oder den Erbbauberechtigten eine Entschädigung zu zahlen hat (§ 12 Abs. 3, §§ 27ff. ErbVO). Damit erlöschen auch die Sondereigentumsrechte; an die Stelle der Anteile am Erbbaurecht tritt die anteilsmäßige Berechtigung an der Entschädigungssumme.

b) Ist als Inhalt des Erbbaurechts ein Heimfallrecht für den Grundstückseigentümer vereinbart, so erlischt mit dem Eintritt der Voraussetzungen des Heimfalls das Erbbaurecht zwar nicht, der Erbbauberechtigte wird aber verpflichtet, es gegen eine angemessene Vergütung auf den Grundstückseigentümer zu übertragen (§ 2 Nr. 4, § 32 ErbVO). Steht das Erbbaurecht mehreren gemeinschaftlich zu, so kann der Grundstückseigentümer seinen Anspruch gegen alle oder gegen einzelne von ihnen geltend machen. Da sich im ersten Falle sämtliche Anteile in seiner Person vereinigen, kann er bei einem Raumerbbaurecht die Schließung der besonderen Erbbaugrundbücher (s. oben zu IV 1) beantragen (§ 9 Abs. 1 Nr. 3; W-W 10; D 13). Werden dem Grundstückseigentümer nur einzelne Anteile am Raumerbbaurecht übertragen, so kann er diese nicht gemäß § 26 ErbVO aufheben, weil jedem Mitberechtigten Sondereigentum an bestimmten Räumen zustehen muß (§ 3 Abs. 1, § 8 Abs. 1; D 13).

c) Die (bei Bä 4 bejahte) Frage, ob Wohnungen, die Wohnungserbbauberechtigten gehören, Heimstätteneigenschaft erlangen können, wird mit Weitnauer-Wirths (A 11 b, § 62 A 2) und Diester (§ 1 A 16) aus den von ihnen angeführten Gründen — jedenfalls für den Regelfall — zu verneinen sein.

II. Teil

Dauerwohnrecht

Vorbemerkungen

Übersicht:

I. Allgemeines

1. Gegenstand des II. Teils. Dem im I. Teil behandelten Raumeigentum und Raumerbbaurecht stellt der II. Teil als zweite Hauptform einer dinglichen Raumnutzung das Dauerwohn- und Dauernutzungsrecht gegenüber. Diese Rechtsform wurde hauptsächlich auf Betreiben von Wohnungsunternehmen, die eine Veräußerung der von ihnen gebauten Wohnungen ablehnen, und im Anschluß an eine namentlich in Süddeutschland von Bausparkassen auf Grundlage des § 1093 BGB vertraglich ausgestaltete (irreführend als „Eigenwohnrecht" bezeichnete) Form eines dinglichen Wohnrechts (vgl. Bärmann DNotZ 50, 242; Diester, Einführung vor § 31 zu 5ff.) geschaffen.

2. Terminologie. Wie beim Raumeigentum und beim Raumerbbaurecht unterscheidet das WEG auch hier, ob das Recht sich auf Wohnungen oder auf anderen Zwecken dienende Räume bezieht; im ersten Falle heißt es „Dauerwohnrecht" (§ 31 Abs. 1), im zweiten Falle „Dauernutzungsrecht" (§ 31 Abs. 2, nicht zu verwechseln mit den nur schuldrechtlichen Nutzungsverhältnissen zwischen Baugenossenschaften und ihren Genossen). Da beide Arten rechtlich völlig gleich behandelt werden (§ 31 Abs. 3), ist ihre Zusammenfassung unter einem Oberbegriff im Interesse juristischer Klarheit geboten; der Gesetzgeber hat jedoch auch hier von der Schaffung eines solchen Oberbegriffes abgesehen. Der gegebene Oberbegriff wäre „Dauernutzungsrecht" gewesen, weil auch das Dauerwohnrecht ein Nutzungsrecht ist (§ 31 Abs. 1 Satz 1: „. . . zu bewohnen oder in anderer Weise zu nutzen"; insofern ist der Ausdruck „Dauerwohnrecht" zu eng, der auch die Gefahr einer Verwechslung mit dem Wohnungsrecht des § 1093 BGB in sich birgt). Da diese Bezeichnung aber gegen ihren Wortsinn vom Gesetzgeber nur für das Dauernutzungsrecht an nicht zu Wohnzwecken dienenden Räumen verwendet wird, kommt sie für den Oberbegriff nicht in Frage. Für diesen wird im folgenden der Ausdruck „Dauerrecht" gebraucht. Mißbräuchlich ist die vielfach übliche Bezeichnung des Dauerwohnrechts als „Eigenwohnrecht".

II. Dauerrecht, Raumeigentum und Raumerbbaurecht

1. Grundsätzlicher Unterschied. Während dem Raumeigentümer echtes Eigentum (Miteigentum) am Grundstück und am Gebäude (außerdem Alleineigentum an bestimmten Räumen und Gebäudeteilen), dem Raumerbbauberechtigten wenigstens am Gebäude (teils Allein-, teils Miteigentum) zusteht, ist das Dauerrecht nur ein beschränktes dingliches Recht am Grundstück (oder Erbbaurecht, § 42 Abs. 1), das die ausschließliche Befugnis zur Nutzung bestimmter Räume in dem auf dem Grundstück errichteten oder zu errichtenden Gebäude, unter Umständen auch von unbebauten Teilen des Grundstücks gewährt (§ 31 Abs. 1 und 2). Es hat auch nicht (wie das Erbbaurecht) den Charakter eines grundstücksgleichen Rechts, sondern ist nur eine Dienstbarkeit (s. unten III 1).

2. Folgerungen

a) Da beim Dauerrecht kein Miteigentum, auch keine Mitberechtigung wie beim gemeinschaftlichen Erbbaurecht besteht, gibt es hier auch keine Gemeinschaft von Miteigentümern oder Mitberechtigten. Damit entfällt eine Regelung ähnlicher Art, wie sie in den §§ 10—29 WEG getroffen ist. Der Dauerberechtigte steht vielmehr als Einzelner dem Gebäudeeigentümer (Grundstückseigentümer oder Erbbauberechtigten) gegenüber. Infolgedessen kommt auch ein Verfahren der freiwilligen Gerichtsbarkeit, wie es in den §§ 43ff. WEG geregelt ist, in Angelegenheiten des Dauerrechts nicht in Frage (vgl. § 52).

b) Da das Dauerrecht nur ein beschränktes dingliches Recht ist, kann es nicht wie das einzelne Raumeigentum oder Raumerbbaurecht mit solchen dinglichen Rechten belastet werden, wie sie nur an Grundstücken oder grundstücksgleichen Rechten möglich sind; es ist vielmehr selbst eine Belastung des Grundstücks (oder Erbbaurechts) und steht im Rangverhältnis zu den übrigen Rechten am Grundstück (oder Erbbaurecht).

c) Das Dauerrecht gibt nur die Befugnis, die Räume, auf die es sich bezieht, zu nutzen (z. B. zu vermieten oder zu verpachten), nicht aber die dazu gehörenden Gebäudeteile zu ergänzen, zu beseitigen oder zu verändern, wie es dem Raumeigentümer und Raumerbbauberechtigten im Rahmen des § 13 Abs. 1 WEG freisteht (s. § 13 zu II 1 a, 2).

d) Der Inhaber eines Dauerrechts wird nicht als Eigentümer, sondern das Dauerrecht wird als Dienstbarkeit im Grundbuch (Abt. II) des Grundstücks (oder Erbbaurechts) eingetragen. Das Dauerrecht erhält daher kein besonderes Grundbuchblatt wie das Raumeigentum (§ 7 Abs. 1) und das Raumerbbaurecht (§ 30 Abs. 3 Satz 1).

3. Aus den **Vorschriften über das Raumeigentum** sind in die gesetzliche Regelung des Dauerrechts übernommen:

a) das Dauerrecht kann sich auch auf Räume in einem noch zu errichtenden Gebäude beziehen (§ 3 Abs. 1, § 33 Abs. 1 Satz 1, Abs. 2);

b) das Dauerrecht soll nur bestellt werden, wenn die Räume, auf die es sich bezieht, in sich abgeschlossen sind (§ 3 Abs. 2, § 32 Abs. 1);

c) die Vorschriften des § 7 Abs. 3 u. 4 über die nähere Bezeichnung des Gegenstandes und des Inhalts des Sondereigentums und die Anlagen der Eintragungsbewilligung (§ 32 Abs. 2);

d) die Vorschriften über die Pflichten des Raumeigentümers (§ 14; § 33 Abs. 2);

e) die Zulässigkeit von Vereinbarungen über eine Beschränkung der Veräußerungsbefugnis (§§ 12, 35).

III. Dauerrecht und Wohnungsrecht (§ 1093 BGB)

1. Allgemeines. Das Dauerrecht ist, wie das Wohnungsrecht nach § 1093 BGB, eine Dienstbarkeit, die an dem belasteten Grundstück (oder Erbbaurecht) besteht, und dem Wohnungsrecht nachgebildet. Es ist wie dieses eine den Grundstückseigentümer ausschließende Dienstbarkeit, aber weder eine (höchstpersönliche) beschränkte persönliche Dienstbarkeit (§ 1090 BGB), noch eine (subjektiv dingliche) Grunddienstbarkeit (§ 1018 BGB), sondern tritt als Dienstbarkeit besonderer Art ergänzend zu dem bürgerlich-rechtlichen System der beschränkten dinglichen Rechte an Grundstücken hinzu. Es kann daher nicht in eine beschränkte persönliche Dienstbarkeit umgedeutet werden (LG Münster DNotZ 53, 148; Hoche ebenda S. 151). § 1093 BGB wird in seiner Geltung durch das Dauerrecht nicht betroffen.

2. Unterschiede

a) Im Gegensatz zum Wohnungsrecht ist das Dauerrecht veräußerlich und vererblich (§ 3 Abs. 1 Satz 1), daher auch pfändbar und verpfändbar.

b) Anders als das Wohnungsrecht kann das Dauerrecht nicht unter einer Bedingung bestellt werden (§ 33 Abs. 1 Satz 2).

c) Das Dauerrecht gibt die Befugnis, die Räume, auf die es sich bezieht, nicht nur als Wohnung zu benutzen (§ 1093 Abs. 1 Satz 1 BGB), sondern sie auch in anderer Weise zu nutzen (§ 31 Abs. 1 Satz 1).

d) Das Dauerrecht kann (als Dauernutzungsrecht) sich auch auf Räume beziehen, die nicht zu Wohnzwecken dienen (§ 31 Abs. 2).

e) Das Dauerrecht kann auch Räume in einem noch zu errichtenden Gebäude betreffen (§ 31 Abs. 1 Satz 1, Abs. 2).

f) Es kann u. U. auch auf einen außerhalb des Gebäudes liegenden Grundstücksteil erstreckt werden (§ 31 Abs. 1 Satz 2).

IV. Dauerrecht und Erbbaurecht

1. Unterschiede. Das Dauerrecht ist — im Gegensatze zum Erbbaurecht — kein grundstücksgleiches Recht, erhält daher insbesondere kein besonderes Grundbuchblatt und kann als Belastung eines Grundstücks oder Erbbaurechts nicht selbst mit Grundpfandrechten belastet werden.

2. Angleichungen. Trotz der grundsätzlichen Verschiedenheit von Dauerrecht und Erbbaurecht sind bei Schaffung des Dauerrechts einige Wesenszüge des Erbbaurechts übernommen worden:

a) Wie das Erbbaurecht (ErbVO § 1 Abs. 1) ist das Dauerrecht veräußerlich und vererblich (§ 33 Abs. 1 Satz 1 WEG) und nicht zugunsten des jeweiligen Eigentümers eines anderen Grundstücks bestellbar.

b) Der Inhalt des Dauerrechts kann wie der des Erbbaurechts (ErbVO § 2) in erheblichem Umfang durch Vereinbarung bestimmt (WEG § 33 Abs. 4, §§ 39, 40 Abs. 2, § 41 Abs. 2), insbesondere kann als sein Inhalt eine Beschränkung der Veräußerungsbefugnis vereinbart werden (ErbVO § 5, WEG § 35).

c) Wie beim Erbbaurecht ein Erbbauzins, so kann beim Dauerrecht ein Entgelt vereinbart werden, doch kann (anders als das Erbbaurecht, § 9 ErbVO) das Dauerrecht damit nicht dinglich belastet werden, so daß nur ein schuldrechtlicher Anspruch auf das Entgelt für das Dauerrecht besteht.

d) Wie beim Erbbaurecht (ErbVO § 2 Nr. 4, §§ 3, 4) kann beim Dauerrecht (WEG § 36) ein Heimfallanspruch des Grundstückseigentümers durch Vereinbarung begründet werden.

3. Das **Erbbaurecht** kann **mit einem Dauerrecht belastet** werden (§ 42 Abs. 1 WEG; OLG Stuttgart NJW 52, 979; Weitnauer DNotZ 53, 119).

V. Zwecke des Dauerrechts

Nach den erstrebten wirtschaftlichen Zwecken des Dauerrechts sind zwei Arten zu unterscheiden (Begr. vor § 31; W-W Vorbem. 5—6c, 9, 10; D Einf. vor § 31 A 14—20):

1. Mietähnliches Dauerrecht. Hier handelt es sich um eine Art verdinglichten Miet- oder Pachtrechts, wobei der Inhaber des Rechts vor allem eine stärkere Sicherung des von ihm gezahlten Baukostenzuschusses erstrebt; das Dauerrecht wird in diesen Fällen in der Regel für eine bestimmte Zeit bestellt, innerhalb deren der Berechtigte den Baukostenzuschuß „abwohnt", wobei die Berechnung des Entgelts für die Nutzung der Räume sich nach Mietgrundsätzen richtet (§ 31 des 1. WohnBauGes. i. d. F. vom 25. 8. 53, BGBl. I 1047; § 33 des 1. Bundesmietengesetzes vom 27. 7. 55, BGBl. I 458; s. auch W-W Nachbem. 2 nach § 42; D Einf. vor § 31 A 25; a. M. Ho § 31 A 4 a).

2. Eigentumsähnliches Dauerrecht (Eigentum vertretendes Recht). Hier erstrebt der Berechtigte nicht nur ein zeitgebundenes Nutzungsrecht, sondern (wie beim Raumeigentum oder Raumerbbaurecht) eine wertbeständige Kapitalanlage, wobei das Dauerrecht an die Stelle des vom Wohnungsunternehmer nicht gewährten Raumeigentums tritt. Nach § 20 Abs. 4 des 1. WohnBauGes. gilt ein Dauerwohnrecht als eigentumsähnlich, wenn der Dauerwohnberechtigte wirtschaftlich einem Wohnungseigentümer gleichgestellt ist; wann dies der Fall ist, sagt das Gesetz nicht (vgl. hierzu Nr. 57 der Einkommensteuer-Richtlinien 1955, Beilage zum BAnz. Nr. 71 vom 12. 4. 56). Das Dauerrecht wird in diesem Falle für unbegrenzte oder doch sehr lange Zeit bestellt; das Entgelt dafür besteht in (meist sehr erheblichen) Beiträgen zur Finanzierung des Baues und des Grundstückserwerbes, zur Verzinsung und Tilgung der Grundstücksbelastungen und zu den Bewirtschaftungskosten, die, wenn sie in wiederkehrenden Leistungen gezahlt werden, nicht von gleicher Höhe zu sein brauchen, sondern sich nach dem jeweiligen Bedarf richten und sich in dem Maße, in dem die Belastungen getilgt werden, verringern, so daß die Stellung des Berechtigten sich im Laufe der Zeit wirtschaftlich immer mehr der eines Eigentümers nähert. Mietrechtliche Grundsätze kommen hier nicht in Frage, insbesondere nicht die Vorschriften über Richtsatzmieten (§§ 31, 32 des 1. WohnBauGes.; s. auch W-W Nachbem. 3 nach § 42). Zu der Frage, ob das eigentumsähnliche Dauerrecht steuerrechtlich als „wirtschaftliches Eigentum" anzusehen ist, vgl. das (die Frage für einen bestimmten Fall verneinende, wohl kaum haltbare) Urteil des BFH vom 23. 4. 53 – IV 494/52 – (RStBL III 53, 171 = Eigenwohnen 73 Nr. 6 S. 1), dazu Kaatz (zustimmend) Finanz-Rundschau 54, 85, ablehnend Diester ebenda 54, 397; W-W Nachbem, 8 zu §§ 61, 62 und die dort Angeführten.

VI. Gesetzliche Regelung des Dauerrechts

1. Schuldrechtliche Seite. Der II. Abschnitt des WEG regelt hauptsächlich nur die dingliche Seite des Dauerrechts. Die Ausgestaltung der schuldrechtlichen Beziehungen zwischen den Berechtigten und dem Grundstückseigentümer (Erbbauberechtigten) bleibt im wesentlichen der Vereinbarung der Beteiligten überlassen. Das gilt insbesondere von der Bemessung des Entgelts, das sich rechtlich als Kaufpreis darstellt.

2. Dingliche Seite. Auch die dingliche Seite des Dauerrechts wird im WEG nur insoweit geregelt, wie unbedingt erforderlich ist. Im übrigen unterliegt das Dauerrecht als Belastung des Grundstücks (oder Erbbaurechts) den allgemeinen Vorschriften über Rechte an Grundstücken (im BGB hauptsächlich §§ 873—889, 891—895, 897—899, 901, 902, ferner den in Betracht kommenden Vorschriften der GBO und des ZVG), als Dienstbarkeit auch der entsprechenden

Anwendung der §§ 1090 Abs. 2, 1020—1024, 1026—1029, 1061 BGB, soweit die §§ 31—42 WEG nichts Abweichendes bestimmen, dagegen nicht (wie Bä § 31 A 1 meint) auch den übrigen Vorschriften (§§ 1018, 1019, 1025) des BGB über Grunddienstbarkeiten (so zutreffend D Einf. vor § 31 A 13).

§ 31

Begriffsbestimmungen

(1) Ein Grundstück kann in der Weise belastet werden, daß derjenige, zu dessen Gunsten die Belastung erfolgt, berechtigt ist, unter Ausschluß des Eigentümers eine bestimmte Wohnung in einem auf dem Grundstück errichteten oder zu errichtenden Gebäude zu bewohnen oder in anderer Weise zu nutzen (Dauerwohnrecht). Das Dauerwohnrecht kann auf einen außerhalb des Gebäudes liegenden Teil des Grundstücks erstreckt werden, sofern die Wohnung wirtschaftlich die Hauptsache bleibt.

(2) Ein Grundstück kann in der Weise belastet werden, daß derjenige, zu dessen Gunsten die Belastung erfolgt, berechtigt ist, unter Ausschluß des Eigentümers nicht zu Wohnzwecken dienende bestimmte Räume in einem auf dem Grundstück errichteten oder zu errichtenden Gebäude zu nutzen (Dauernutzungsrecht).

(3) Für das Dauernutzungsrecht gelten die Vorschriften über das Dauerwohnrecht entsprechend.

Übersicht

I. Begriff

Die Begriffsbestimmung des Dauerrechts schließt sich an die §§ 1090, 1093 BGB an. Danach ist das Dauerrecht die Belastung eines Grundstücks (oder Erbbaurechts), auf Grund deren der Berechtigte unter Ausschluß des Grundstückseigentümers (des Erbbauberechtigten) bestimmte Räume in einem auf dem Grundstück errichteten oder zu errichtenden Gebäude nutzen kann. Handelt es sich bei diesen Räumen um eine Wohnung, so heißt das Recht „Dauerwohnrecht" (Abs. 1); handelt es sich um nicht zu Wohnzwecken dienende Räume, so heißt das Recht „Dauernutzungsrecht" (Abs. 2). Rechtliche Unterschiede bestehen zwischen den beiden Arten des Dauerrechts nicht (Abs. 3). Siehe im übrigen die Vorbemerkungen.

II. Inhalt

1. Grundstücksbelastung

a) Das Dauerrecht kann an einem Grundstück (§ 31 Abs. 1, 2) oder einem Erbbaurecht (§ 42 Abs. 1), aber auch an einem Raumeigentumsrecht oder einem Raumerbbaurecht (nicht aber an einem Nießbrauch) bestellt werden (D 2a). Voraussetzung ist in jedem Falle, daß auf dem Grundstück ein Gebäude errichtet ist oder wird.

b) Als Belastung eines Grundstücks oder grundstücksgleichen Rechts unterliegt das Dauerrecht den allgemeinen Vorschriften über Rechte an Grundstücken (s. Vorbem. VI 2).

2. Dienstbarkeit

a) Als Dienstbarkeit besonderer Art (s. Vorbem. III 1) unterscheidet sich das Dauerrecht von den beschränkten persönlichen Dienstbarkeiten und dem Nießbrauch dadurch, daß es veräußerlich und vererblich ist, von den Grunddienstbarkeiten dadurch, daß es nicht zugunsten des jeweiligen Eigentümers eines anderen Grundstücks bestellt werden kann. Mit dem Wohnungsrecht (§ 1093 BGB) weicht es von anderen Dienstbarkeiten darin ab, daß es unter Ausschluß des Grundstückseigentümers allein dem Berechtigten zusteht.

b) Da das Dauerrecht als bloße Dienstbarkeit kein grundstücksgleiches Recht ist (Vorbem. II 1, III 1), kann es weder mit Grundpfandrechten, noch mit Reallasten, noch mit solchen Dienstbarkeiten belastet werden, die nur an Grundstücken oder grundstücksgleichen Rechten möglich sind; wohl aber kann an ihm, da es übertragbar ist und Nutzungen gewährt, ein Nießbrauch bestellt werden (BGB § 1068 A 1; Bä 16). Als übertragbares Recht kann es ferner verpfändet (§ 1273 BGB) und gepfändet (§ 857 ZPO) werden.

3. Gegenstand

a) Das Dauerrecht bezieht sich stets auf Räume in einem Gebäude, das auf dem belasteten Grundstück von dem Grundstückseigentümer oder einem Erbbauberechtigten errichtet ist oder errichtet werden soll.

aa) „Gebäude" ist ein Bauwerk, in dem sich mindestens ein Raum befindet; auch ein ganzes Gebäude oder ein einzelner Raum kann zum Gegenstand eines Dauerrechts gemacht werden (LG Münster DNotZ 53, 148). Ebenso ist dies bei getrennten Räumen in einem Gebäude (Keller- und Bodenräume) oder in ihm und einem Nebengebäude (z. B. Garage) möglich (D 2 a). Die Räume, soweit sie eine Einheit bilden, sollen in sich abgeschlossen sein (§ 32 Abs. 1). Auf Räume, die Wohnzwecken dienen, kann sich nur ein Dauerwohnrecht und dieses nur dann beziehen, wenn die Räume den Voraussetzungen einer Wohnung (s. § 1 zu V 2) genügen; an zu Wohnzwecken bestimmten Räumen, bei denen diese Voraussetzungen nicht gegeben sind, ist also überhaupt kein Dauerrecht möglich. Die zweifelhafte Frage, ob in sinngemäßer Anwendung des § 1031 i. V. mit § 1093 Abs. 1 Satz 2 BGB angenommen werden kann, daß ein Dauernutzungsrecht sich auch auf das in den Räumen befindliche Grundstückszubehör erstreckt, wird zu bejahen sein (W-W 2 a; a. M. D 6), wenn auch ein dort eingerichteter Gewerbebetrieb als solcher nicht Gegenstand des Dauernutzungsrechts sein kann.

bb) Das Gebäude braucht bei Bestellung des Dauerrechts noch nicht errichtet zu sein, vielmehr genügt es, daß seine Errichtung in Aussicht genommen ist (vgl. § 3 zu B II 3 b); für die Eintragung des Dauerrechts im Grundbuch ist jedoch bereits die Einreichung eines Aufteilungsplans beim Grundbuchamt erforderlich (§ 32 Abs. 2 Nr. 1; Hoche DNotZ 53, 153). In diesem Falle erlangt der Berechtigte durch die Bestellung des Dauerrechts zunächst nur eine Rangstelle. Ob und inwieweit er einen Anspruch auf Errichtung des Gebäudes hat, richtet sich nach dem Schuldverhältnis, das der Bestellung des Dauerrechts zugrunde liegt. Aus § 34 Abs. 4 Nr. 2 u. 4 wird sinngemäß zu folgern sein, daß der Anspruch auch zum Inhalt des Dauerrechts gemacht werden kann; Fehlen einer dahingehenden Vereinbarung wird aber nicht nach § 32 Abs. 3 zur Ablehnung der Eintragung des Dauerrechts im Grundbuch führen können (D 11—13).

b) Das Dauerrecht kann auch auf einen außerhalb des Gebäudes liegenden Teil des Grundstücks erstreckt werden, sofern die Räume, auf die das Recht sich bezieht, wirtschaftlich die Hauptsache bleiben. § 31 Abs. 1 Satz 2 spricht allerdings nur von der Wohnung und dem Dauerwohnrecht, doch dürfte § 31 Abs. 3 nicht nur für die §§ 32—42, sondern auch für § 31 Abs. 1 Satz 2 gelten (so auch D 3 und LG Münster DNotZ 53, 148). § 31 Abs. 1 Satz 2 lehnt sich an § 1 Abs. 2 ErbVO an, geht aber weiter als dieser, insofern nicht das gesamte Bauwerk, sondern nur die von dem Recht betroffenen Räume gegenüber dem Grundstücksteil wirtschaftlich die Hauptsache bilden müssen, so daß der für ein Dauerrecht in Frage kommende Grundstücksteil (der allerdings auch die ganze unbebaute Fläche des Grundstücks ausmachen kann, LG Münster a. a. O.) meist wirtschaftlich von geringerer Bedeutung sein wird als der für ein Erbbaurecht in Betracht kommende. Durch die Einschränkung, daß die Räume wirtschaftlich die Hauptsache bleiben müssen, soll verhindert werden, daß das Dauerrecht auf landwirtschaftlich genutzte Grundstücke erstreckt und zu einer Art Erbpachtrecht ausgestaltet wird (Begr. vor § 31 a. E.).

4. Nutzungsrecht

a) Die Wohnung, auf die das Dauerwohnrecht sich bezieht, kann nicht nur benutzt (bewohnt), die nicht zu Wohnzwecken dienenden Räume, auf die das Dauernutzungsrecht sich bezieht, können nicht nur gewerblich genutzt werden (wenn auch auf den Gewerbebetrieb selbst das Dauernutzungsrecht nicht erstreckt werden kann, s. oben zu II 3 a) aa), sondern es ist auch möglich, beide Arten von Räumen durch Vermietung oder Verpachtung zu nutzen, da nicht nur das Dauernutzungsrecht, sondern auch das Dauerwohnrecht allgemein zur Nutzung der Räume, also zu jeder möglichen Art von Fruchtziehung berechtigt. Allerdings kann die Nutzungsbefugnis nach Art und Umfang durch Vereinbarung beschränkt werden (§ 33 Abs. 4 Nr. 1).

b) Soweit das Dauerrecht sich auf einen unbebauten Grundstücksteil bezieht (s. oben zu II 3 b), kommt nicht nur die Nutzung durch Ziehung von Rechtsfrüchten (Miet- oder Pachtzinsen) in Frage, sondern auch die Ziehung von Sachfrüchten (z. B. von Obst, Gemüse oder Blumen aus einem Hausgarten); insofern handelt es sich um ein dem Nießbrauch ähnliches dingliches Nutzungsrecht, für das § 954 BGB gilt (W-W 2; D 3; Friese NJW 51, 510 Nr. 1).

III. Berechtigter

Das Dauerrecht kann einer (natürlichen oder juristischen) Person bestellt werden, aber auch mehreren Personen, die in einer Gemeinschaft zur gesamten Hand oder in einer Bruchteilsgemeinschaft stehen, auch (wie Nießbrauch und beschränkte persönliche Dienstbarkeiten, BGB § 1030 A 3, § 1090 A 2) Gesamtgläubigern i. S. des § 428 BGB (W-W 3 a; D 2 a und Vorbem. 22 a). Nach § 36 Abs. 1 WEG können Dauerrecht und Grundstückseigentum sich in einer Person vereinigen; daraus kann jedoch nicht gefolgert werden, daß das Dauerrecht auch von vornherein für den Grundstückseigentümer (oder Erbbauberechtigten, § 42 Abs. 1) bestellt werden darf (W-W Vorbem. 2 und § 36 A 1; Ho 2; wohl auch LG Münster DNotZ 53, 148 [150]; a. M. Bä 12; D 2 a).

IV. Bestellung und Übertragung des Dauerrechts

1. Dinglicher Vertrag. Zur Bestellung und zur Übertragung des Dauerrechts sind erforderlich **a)** formlose Einigung der Beteiligten (bei der Begründung: des Grundstückseigentümers und des Berechtigten, bei der Übertragung: des Veräußerers und des Erwerbers des Rechts) gemäß § 873 BGB. Die Einigung hat hier wie auch in anderen Fällen (§ 873 BGB) abstrakten Charakter, ist also von einem Kausalgeschäft unabhängig. Fehlt ein solches oder fällt es nachträglich weg, so wird dadurch die Wirksamkeit der Bestellung des Dauerrechts oder seiner Übertragung nicht berührt; sein Besteller oder Veräußerer hat nur einen schuldrechtlichen Anspruch auf Aufhebung oder Rückübertragung des Rechts; **b)** Eintragung in Abt. II des Grundbuchs auf Grund einer in der Form des § 29 GBO erklärten Eintragungsbewilligung des Grundstückseigentümers (bei der Übertragung: des Veräußerers). Wegen der weiteren Voraussetzungen für die Eintragung s. § 32.

2. Verpflichtungsgeschäft. Der Vertrag, durch den sich der Grundstückseigentümer zur Bestellung, der Berechtigte zur Übertragung des Dauerrechts verpflichtet, bedarf keiner Form.

V. Beendigung des Dauerrechts

1. Endigungsgründe

a) Zeitablauf. Ein befristetes Dauerrecht erlischt automatisch mit dem Ablauf der Zeit, für die es bestellt ist (§§ 163, 158 Abs. 2 BGB). Die dadurch eintretende Unrichtigkeit des Grundbuchs gibt dem Grundstückseigentümer den Anspruch auf Zustimmung des ehemals Berechtigten zur Berichtigung des Grundbuchs (§ 894 BGB). S. im übrigen § 22 GBO.

b) Aufgabe. Jedes Dauerrecht kann dadurch beendigt werden, daß der Berechtigte es aus einseitigem Entschluß oder auf Grund einer Vereinbarung mit dem Eigentümer durch Erklärung, die dem Grundbuchamt gegenüber der Form des § 29 GBO bedarf, aufgibt und das Recht daraufhin im Grundbuch gelöscht wird (§ 875 BGB). Ist ein Heimfallrecht (§ 36) vereinbart, so ist zur Aufgabe des Dauerrechts die Zustimmung des Eigentümers erforderlich (W-W 3 b; D 9 b).

c) Erlöschen in der Zwangsversteigerung gemäß §§ 44, 91, 92 ZVG. S. jedoch § 39 WEG.

d) Erlöschen des Erbbaurechts. Ist ein Erbbaurecht mit dem Dauerrecht belastet (§ 42), so erlischt mit dem Erlöschen des Erbbaurechts auch das darauf lastende Dauerrecht (W-W § 42 A 3; D § 42 A 5).

2. Keine Endigungsgründe sind

a) der Heimfall nach § 36 WEG;

b) die Zerstörung des Gebäudes, wie aus § 33 Abs. 4 Nr. 4 zu folgern ist (W-W 3 c; D 9 d; ebenso für das Erbbaurecht § 1016 BGB und § 13 ErbVO; a. M. Bä 7 c und für das Wohnungsrecht des § 1093 BGB **BGH** 7, 268 [273]; 8, 58 [62]; **BGH** 5. 3. 54 — V ZR 17/53 — LM Nr. 3 BGB § 1093);

c) die Nichtausübung des Dauerrechts (Bä 7; D 9 d).

3. Verlängerung. Wird ein befristetes Dauerrecht vor seinem Erlöschen durch Vereinbarung des Berechtigten mit dem Grundstückseigentümer verlängert, so liegt hierin eine Änderung seines Inhalts, der nach §§ 876, 877 BGB die im gleichen oder in einem nachfolgenden Range stehenden dinglich Berechtigten zustimmen müssen (D 9 c).

§ 32

Voraussetzungen der Eintragung

(1) Das Dauerwohnrecht soll nur bestellt werden, wenn die Wohnung in sich abgeschlossen ist.

(2) Zur näheren Bezeichnung des Gegenstandes und des Inhalts des Dauerwohnrechts kann auf die Eintragungsbewilligung Bezug genommen werden. Der Eintragungsbewilligung sind als Anlagen beizufügen:

1. eine von der Baubehörde mit Unterschrift und Siegel oder Stempel versehene Bauzeichnung, aus der die Aufteilung des Gebäudes sowie die Lage und Größe der dem Dauerwohnrecht unterliegenden Gebäude- und Grundstücksteile ersichtlich ist (Aufteilungsplan);

2. eine Bescheinigung der Baubehörde, daß die Voraussetzungen des Absatzes 1 vorliegen.

(3) Das Grundbuchamt soll die Eintragung des Dauerwohnrechts ablehnen, wenn über die in § 33 Abs. 4 Nrn. 1 bis 4 bezeichneten Angelegenheiten, über die Voraussetzungen des Heimfallanspruchs (§ 36 Abs. 1) und über die Entschädigung beim Heimfall (§ 36 Abs. 4) keine Vereinbarungen getroffen sind.

I. Abgeschlossenheit

§ 32 Abs. 1, der (im Gegensatz zu dem übrigen Inhalt des § 32) nicht nur verfahrensrechtlichen, sondern auch materiellrechtlichen Charakter hat, entspricht dem § 3 Abs. 2 (s. § 3 zu B II 5). Er wird ergänzt durch Abs. 2 Nr. 2, der dem § 7 Abs. 3 Nr. 2 entspricht (s. § 3 zu B II 5 c, § 7 zu II 3 b) bb). Wegen der Richtlinien für die Erteilung der hier geforderten Bescheinigung der Baubehörde s. § 59 und die Anweisung des BM für Wohnungsbau vom 3. 8. 51 (BAnz. 51 Nr. 152). Da § 32 Abs. 1 nur eine Sollvorschrift enthält, macht ihre Nichtbeachtung die trotzdem vorgenommene Eintragung des Dauerrechts im Grundbuch nicht unwirksam.

II. Eintragungsbewilligung

1. Verfahrensrechtliches Erfordernis für die Eintragung des Dauerrechts ist außer dem Antrag (§ 13 GBO) die Eintragungsbewilligung (§ 19 GBO) des Grundstückseigentümers (bei der Übertragung des Rechtes die des Veräußerers); sie bedarf der im § 29 GBO vorgesehenen Form (Abgabe vor dem Grundbuchamt oder Nachweis durch öffentliche oder öffentlich beglaubigte Urkunde).

2. Bezugnahme auf die Eintragungsbewilligung. Nach § 874 BGB kann zur näheren Bezeichnung des Inhalts des Rechtes auf die Eintragungsbewilligung Bezug genommen werden. Der Inhalt des Dauerrechts bestimmt sich nach den §§ 31, 33 Abs. 1 u. 2, § 34 und den gemäß § 33 Abs. 2—4, §§ 35, 36, 39, 40, 41 Abs. 2 getroffenen Vereinbarungen. Da auch der Gegenstand des Dauerrechts (ebenso wie der der Sondereigentums, s. § 7 zu I 3) eintragungsbedürftig ist, ergänzt § 32 Abs. 2 Satz 1 (entsprechend § 7 Abs. 3) den § 874 BGB dahin, daß zur näheren Bezeichnung nicht nur des Inhalts, sondern auch des Gegenstandes des Dauerrechts auf die Eintragungsbewilligung Bezug genommen werden kann. Im Grundbuch selbst werden jedoch die rechtliche Natur des Dauerrechts als solche (Dauerwohnrecht, Dauernutzungsrecht) und die Lage der dem Dauerrecht unterliegenden Räume bezeichnet werden müssen (D 6).

3. Anlagen. Entsprechend § 7 Abs. 4, bestimmt § 32 Abs. 2 Satz 2, daß der Eintragungsbewilligung als Anlagen beizufügen sind **a)** ein Aufteilungsplan der Baubehörde (s. § 7 zu II 3 b) aa), für den es allerdings hier genügen wird, wenn er außer der Lage und Größe der Gebäude- und Grundstücksteile, auf die das Dauerrecht sich beziehen soll, die Aufteilung des Gebäudes insoweit erkennen läßt, als diese Teile berührt werden (z. B. die Aufteilung des in Frage kommenden Stockwerks), und wenn bei Bestellung eines Dauerrechts für ein ganzes Gebäude diese Tatsache bescheinigt wird (D 7); **b)** die Bescheinigung der Baubehörde, daß die Räume, auf die das Dauerrecht sich bezieht, in sich abgeschlossen sind (s. oben zu I). — Fehlt eine dieser Anlagen, so ist der Eintragungsantrag abzulehnen.

4. Notwendiger Inhalt (Abs. 3). Da das Dauerrecht im WEG nicht erschöpfend geregelt ist, müssen die gesetzlichen Vorschriften weitgehend durch dinglich wirkende Vereinbarungen der Beteiligten über den Inhalt des zu bestellenden Dauerrechts ergänzt werden. Dabei kommt es nur darauf an, daß (nicht darauf, wie) die in Betracht kommenden Fragen von den Beteiligten geregelt werden. Damit das Grundbuchamt prüfen kann, ob über diese Fragen eine Vereinbarung getroffen worden ist, soll der Inhalt solcher Vereinbarungen als Inhalt des zu bestellenden Dauerrechts in die Eintragungsbewilligung aufgenommen werden. Die durch Vereinbarung zu regelnden Fragen sind **a)** Art und Umfang der Nutzungen (§ 33 Abs. 4 Nr. 1), **b)** Instandhaltung und Instandsetzung der dem Dauerrecht unterliegenden Gebäudeteile (§ 33 Abs. 4 Nr. 2), **c)** die Pflicht des Berechtigten zur Tragung öffentlicher oder privatrechtlicher Lasten des Grundstücks (§ 33 Abs. 4 Nr. 3), **d)** die Versicherung des Gebäudes und sein Wiederaufbau im Falle der Zerstörung (§ 33 Abs. 4 Nr. 4), **e)** falls ein Heimfallanspruch begründet werden soll (nur in diesem Falle, vgl. § 36 zu III 1), dessen Voraussetzungen (§ 36 Abs. 1) und die Entschädigung beim Heimfall (§ 36 Abs. 4).

III. Prüfungspflicht des Grundbuchamts

1. Mangelhafte Eintragungsbewilligung. Das Grundbuchamt hat zu prüfen, ob die Eintragungsbewilligung mit den erforderlichen Anlagen (s. oben zu II 3) versehen ist und den Inhalt der erforderlichen Vereinbarungen (s. zu II 4) wiedergibt. Dabei kann es nicht genügen, daß in der Eintragungsbewilligung statt einer positiven Erklärung lediglich auf das Gesetz verwiesen oder angegeben wird, eine Vereinbarung sei nicht getroffen worden (BayObLG NJW 54, 959 Nr. 7 [961]; W-W 8; D 9). Anderseits wird das Grundbuchamt dann, wenn die Eintragungsbewilligung nichts über die Vereinbarung eines Heimfallanspruchs enthält, nicht eine ausdrückliche Erklärung verlangen können, daß ein Heimfallanspruch nicht vereinbart worden sei, es sei denn, daß sich anderweitig mindestens eine Vermutung für das Zustandekommen einer solchen Vereinbarung ergibt (BayObLG a. a. O.; ähnlich W-W 8). Stimmt der Inhalt der Eintragungsbewilligung nicht mit den wirklichen Vereinbarungen überein, so hindert das die Entstehung des Rechts nicht (D 16).

2. Ablehnung der Eintragung. Fehlt der Eintragungsbewilligung eine notwendige Anlage (II 3) oder die Wiedergabe des Inhalts einer notwendigen Vereinbarung (II 4, III 1), so soll das Grundbuchamt die Eintragung ablehnen. Da es sich in beiden Fällen (Abs. 1 u. 3) um Sollvorschriften handelt, ist eine entgegen der Vorschrift vorgenommene Eintragung wirksam, das Dauerrecht also entstanden. Das Verhältnis der Beteiligten zueinander richtet sich dann nach den getroffenen schuldrechtlichen Abmachungen; die Beteiligten sind einander auch verpflichtet, sich über die noch fehlenden Punkte zu einigen und so die notwendige sachenrechtliche Bestimmtheit des Dauerrechts herbeizuführen. Fehlt es an schuldrechtlichen Abreden, so hat notfalls das Prozeßgericht zu ermitteln, welchen Inhalt die Beziehungen der Beteiligten zueinander haben. Das gleiche gilt, wenn das Grundbuchamt wegen Fehlens einer notwendigen Vereinbarung die Eintragung abgelehnt hat (D 12—15).

§ 33

Inhalt des Dauerwohnrechts

(1) Das Dauerwohnrecht ist veräußerlich und vererblich. Es kann nicht unter einer Bedingung bestellt werden.

(2) Auf das Dauerwohnrecht sind, soweit nicht etwas anderes vereinbart ist, die Vorschriften des § 14 entsprechend anzuwenden.

(3) Der Berechtigte kann die zum gemeinschaftlichen Gebrauch bestimmten Teile, Anlagen und Einrichtungen des Gebäudes und Grundstücks mitbenutzen, soweit nichts anderes vereinbart ist.

(4) Als Inhalt des Dauerwohnrechts können Vereinbarungen getroffen werden über:

1. Art und Umfang der Nutzungen;
2. Instandhaltung und Instandsetzung der dem Dauerwohnrecht unterliegenden Gebäudeteile;
3. die Pflicht des Berechtigten zur Tragung öffentlicher oder privatrechtlicher Lasten des Grundstücks;
4. die Versicherung des Gebäudes und seinen Wiederaufbau im Falle der Zerstörung;
5. das Recht des Eigentümers, bei Vorliegen bestimmter Voraussetzungen Sicherheitsleistung zu verlangen.

Übersicht

I. Allgemeines

§ 33 ergänzt den § 31, der den Inhalt des Dauerrechts nur allgemein bestimmt. Zu unterscheiden ist zwischen dem gesetzlichen (§ 33 Abs. 1—3) und dem zu vereinbarenden (§ 33 Abs. 4) Inhalt des Dauerrechts.

II. Gesetzlicher Inhalt des Dauerrechts (Abs. 1—3)

1. Veräußerlichkeit und Vererblichkeit (Abs. 1 Satz 1). Ebenso wie das Erbbaurecht — aber anders als das Wohnungsrecht (§ 1093 BGB), von dem es sich gerade hierdurch am wesentlichsten unterscheidet — kann das Dauerrecht veräußert und vererbt werden.

a) Einschränkungen. Die Veräußerlichkeit des Dauerrechts kann durch Vereinbarungen eingeschränkt werden, welche die Veräußerung von der Zustimmung des Gebäudeeigentümers (der entweder der Grundstückseigentümer oder ein Erbbauberechtigter ist) oder eines Dritten abhängig machen (§ 35). Seine Vererblichkeit kann dadurch ausgeschlossen werden, daß es nur für die Lebenszeit des Berechtigten bestellt wird (s. unten zu 2). Die Folgen einer Veräußerung oder Vererbung können ferner durch Vereinbarung eines Heimfallanspruchs (§ 36) für den Fall einer Veräußerung oder des Todes des Berechtigten beseitigt werden (D 2).

b) Form der Veräußerung. Erforderlich sind (formlose) Einigung und die Eintragung des Rechtsübergangs im Grundbuch (§ 873 BGB) auf Grund einer Eintragungsbewilligung des Veräußerers (§ 19 GBO), die der Form des § 29 GBO bedarf. Nicht erforderlich ist die Übergabe der Räume und Grundstücksteile, auf die das Dauerrecht sich bezieht.

c) Folgen der Veräußerung. Bei einer Veräußerung des Dauerrechts tritt der Erwerber an Stelle des Veräußerers in die Verpflichtungen ein, die sich während der Dauer seiner Berechtigung aus dem Rechtsverhältnis zu dem Eigentümer des Gebäudes ergeben (§ 38 Abs. 1). Sind die dem Dauerrecht unterliegenden Räume vermietet oder verpachtet, so tritt bei einer Veräußerung des Dauerrechts der Erwerber in das Miet- oder Pachtverhältnis ein (§ 37 Abs. 2, 3 Satz 1); wird das Dauerrecht im Wege der Zwangsvollstreckung veräußert, so steht dem Erwerber in entsprechender Anwendung von § 57a ZVG ein Kündigungsrecht zu (§ 37 Abs. 3 Satz 2).

d) Belastung. Das Dauerrecht ist grundsätzlich nicht belastbar. Ausnahmen gelten aber infolge seiner Übertragbarkeit (§ 1069 Abs. 2, § 1247 Abs. 2 BGB), soweit diese nicht nach § 35 durch Vereinbarung beschränkt ist, für die Belastung mit einem Nießbrauch (§§ 1068ff. BGB) und mit einem Pfandrecht (§§ 1273ff. BGB). Erforderlich ist in beiden Fällen Einigung der Beteiligten und Eintragung im Grundbuch auf Grund einer Eintragungsbewilligung des Dauerberechtigten (§ 1069 Abs. 1, § 1274 Abs. 1 Satz 1, § 873 BGB, §§ 19, 29 GBO). Übergabe der Räume und Grundstücksteile, auf die das Dauerrecht sich bezieht, ist nicht erforderlich (§ 1274 Abs. 1 Satz 2 BGB, vgl. auch BGB § 1069 A 1).

e) Pfändung. Als veräußerliches Vermögensrecht ist das Dauerrecht nach § 857 ZPO pfändbar. Die Pfändung ist mit dem Zeitpunkt als bewirkt anzusehen, in welchem dem Schuldner das Verfügungsverbot (§ 829 Abs. 1 Satz 2 i. V. mit § 857 Abs. 1 ZPO) zugestellt wird (§ 857 ZPO), doch ist zu ihrer Wirksamkeit noch die Eintragung im Grundbuch erforderlich (Weitnauer DNotZ 51, 497; W-W § 31 A 4); das Vollstreckungsgericht kann dann die Veräußerung des Dauerrechts durch Versteigerung oder freihändigen Verkauf anordnen (§ 857 Abs. 5 ZPO), durch die der Erwerber nicht nur in die Rechte, sondern auch in die Verpflichtungen des bisherigen Berechtigten (insbesondere die zur Zahlung eines laufenden Entgelts an den Gebäudeeigentümer) eintritt (s. oben zu c). Ist gemäß § 35 eine Beschränkung der Veräußerungsbefugnis vereinbart (§ 35 Satz i. V. mit § 12 Abs. 3 Satz 2), so kann das Vollstreckungsgericht besondere Anordnungen erlassen, insbesondere eine Verwaltung anordnen (§ 857 Abs. 3 u. 4 ZPO).

2. Bedingungsfeindlichkeit (Abs. 1 Satz 2). Ebenso wie die Auflassung (§ 925 Abs. 2 BGB) kann die Bestellung des Dauerrechts nicht von einer Bedingung abhängig gemacht werden (wohl aber seine Übertragung im Gegensatz zur Übertragung des Erbbaurechts, § 11 Abs. 1 Satz 2 ErbVO); das gilt nicht nur (wie beim Erbbaurecht, § 1 Abs. 4 Satz 1 ErbVO) für die auflösende, sondern auch für die aufschiebende Bedingung. Dagegen kann die Bestellung des Dauerrechts (anders als die Auflassung, aber ebenso wie die Bestellung des Erbbaurechts) unter einer Zeitbestimmung erklärt werden, mag es sich hierbei um einen Anfangs- oder einen Endtermin handeln. Insbesondere kann daher das Dauerrecht für eine gewisse Zeitdauer (auch für die Lebenszeit des Berechtigten, W-W 3; a. M. Ho 2) bestellt werden.

3. Pflichten des Berechtigten (Abs. 2). Soweit nicht durch Vereinbarung zwischen dem Gebäudeeigentümer und dem Berechtigten etwas anderes bestimmt ist, richten sich die Pflichten des Berechtigten nach dem entsprechend anzuwendenden § 14; dabei entsprechen dem Sondereigentum die Räume und Gebäudeteile (ggf. auch die Grundstücksteile), auf die das Dauerrecht sich bezieht, dem gemeinschaftlichen Eigentum die zum gemeinschaftlichen Gebrauch bestimmten Teile, Anlagen und Einrichtungen des Gebäudes und des Grundstücks (Abs. 3). Hieraus ergibt sich (vgl. im einzelnen die Erläuterungen zu § 14):

a) Instandhaltungspflicht (§ 14 Nr. 1). Ob und inwieweit der Berechtigte verpflichtet ist, die seinem Dauerrecht unterliegenden Gebäude- und Grundstücksteile instandzuhalten, ist mit dinglicher Wirkung durch Vereinbarung als Inhalt des Dauerrechts zu regeln (§ 33 Abs. 4 Nr. 2 i. V. mit § 32 Abs. 3). Soweit die Vereinbarung nichts anderes bestimmt, hat er diese Gebäude- und Grundstücksteile so instandzuhalten, daß weder den übrigen Bewohnern des Gebäudes, noch dem Gebäudeeigentümer ein Nachteil erwächst, der über das bei einem geordneten Zusammenleben unvermeidliche Maß der Beeinträchtigung hinausgeht. Hinsichtlich der gemeinschaftlich benutzten Gebäude- und Grundstücksteile besteht keine Instandhaltungspflicht des Berechtigten; sie kann ihm auch nicht mit dinglicher Wirkung als Inhalt des Dauerrechts durch Vereinbarung auferlegt werden (Abs. 4 Nr. 2); etwaige dahingehende Vereinbarungen haben nur schuldrechtliche Wirkung.

b) Schonender Gebrauch (§ 14 Nr. 1). Der Berechtigte darf sowohl von den seinem Dauerrecht unterliegenden wie auch von den zum gemeinschaftlichen Gebrauch bestimmten Gebäude- und Grundstücksteilen den ihm zustehenden Gebrauch (vgl. Abs. 3 Abs. 4 Nr. 1) nur in solcher Weise ausüben, daß dadurch weder den übrigen Bewohnern noch dem Eigentümer des Gebäudes ein Nachteil erwächst, der über das bei einem geordneten Zusammenleben unvermeidliche Maß hinausgeht.

c) Einhaltung der Pflichten durch andere Personen (§ 14 Nr. 2). Der Berechtigte hat dafür zu sorgen, daß die zu a) und b) bezeichneten Pflichten auch von Personen eingehalten werden, die seinem Hausstand oder Geschäftsbetrieb angehören oder denen er sonst die Benutzung der seinem Dauerrecht unterliegenden oder zum gemeinschaftlichen Gebrauch bestimmten Gebäude- oder Grundstücksteile überläßt.

d) Duldungspflichten (§ 14 Nr. 3 u. 4). Der Berechtigte hat zu dulden **aa)** Einwirkungen auf die seinem Dauerrecht unterliegenden oder zur gemeinschaftlichen Benutzung bestimmten Gebäude- und Grundstücksteile, soweit sie auf einem nach a) bis c) zulässigen Gebrauch beruhen; **bb)** das Betreten und die Benutzung der seinem Dauerrecht unterliegenden Gebäudeteile, soweit das zur Instandhaltung und Instandsetzung der zur gemeinschaftlichen Benutzung bestimmten Gebäudeteile erforderlich ist; ein hierdurch entstehender Schaden ist dem Berechtigten vom Gebäudeeigentümer zu ersetzen (so zutreffend W-W 9; a. M. 1. Aufl. u. D 8 und 9).

4. Mitbenutzungsrecht (Abs. 3). Abs. 3 übernimmt grundsätzlich die im § 1093 Abs. 3 BGB für das Wohnungsrecht getroffene Regelung, nach welcher der Berechtigte bei Beschränkung seines Rechtes auf einen Teil des Gebäudes die zum gemeinschaftlichen Gebrauche der Bewohner bestimmten Anlagen und Einrichtungen benutzen kann, jedoch einerseits mit der Erweiterung, daß das Mitbenutzungsrecht sich schlechthin auch auf die zum gemeinschaftlichen Gebrauch bestimmten Gebäude- und Grundstücksteile bezieht, anderseits mit der Einschränkung, daß es durch Vereinbarung mit dinglicher Wirkung ausgeschlossen oder beschränkt werden kann. Anders als bei den dem Dauerrecht unterliegenden Gebäude- und Grundstücksteilen handelt es sich hier nicht um ein ausschließliches Nutzungs-, sondern nur um ein Mitbenutzungsrecht, das sich als (abdingbares) Anhängsel des Dauerrechts darstellt. Es steht, soweit es nicht abgedungen ist, auch den in § 14 Nr. 2 bezeichneten Personen zu (BGB § 1093 A 4).

III. Vereinbarter Inhalt des Dauerrechts (Abs. 4)

1. Allgemeines

a) Vereinbarungen als Inhalt des dinglichen Rechts. Während bei den Dienstbarkeiten des BGB ihr Inhalt, insbesondere auch das ihnen zugrunde liegende schuldrechtliche Verhältnis zwischen dem Berechtigten und dem Eigentümer des belasteten Grundstücks, sich, soweit es dinglich wirkt, unmittelbar aus dem Gesetz ergibt und nicht durch Parteiabreden geändert oder ergänzt werden kann, ist das beim Dauerrecht nur zum geringen Teil der Fall. Hier ist es vielmehr (wie beim Erbbaurecht, §§ 2ff. ErbVO) den beiden Beteiligten überlassen, in gewissem Umfange den Inhalt des Dauerrechts durch Vereinbarung zu regeln. Solche Vereinbarungen erlangen in Durchbrechung des Grundsatzes, daß es im Sachenrecht keine Vertragsfreiheit gibt (BGB Vorbem. 2 vor § 873), dingliche Wirkung für und gegen Dritte, wenn sie inhaltlich in die Eintragungsbewilligung aufgenommen und unter Bezugnahme auf diese als Inhalt des Dauerrechts im Grundbuch eingetragen werden (§ 32 Abs. 2 Satz 1; vgl. auch ErbVO § 2 Anm. 2).

b) Arten von Vereinbarungen. Als Inhalt des Dauerrechts (und dadurch mit dinglicher Wirkung) können Vereinbarungen nur über die Angelegenheiten getroffen werden, bei denen dies im WEG — zum Teil in Anlehnung an Vorschriften, die beim Nießbrauch oder beim Erbbaurecht gelten — ausdrücklich zugelassen ist. Zwar sind Vereinbarungen auch über andere Fragen möglich, sie haben dann aber nur schuldrechtliche Wirkung zwischen den Vertragsteilen. Bei den als Inhalt des Dauerrechts möglichen Vereinbarungen ist zu unterscheiden zwischen solchen, die nur zugelassen (fakultativ), und solchen, die notwendig (vorgeschrieben) sind, um die Eintragung des Dauerrechts im Grundbuch zu erreichen (s. § 32 Abs. 3); für diese bedeutet also das „Können" im § 33 Abs. 4 in Wirklichkeit ein „Müssen" (D § 32 A 8, § 33 A 11; Ho NJW 54, 959; a. M. W-W § 32 A 8).

2. Notwendige Vereinbarungen (vgl. § 32 Abs. 3). Durch Vereinbarung müssen geregelt werden:

a) Art und Umfang der Nutzungen der dem Dauerrecht unterliegenden Gebäude- und Grundstücksteile. Z. B. kann der Gebrauch der Räume in gewisser Hinsicht (etwa hinsichtlich der Erlaubnis, in ihnen zu musizieren) eingeschränkt oder eine bestimmte Art der Nutzung (etwa ihre Verwendung zu beruflichen oder gewerblichen Zwecken oder ihre Vermietung oder Verpachtung) ausgeschlossen werden. Bei Zuwiderhandlung hat der Gebäudeeigentümer Anspruch auf Unterlassung, den er im Prozeßwege geltend machen kann; auf Grund entsprechender Vereinbarung kann dadurch auch ein Heimfallanspruch begründet werden.

b) Instandhaltung und Instandsetzung der dem Dauerrecht unterliegenden Gebäudeteile (vgl. ErbVO § 2 Nr. 1); die Art der Regelung steht den Beteiligten frei; sie können z. B. auch in Abweichung von § 33 Abs. 2, § 14 Nr. 1 die Instandhaltungspflicht ganz dem Gebäudeeigentümer auferlegen oder die Instandsetzungspflicht je nach Art oder Umfang der erforderlichen Instandsetzungsarbeiten zwischen dem Berechtigten und dem Gebäudeeigentümer verteilen. Darüber hinaus werden die Beteiligten auch die Instandhaltungs- und Instandsetzungspflicht des Gebäudeeigentümers hinsichtlich der zum gemeinschaftlichen Gebrauch bestimmten Gebäudeteile mit dinglicher Wirkung näher regeln können (W-W 13).

c) Tragung von Grundstückslasten (vgl. § 1047 BGB, § 2 Nr. 3 ErbVO). Zum Begriff der Grundstückslasten s. § 16 zu IV. Anders als beim Nießbrauch hat beim Dauerrecht der Berechtigte die Lasten nur insoweit zu tragen, als dies ausdrücklich vereinbart ist. In Anlehnung an § 1047 BGB wird eine Vereinbarung, die dem Berechtigten die Verpflichtung zur Tragung von Grundstückslasten auferlegt, im Zweifel dahin auszulegen sein, daß der Berechtigte diese Verpflichtung nur dem Gebäudeeigentümer, nicht aber Dritten, insbesondere Gläubigern des Gebäudeeigentümers gegenüber auf sich nimmt, so daß er diesen nicht haftet, die Verpflichtung vielmehr nur im Innenverhältnis zwischen den Vertragsteilen und ihren Rechtsnachfolgern besteht (vgl. auch W-W 14; D 14).

d) Versicherung des Gebäudes und Wiederaufbau im Falle der Zerstörung (vgl. § 1045 BGB, § 2 Nr. 2 ErbVO). Die Frage, wer das Gebäude zu versichern hat (regelmäßig wird das der Gebäudeeigentümer sein) und ob und inwieweit der Gebäudeeigentümer im Falle der Zerstörung des Gebäudes zu dessen Wiederaufbau verpflichtet ist (vgl. zu dieser Frage beim Raumeigentum § 22 zu C), muß stets durch Vereinbarung geklärt werden. Daraus, daß auch bei völliger Zerstörung des Gebäudes dem Eigentümer (und dessen Rechtsnachfolger) die Pflicht zum Wiederaufbau auferlegt werden kann, ergibt sich, daß das Dauerrecht als Grundstücksbelastung trotz der Zerstörung des Gebäudes bestehen bleibt (vgl. § 31 zu V 2 b). Wird das Dauerrecht vor Errichtung des Gebäudes bestellt (s. § 31 zu II 3 a) bb), so wird auch die Pflicht zum (erstmaligen) Bau des Gebäudes durch Vereinbarung geregelt werden können, doch handelt es sich insoweit nicht um eine im Sinne des § 32 Abs. 3 notwendige Vereinbarung (W-W 15; D 15; Ho 4).

e) Wegen der im Falle der Begründung eines Heimfallanspruchs notwendigen Vereinbarungen (§ 32 Abs. 3) s. § 36 zu III.

3. Fakultative Vereinbarungen als Inhalt des Dauerrechts. Zulässig, aber nicht notwendig sind Vereinbarungen mit dinglicher Wirkung über folgende Angelegenheiten:

a) Anspruch des Berechtigten auf Errichtung des Gebäudes (s. oben zu 2d).

b) Anspruch auf Sicherheitsleistung. In Anlehnung an § 1051 BGB, der dem Eigentümer einen Anspruch auf Sicherheitsleistung gegen den Nießbraucher gibt, wenn durch dessen Verhalten die Besorgnis einer erheblichen Verletzung der Rechte des Eigentümers begründet wird, läßt § 33 Abs. 4 Nr. 5 WEG eine Vereinbarung des Inhalts zu, daß der Gebäudeeigentümer bei Vorliegen bestimmter Voraussetzungen von dem Berechtigten Sicherheitsleistung verlangen kann. Die Voraussetzungen des Anspruchs sind dann gemäß der Vereinbarung in der Eintragungsbewilligung zu bezeichnen. Nur auf Grund einer solchen Vereinbarung, nicht schon in entsprechender Anwendung des § 1051 BGB kann der Eigentümer Sicherheitsleistung verlangen (W-W 16; D 17; Hu 4 c; a. M. Bä 5 e; Ho 5 b).

c) Beschränkung der Veräußerungsbefugnis des Berechtigten. S. hierzu § 35.

d) Begründung eines Heimfallanspruchs. S. hierzu § 36.

e) Bestehenbleiben des Dauerrechts bei Zwangsversteigerung des Grundstücks abweichend von den §§ 44, 91 ZVG. S. § 39.

f) Wirksamkeit von Verfügungen des Gebäudeeigentümers über den Anspruch auf Entgelt gegenüber vorgehenden oder gleichstehenden Realgläubigern. S. § 40 Abs. 2.

g) Abweichungen von den Vorschriften des § 33 Abs. 2 (Pflichten des Berechtigten) oder 3 (Mitbenutzungsrecht des Berechtigten) oder des § 41 Abs. 2 (Löschung dem Dauerrecht vorgehender Eigentümergrundschulden). S. oben zu II 3 u. 4 und § 41 zu II.

h) Bestimmung eines Höchstbetrages des Wertersatzes bei Erlöschen des Dauerrechts durch Zuschlag (§ 92 ZVG) gemäß § 882 BGB, der auch für das Dauerrecht gelten muß, worauf Diester (A 18) zutreffend hinweist.

4. Andere Vereinbarungen über schuldrechtliche Beziehungen zwischen dem Berechtigten und dem Gebäudeeigentümer sind zulässig, wirken aber nur schuldrechtlich zwischen den Vertragsteilen, können daher nicht zum Inhalt des Dauerrechts gemacht und nicht im Grundbuch eingetragen werden. Hierher gehören vor allem Vereinbarungen über den Anspruch des Gebäudeeigentümers gegen den Berechtigten auf Entgelt, der nicht Inhalt des Dauerrechts ist, auch (anders als der Erbbauzins nach § 9 ErbVO) hier nicht durch Bestellung einer Reallast gesichert werden kann, weil das Dauerrecht kein grundstücksgleiches Recht ist, ferner die (beim Erbbaurecht entsprechenden, aber dort nach § 2 Nr. 5—7 ErbVO dinglich wirkenden) Vereinbarungen über die Verpflichtung des Berechtigten zur Zahlung von Vertragsstrafen, über ein Vorrecht des Berechtigten auf Erneuerung des Dauerrechts nach dessen Ablauf und die Verpflichtung des Gebäudeeigentümers, das Gebäude an den Berechtigten zu verkaufen (vgl. hierzu ErbVO § 2 A 8—10), auch wohl eine Vereinbarung dahin, daß der Berechtigte unter bestimmten Voraussetzungen sein Dauerrecht auf den Eigentümer übertragen kann und dieser die Übertragung annehmen muß (D § 36 A 1).

4. Rechtsstreitigkeiten. Entsteht zwischen dem Berechtigten und dem Eigentümer Streit über den (gesetzlichen oder vereinbarten) Inhalt des Dauerrechts, so ist zur Entscheidung das Amtsgericht, in dessen Bezirk das Grundstück liegt, als Prozeßgericht ohne Rücksicht auf den Wert des Streitgegenstandes zuständig (§ 52).

§ 34

Ansprüche des Eigentümers und der Dauerwohnberechtigten

(1) Auf die Ersatzansprüche des Eigentümers wegen Veränderungen oder Verschlechterungen sowie auf die Ansprüche der Dauerwohnberechtigten auf Ersatz von Verwendungen oder auf Gestattung der Wegnahme einer Einrichtung sind die §§ 1049, 1057 des Bürgerlichen Gesetzbuches entsprechend anzuwenden.

(2) Wird das Dauerwohnrecht beeinträchtigt, so sind auf die Ansprüche des Berechtigten die für die Ansprüche aus dem Eigentum geltenden Vorschriften entsprechend anzuwenden.

Übersicht:

4. Sonstige Ansprüche
   a) Rückgabeanspruch des Eigentümers
   b) Zurückbehaltungsrecht d. Berechtigten
   c) Entsprechende Anwendbarkeit der §§ 1041 – 1044 BGB?

III. Ansprüche des Berechtigten gegen Dritte
   1. Ansprüche aus dem Eigentum
   2. Ansprüche aus dem Besitz

I. Allgemeines

§ 34 ergänzt in Anlehnung an Vorschriften des Nießbrauchsrechts die Bestimmungen der §§ 31, 33 Abs. 1—3 über den gesetzlichen Inhalt des Dauerrechts. Abs. 1 behandelt das Verhältnis zwischen dem Berechtigten und dem Gebäudeeigentümer, Abs. 2 das Verhältnis des Berechtigten zu Dritten.

II. Ansprüche im Verhältnis zwischen dem Berechtigten und dem Gebäudeeigentümer (§ 34 Abs. 1)

1. Ansprüche des Berechtigten

a) Ansprüche auf Ersatz von Verwendungen. Sie regeln sich durch entsprechende Anwendung des für den Nießbrauch geltenden § 1049 Abs. 1 BGB. Daraus ergibt sich: Macht der Berechtigte Verwendungen auf die seinem Nutzungsrecht oder Mitbenutzungsrecht unterliegenden Räume oder Gebäude- oder Grundstücksteile, so bestimmt sich, wenn er zu diesen Verwendungen nicht verpflichtet ist, die Ersatzpflicht des Eigentümers nach den Vorschriften über die Geschäftsführung ohne Auftrag. Daraus wiederum folgt: Entspricht die Handlungsweise des Berechtigten dem Interesse und dem wirklichen oder dem mutmaßlichen Willen des Eigentümers, so kann der Berechtigte wie ein Beauftragter (§ 670 BGB) vollen Ersatz seiner Aufwendungen verlangen (§ 683 Satz 1 BGB). Das gleiche gilt, wenn die Handlungsweise des Berechtigten zwar dem Willen des Eigentümers widerspricht, aber nachträglich von ihm genehmigt wird (§ 684 Satz 2 BGB), oder wenn ohne sie eine Pflicht des Eigentümers, deren Erfüllung im öffentlichen Interesse liegt, nicht rechtzeitig erfüllt werden würde (§ 683 Satz 2 i. V. mit § 679 BGB), z. B. wenn es sich um die Beseitigung eines polizeiwidrigen Zustandes handelt. Liegen diese Voraussetzungen nicht vor, so kann der Berechtigte von dem Eigentümer nur Herausgabe des Erlangten nach den Vorschriften über die Herausgabe einer ungerechtfertigten Bereicherung (§§ 812ff. BGB) verlangen (§ 684 Satz 1 BGB). Hatte der Berechtigte nicht die Absicht, von dem Eigentümer Ersatz zu verlangen, so steht ihm gegen diesen überhaupt kein Anspruch zu (§ 685 Abs. 1 BGB).

b) Anspruch auf Wegnahme einer Einrichtung. Hier ist § 1049 Abs. 2 BGB entsprechend anzuwenden. Das bedeutet: Der Berechtigte kann eine Einrichtung wegnehmen, mit der er die seinem Nutzungs- oder Mitbenutzungsrecht unterliegenden Räume oder Gebäude- oder Grundstücksteile versehen hat; er muß jedoch auf seine Kosten den früheren Zustand wiederherstellen (§ 258 BGB).

2. Ersatzansprüche des Eigentümers. § 1057 BGB, auf den § 34 Abs. 1 WEG auch hinsichtlich der Ersatzansprüche des Eigentümers wegen Veränderungen oder Verschlechterungen verweist, betrifft nur die Verjährung dieser Ansprüche, aber nicht ihre Voraussetzungen und ihren Umfang. Auch sonst findet sich hierüber weder im WEG noch (abgesehen von § 1050 BGB) im Nießbrauchsrecht des BGB eine Vorschrift. Daraus folgt, daß insoweit die allgemeinen Vorschriften des BGB gelten müssen; der Berechtigte haftet also nur bei schuldhafter Vertragsverletzung (vertragswidrigem Gebrauch, §§ 276, 278 BGB) oder unerlaubter Handlung (§§ 823ff. BGB). Hieraus ergibt sich von selbst, daß der Berechtigte Veränderungen oder Verschlechterungen, die durch vertragsmäßigen Gebrauch der seinem Nutzungs- oder Mitbenutzungsrecht unterliegenden Gegenstände herbeigeführt werden, nicht zu vertreten hat (vgl. §§ 548, 1050 BGB; Bä 1; W-W 4; D 2; BGB § 1050 A, § 548 A 1).

3. Verjährung. Wegen der Verjährung der zu 1 und 2 bezeichneten Ansprüche verweist § 34 Abs. 1 WEG auf die entsprechende Anwendung des die Verjährung der gleichartigen Ansprüche beim Nießbrauch behandelnden § 1057 BGB. Danach verjähren diese Ansprüche in 6 Monaten, und zwar beginnt nach dem für entsprechend anwendbar erklärten § 558 Abs. 2 BGB die Verjährung:

a) der Ansprüche des Berechtigten auf Ersatz von Verwendungen und Wegnahme von Einrichtungen (s. oben zu 1) mit der Beendigung des Dauerrechts (s. § 31 zu V 1) oder mit seinem Heimfall (§ 36);

b) der Ersatzansprüche des Eigentümers wegen Veränderungen oder Verschlechterungen (s. oben zu 2) mit dem Zeitpunkt, in dem der Eigentümer die dem Dauerrecht unterworfenen Räume, Gebäude- und Grundstücksteile zurückerhält. Die im § 1057 BGB weiterhin für entsprechend anwendbar erklärte Vorschrift des § 558 Abs. 3 BGB, wonach die Ersatzansprüche des Vermieters mit der Verjährung seines Anspruchs auf Rückgabe der Mietsache verjähren, ist beim Dauerrecht nicht entsprechend anwendbar, weil der Anspruch des Eigentümers auf Rückgabe der dem Dauerrecht unterworfenen Gegenstände als Anspruch aus dem Grundstückseigentum oder Erbbaurecht (§§ 985 BGB) nach § 902 BGB nicht verjährt (W-W 7; D 8).

4. Sonstige Ansprüche. Weder unmittelbar noch mittelbar sind im WEG geregelt:

a) der Rückgabeanspruch des Eigentüners nach Beendigung des Dauerrechts (vgl. beim Nießbrauch § 1055 BGB); insoweit war eine Regelung nicht notwendig, weil der Anspruch auf Rückgabe der vom Dauerrecht betroffenen Gegenstände sich aus § 985 BGB ergibt und der Berechtigte nach Beendigung des Dauerrechts kein Recht hat, die Herausgabe zu verweigern (§ 986); eine besondere Rückgabepflicht des Berechtigten, wie sie dem Mieter (§ 556 Abs. 1 BGB) und dem Nießbraucher (§ 1055 BGB) obliegt, kennt das WEG nicht; beim Heimfallrecht folgt die Herausgabepflicht aus der Verpflichtung zur Übertragung des Dauerrechts (§ 36 WEG);

b) das Zurückbehaltungsrecht des Berechtigten wegen seines Anspruchs auf Ersatz von Verwendungen (s. zu II 1 a); auch hier erübrigte sich eine besondere Regelung, weil dieses Recht sich bereits aus § 273 Abs. 2, § 1000 BGB ergibt; § 556 Abs. 2 BGB steht nicht entgegen, weil er sich nur auf den Rückgabeanspruch des Vermieters nach Beendigung des Mietverhältnisses bezieht, nicht aber auf den Herausgabeanspruch des Eigentümers gegen den Besitzer (§ 985 BGB), wie er bei Beendigung des Dauerrechts gegeben ist (s. zu a);

c) die Frage, ob die für den Nießbrauch geltenden Vorschriften der §§ 1041—1044 BGB beim Dauerrecht entsprechend anwendbar sind; da das WEG diese Vorschriften (im Gegensatz zu anderen für den Nießbrauch getroffenen Regelungen) nicht für anwendbar erklärt, wird die Frage verneint werden müssen (a. M. Bä 1; zweifelnd D 3), zumal es den Beteiligten freisteht, entsprechende Vereinbarungen zu treffen, soweit sie solche für notwendig halten.

III. Ansprüche des Berechtigten gegen Dritte (§ 34 Abs. 2)

1. Ansprüche aus dem Eigentum. In Übernahme der für den Nießbrauch geltenden Regelung des § 1055 BGB gewährt § 34 Abs. 2 WEG dem Berechtigten bei Beeinträchtigung seines Dauerrechts durch einen Dritten (auch den Gebäudeeigentümer) entsprechend die dem Eigentümer zustehenden Ansprüche ,nämlich den Anspruch auf Herausgabe gegen den unberechtigten Besitzer (§ 985 BGB) und den Anspruch gegen den Störer auf Beseitigung der Beeinträchtigung, ggf. auf Unterlassung (§ 1004 BGB).

2. Ansprüche aus dem Besitz. Als Besitzer der seinem Dauerrecht unterworfenen Gegenstände hat der Berechtigte ferner die dem Besitzer gegen Dritte bei verbotener Eigenmacht zustehenden Ansprüche auf Wiedereinräumung des Besitzers (§ 861 BGB) oder Beseitigung der Störung, ggf. Unterlassung (§ 862 BGB) und den dem früheren gegen den gegenwärtigen Besitzer zustehenden Herausgabeanspruch (§ 1007 BGB), worauf Diester (A 9) zutreffend hinweist.

§ 35

Veräußerungsbeschränkung

Als Inhalt des Dauerwohnrechts kann vereinbart werden, daß der Berechtigte zur Veräußerung des Dauerwohnrechts der Zustimmung des Eigentümers oder eines Dritten bedarf. Die Vorschriften des § 12 gelten in diesem Falle entsprechend.

I. Allgemeines

§ 35 übernimmt aus den Vorschriften über das Wohnungseigentum (§ 12) und in Anlehnung an § 5 Abs. 1 ErbVO die Möglichkeit, durch dinglich wirkende Vereinbarung die Veräußerungsbefugnis des Berechtigten (§ 33 Abs. 1 Satz 1) von der Zustimmung des Gebäudeeigentümers oder eines Dritten abhängig zu machen (s. § 33 zu II 1 a). Dadurch wird insbesondere Wohnungsbaugenossenschaften als Grundstückseigentümerinnen ermöglicht, zu verhindern, daß andere Personen als Genossen das Dauerrecht erwerben. Praktisch ausgeschaltet werden kann die Veräußerungsbefugnis des Berechtigten durch Vereinbarung eines Heimfallrechts (§ 36; s. § 33 a. a. O.).

II. Entsprechende Anwendung des § 12

S. hierzu die Erläuterungen bei § 12. Im einzelnen ist hervorzuheben:

1. Die vereinbarte Beschränkung der Veräußerungsbefugnis gilt auch für den **schuldrechtlichen Vertrag** und für die Veräußerung des Dauerrechts im Wege der **Zwangsvollstreckung** oder durch den **Konkursverwalter** (§ 12 Abs. 3).

2. Die Zustimmung zur Veräußerung darf **nur aus einem wichtigen Grunde versagt** werden; darüber hinaus kann durch Vereinbarung als Inhalt des Dauerrechts dem Berechtigten für bestimmte Fälle ein Anspruch auf Erteilung der Zustimmung eingeräumt werden (s. § 12 zu IV).

3. Der Anspruch des Berechtigten auf Erteilung der Zustimmung kann nicht wie der des Raumeigentümers im Verfahren der freiwilligen Gerichtsbarkeit, sondern nur im **Prozeßwege** geltend gemacht werden, weil § 43 WEG nur für das Verfahren in Angelegenheiten des Raumeigentums gilt (so D 3; zweifelnd W-W 3).

4. Grundbuchmäßige Behandlung. Während nach § 3 Abs. 2 WGBV beim Raumeigentum vereinbarte Veräußerungsbeschränkungen nicht durch Bezugnahme auf die Eintragungsbewilligung (§ 7 Abs. 3 WEG), sondern ausdrücklich einzutragen sind, fehlt eine entsprechende Vorschrift für die Beschränkung der Veräußerungsbefugnis beim Dauerrecht. Nach dem allgemeinen Grundsatz des § 32 Abs. 2 Satz 1 WEG wird daher die Bezugnahme auf die Eintragungsbewilligung genügen, wenn vielleicht auch die ausdrückliche Eintragung zweckmäßiger ist (Bä 4; D 5; Ho 1; a. M. W-W 2).

§ 36

Heimfallanspruch

(1) Als Inhalt des Dauerwohnrechts kann vereinbart werden, daß der Berechtigte verpflichtet ist, das Dauerwohnrecht beim Eintritt bestimmter Voraussetzungen auf den Grundstückseigentümer oder einen von diesem zu bezeichnenden Dritten zu übertragen (Heimfallanspruch). Der Heimfallanspruch kann nicht von dem Eigentum an dem Grundstück getrennt werden.

(2) Bezieht sich das Dauerwohnrecht auf Räume, die dem Mieterschutz unterliegen, so kann der Eigentümer von dem Heimfallanspruch nur Gebrauch machen, wenn ein Grund vorliegt, aus dem ein Vermieter die Aufhebung des Mietverhältnisses verlangen oder kündigen kann.

(3) Der Heimfallanspruch verjährt in sechs Monaten von dem Zeitpunkt an, in dem der Eigentümer von dem Eintritt der Voraussetzungen Kenntnis erlangt, ohne Rücksicht auf diese Kenntnis in zwei Jahren von dem Eintritt der Voraussetzungen an.

(4) Als Inhalt des Dauerwohnrechts kann vereinbart werden, daß der Eigentümer dem Berechtigten eine Entschädigung zu gewähren hat, wenn er von dem Heimfallanspruch Gebrauch macht. Als Inhalt des Dauerwohnrechts können Vereinbarungen über die Berechnung oder Höhe der Entschädigung oder die Art ihrer Zahlung getroffen werden.

Übersicht:

I. Allgemeines

Während § 12 des Reichsheimstättengesetzes i. d. F. vom 25. 11. 37 dem Ausgeber der Heimstätte unter gewissen Voraussetzungen einen gesetzlichen Heimfallanspruch gewährt, kann beim Erbbaurecht (§ 2 Nr. 4 ErbVO) ein Heimfallanspruch nur durch Vereinbarung zum Inhalt des Erbbaurechts gemacht werden. Dieser Regelung schließt sich § 36 WEG für den Heimfallanspruch beim Dauerrecht an. Die Vereinbarung des Heimfallrechtes ist fakultativ (§ 33 zu III 3 d); die Entscheidung darüber, ob dem Eigentümer ein Heimfallanspruch gewährt werden soll, steht also im freien Belieben der Beteiligten. Die Ansicht von Diester (A 2 und 13), daß im § 36 Abs. 1 das „kann" einem „muß" gleichzustellen sei, trifft nicht zu.

II. Begriff und Wesen des Heimfallanspruchs (Abs. 1)

1. Anspruch auf Übertragung des Dauerrechts. „Heimfallanspruch" bedeutet das Recht des Eigentümers, von dem Berechtigten zu verlangen, daß dieser beim Eintritt bestimmter Voraussetzungen das ihm zustehende Dauerrecht auf den Eigentümer oder auf einen von diesem bezeichneten Dritten überträgt. Durch die Übertragung geht das Dauerrecht auf den Eigentümer oder den Dritten über. Ein Erlöschen des Dauerrechts tritt dadurch nicht ein, vielmehr bleibt das Recht, auch wenn es auf den Eigentümer übergeht, bestehen, und zwar in diesem Falle als Recht an eigener Sache (Eigentümer-Dauerrecht). An der Vereinbarung über die Beendigung des Dauerrechts wird durch den Heimfall ebenfalls nicht geändert; ist das Dauerrecht für eine bestimmte Zeit bestellt, so erlischt es mit deren Ablauf auch dann, wenn es auf den Eigentümer oder den Dritten übergegangen ist.

2. Subjektiv dinglicher Charakter. Ist ein Heimfallanspruch vereinbart, so steht er bei Eintritt seiner Voraussetzungen dem jeweiligen Eigentümer gegen den jeweiligen Berechtigten zu. Er ist mit dem Eigentum am Grundstück (oder mit dem Erbbaurecht) untrennbar verbunden (Abs. 1 Satz 2, vgl. ErbVO § 3), gilt daher als wesentlicher Bestandteil des Grundstücks (Erbbaurechts) und teilt dessen Schicksal (BGB § 96 A 2). Über ihn kann also nicht selbständig verfügt werden; er ist weder abtretbar, noch verpfändbar, noch pfändbar.

3. Übertragung auf einen Dritten. Macht der Eigentümer von seinem Heimfallanspruch in der Weise Gebrauch, daß er die Übertragung des Dauerrechts auf einen von ihm bezeichneten Dritten verlangt, so hat der Berechtigte sein Dauerrecht unmittelbar an den bezeichneten Dritten zu veräußern, der damit sein Rechtsnachfolger wird. Der Eigentümer ist an diesem Veräußerungsgeschäft nicht beteiligt; er kann sich aber vorher dem Dritten gegenüber verpflichten, zu dessen Gunsten seinen Heimfallanspruch geltend zu machen (D 10, 11). Der Dritte selbst erlangt keinen eigenen Anspruch gegen den Berechtigten (Ho 1).

III. Der Heimfallanspruch als Inhalt des Dauerrechts

1. Der Heimfallanspruch selbst. Da der Heimfallanspruch als solcher nicht zum notwendigen Inhalt des Dauerrechts gehört (s. oben zu I), bedarf es dann, wenn ein solcher Anspruch nicht vereinbart wird, keiner ausdrücklichen Feststellung dieser Tatsache in der Vereinbarung und in der Eintragungsbewilligung; nur wenn ein Heimfallanspruch begründet werden soll, muß das in der Vereinbarung und in der Eintragungsbewilligung erwähnt werden, wie sich daraus ergibt, daß in der Eintragungsbewilligung die Voraussetzungen des (vereinbarten) Heimfallanspruchs anzugeben sind, nicht aber die Tatsache, daß ein Heimfallanspruch nicht vereinbart ist (§ 32 Abs. 3). Fehlt also in der Eintragungsbewilligung die Angabe, daß ein Heimfallanspruch vereinbart ist, so folgt daraus, daß ein solcher Anspruch nicht vereinbart worden ist (BayObLG NJW 54, 959 Nr. 7; W-W § 32 A 8; a. M. D 2 und 13; Diester Rpfl. 54, 310; teilweise auch Ho 2 und Hoche NJW 54, 960), und das Grundbuchamt darf nicht wegen Fehlens einer Vereinbarung über den Heimfallanspruch gemäß § 32 Abs. 2 die Eintragung des Dauerrechts ablehnen.

2. Die Voraussetzungen des Heimfallanspruchs

a) Notwendigkeit ihrer Vereinbarung. Da der Heimfallanspruch nur bei Eintritt bestimmter Voraussetzungen geltend gemacht werden kann (§ 36 Abs. 1 Satz 1), ist die Vereinbarung, unter welchen Voraussetzungen der Anspruch begründet ist, untrennbar von der Vereinbarung des Heimfallanspruchs selbst. Die Vereinbarung über die Voraussetzungen des Heimfallanspruchs ist daher im Falle der Vereinbarung eines solchen Anspruchs notwendiger Inhalt des Dauerrechts; ihr Fehlen verpflichtet das Grundbuchamt zur Ablehnung des Eintragungsantrags (§ 32 Abs. 3), wenn die Eintragungsbewilligung ergibt, daß ein Heimfallanspruch vereinbart ist.

b) Inhalt der Vereinbarung. In der Bestimmung der Voraussetzungen, unter denen der Heimfallanspruch bestehen soll, sind die Beteiligten grundsätzlich frei. Als solche Voraussetzungen kommen vor allem Umstände in Betracht, die in der Person des Berechtigten liegen, namentlich solche, die ein schuldhaftes Verhalten bekunden (Verletzung der dem Berechtigten obliegenden Pflichten, unerlaubte Handlungen, Zahlungsunfähigkeit u. dgl.), aber auch andere Ereignisse (Veräußerung des Dauerrechts, Vermietung oder Verpachtung der betroffenen Räume, Tod des Berechtigten, Ablauf einer bestimmten Zeit, Eigenbedarf des Eigentümers). Einschränkungen der Vertragsfreiheit, wie sie für die Vereinbarung eines Heimfallanspruchs beim Erbbaurecht in den §§ 6 Abs. 2 und 9 Abs. 3 ErbVO vorgesehen sind, kennt das WEG beim Dauerrecht nicht; nur in den §§ 134, 138 BGB findet die Vertragsfreiheit ihre Grenze

(z. B. keine Vereinbarung, daß der Heimfallanspruch jederzeit geltend gemacht werden könne, Ho 1). Eine wichtige praktische Beschränkung des Heimfallanspruchs besteht jedoch insofern, als seine Geltendmachung durch den Mieterschutz eingeengt ist (Abs. 2 s. unten zu IV).

3. Entschädigung (Abs. 4).

a) Vereinbarung über die Entschädigung. Ist ein Heimfallanspruch vereinbart, so kann als Inhalt des Dauerrechts weiterhin vereinbart werden, daß der Eigentümer dem Berechtigten eine Entschädigung zu gewähren hat, wenn er von dem Heimfallanspruch Gebrauch macht (Abs. 4 Satz 1). Bei einem langfristigen Dauerrecht i. S. des § 41 Abs. 1 muß der Eigentümer dem Berechtigten beim Heimfall eine angemessene Entschädigung gewähren (§ 41 Abs. 3); in anderen Fällen bleibt es der Vereinbarung der Beteiligten überlassen, ob eine dahingehende Verpflichtung des Eigentümers begründet werden soll. In jedem Falle muß aber die Vereinbarung sich darüber aussprechen, ob beim Heimfall eine Entschädigung zu leisten ist oder nicht. Anders als der Ausschluß des Heimfallanspruchs selbst (s. zu 1) bedarf also der Ausschluß der Entschädigungspflicht ausdrücklicher Erwähnung in der Eintragungsbewilligung. Fehlt diese, obwohl die Eintragungsbewilligung ergibt, daß ein Heimfallanspruch vereinbart worden ist, so ist der Antrag auf Eintragung des Dauerrechts vom Grundbuchamt abzulehnen (§ 32 Abs. 3). Der Ausschluß der Entschädigungspflicht begründet für den Berechtigten keinen Anspruch gegen den Eigentümer aus ungerechtfertigter Bereicherung (D 15; a. M. Bä 6).

b) Höhe und Art der Entschädigung. Als Inhalt des Dauerrechts können ferner, wenn eine Entschädigung beim Heimfall zu zahlen ist, Vereinbarungen über die Berechnung oder die Höhe der Entschädigung oder die Art ihrer Zahlung getroffen werden (Abs. 4 Satz 2). Diese Vereinbarungen wirken zwar ebenfalls dinglich und bedürfen daher der Eintragung im Grundbuch oder der Bezugnahme auf die Eintragungsbewilligung, sie bilden aber keinen notwendigen Inhalt des Dauerrechts (§ 32 Abs. 3) und sind daher nur fakultativ (D 14).

IV. Mieterschutz (Abs. 2)

1. Allgemeines

a) Beschränkung der Geltendmachung des Heimfallanspruchs bei Mieterschutz. Bezieht sich das Dauerrecht auf Räume, die, wenn sie vermietet wären, dem Mieterschutz unterliegen würden (ungenau ist die Fassung des Gesetzes: „Räume, die dem Mieterschutz unterliegen"), so ist der Eigentümer in der Geltendmachung des Heimfallanspruchs beschränkt: er kann den Anspruch nur geltend machen, wenn ein Grund vorliegt, aus dem ein Vermieter das Mietverhältnis kündigen oder seine Aufhebung verlangen kann. Diese Beschränkung, die verhindern soll, daß der Berechtigte schlechter gestellt wird als ein Mieter und so durch Bestellung eines Dauerrechts der Mieterschutz umgangen wird (Begr.), betrifft nicht die Vertragsfreiheit der Beteiligten bei der Vereinbarung von Heimfallgründen, sondern nur die Befugnis des Eigentümers, den Heimfallanspruch auf vereinbarte Gründe zu stützen, die nach dem Mieterschutzgesetz eine Kündigung oder Aufhebung des Mietverhältnisses nicht rechtfertigen würden; das gilt nur so lange, wie die betreffenden Räume im Falle ihrer Vermietung nach den gesetzlichen Vorschriften Mieterschutz genießen würden; werden sie infolge Änderung der Gesetzgebung vom Mieterschutz frei, so entfällt die Beschränkung und der Heimfallanspruch kann uneingeschränkt auf die vereinbarten Heimfallgründe gestützt werden, auch wenn diese über die Kündigungs- und Aufhebungsgründe des MSchG hinausgehen. Ist z. B. Tod des Berechtigten als Heimfallgrund vereinbart, so kann der Heimfallanspruch hierauf nicht gegründet werden, solange die Räume im Falle der Vermietung Mieterschutz genießen würden; wenn sie aber in einem solchen Falle mieterschutzfrei würden, so stände der Geltendmachung des Heimfallanspruchs kein Hindernis entgegen.

b) Mietaufhebungsgrund als Voraussetzung des Heimfallanspruchs. Anderseits kann bei Räumen, die im Falle der Vermietung dem Mieterschutz unterliegen würden, der Heimfallanspruch nicht ohne weiteres auf einen der Kündigungs- oder Aufhebungsgründe des MSchG gestützt werden, sondern nur dann, wenn ein solcher Grund zwischen den Beteiligten als Voraussetzung des Heimfallanspruchs vereinbart oder, ohne vereinbart zu sein, neben einem vereinbarten, nicht unter die Kündigungs- oder Aufhebungsgründe des WEG fallenden Heimfallgrunde gegeben ist (D 9), wenn also z. B. ein Heimfallrecht für den Fall vereinbart ist, daß der Berechtigte sein Dauerrecht veräußert, und diese Voraussetzung (auf die der Eigentümer nach § 36 Abs. 2 seinen Heimfallanspruch nicht stützen kann) eingetreten ist, außerdem aber der Berechtigte sich einer erheblichen Belästigung des Eigentümers (§ 2 MSchG) schuldig gemacht hat.

c) Abweichende Vereinbarung zugunsten des Berechtigten. Dies gilt jedoch nur, wenn die Beteiligten nicht zugunsten des Berechtigten etwas anderes vereinbart, also ausdrücklich bestimmt haben, daß aus einem Teil der im MSchG aufgeführten Kündigungs- und Aufhebungsgrunde ein Heimfallanspruch nicht hergeleitet werden solle. Eine solche Vereinbarung zugunsten des Berechtigten ist zulässig, da § 36 Abs. 2 nur insoweit unabdingbar ist (a.M. Ho 2), als die Vereinbarung den Berechtigten ungünstiger stellen würde; § 49 MSchG steht einem Verzicht des Eigentümers auf seine Rechte aus § 36 Abs. 2 WEG nicht entgegen (W-W 4; Bä 5; D 9).

2. Mieterschutzfreie Räume. Der im § 36 Abs. 2 bezeichneten Beschränkung unterliegt die Geltendmachung eines Heimfallanspruchs bei Dauerrechten an allen Räumen, die nicht im Falle ihrer Vermietung vom Mieterschutz befreit wären. Bei entsprechender Anwendung der für die Freiheit vom Mieterschutz geltenden Vorschriften kann hiernach der Heimfallanspruch uneingeschränkt ausgeübt werden, wenn das Dauerrecht sich bezieht auf **a)** Geschäftsräume i. S. des § 2 Abs. 1 GeschRMG und Wohnungen, bei denen mehr als die Hälfte der Wohnfläche anderen als Wohnzwecken dient (§ 2 Abs. 2, § 5 Abs. 1); hängen Geschäftsräume räumlich oder wirtschaftlich mit Wohnräumen zusammen, die bei selbständiger Vermietung unter Mieterschutz stehen würden, so ist die Geltendmachung des Heimfallanspruchs hinsichtlich aller Räume unbeschränkt; sie unterliegt jedoch hinsichtlich aller Räume den aus dem Mieterschutz sich ergebenden Beschränkungen, wenn der Mietwert der Geschäftsräume geringer ist als der Mietwert der Wohnräume (§ 5 Abs. 3 GeschRMG i. d. F. des § 36 Abs. 1 Nr. 3 des 1. Bundesmietengesetzes vom 25. 7. 55, BGBl. I 458); **b)** frei finanzierte oder nur einkommensteuerbegünstigte Wohnungen und Wohnräume i. S. des 1. WohnBauGes. i. d. F. vom 25. 8. 53 (BGBl. I 1047), sofern sie nach dem 31. 12. 49 bezugsfertig geworden sind; Ausnahmen bestehen nach den §§ 20—23c MSchG (§ 31a MSchG i. d. F. von Art. VI des Gesetzes zur Änderung und Ergänzung des 1. WohnBauGes. vom 25. 8. 53, BGBl. I 1037) für Betriebs- und Werkswohnungen; **c)** ohne öffentliche Mittel (i. S. des § 3 des 1. WohnBauGes) und ohne Inanspruchnahme einer Grundsteuervergütung geschaffene Wohnungen und Wohnräume, die nach dem 20. 6. 48 und vor dem 1. 1. 50 bezugsfertig geworden sind, wenn entweder das Dauerrecht erst nach dem 31. 7. 55 begründet worden ist oder die Räume bereits nach § 1 der VO über Ausnahmen vom Mieterschutz vom 27. 11. 51 (BGBl. I 926) mieterschutzfrei waren; im übrigen gelten die gleichen Ausnahmen wie zu b) (§ 31b MSchG i. d. F. des § 35 Abs. 1 des 1. Bundesmietengesetzes vom 27. 7. 55 — BGBl. I 458 — und des Art. III des Änderungsgesetzes vom 25. 12. 55 — BGBl. I 866); **d)** Gebäude oder Teile von Gebäuden, die im Eigentum oder in der Verwaltung des Bundes oder einer anderen öffentlichrechtlichen Körperschaft stehen und entweder öffentlichen Zwecken oder zur Unterbringung von Angehörigen der Verwaltung zu dienen bestimmt sind oder werden, oder Räume in anderen Gebäuden, die für Beamte, Angestellte oder Arbeiter im öffentlichen Dienst zur Verfügung zu halten sind oder benötigt werden (§ 32 MSchG); **e)** öffentlich geförderte Kleinsiedlerstellen, die der Siedler während einer Probezeit inne hat (§ 33 MSchG); **f)** Räume, die eine Wohnungsgenossenschaft einem Genossen überlassen hat, bei dessen Ausscheiden aus der Genossenschaft (§ 34 MSchG), und Räume, die zu einem Grundstück gehören und die ein Wohnungsunternehmen dem künftigen Erwerber des Grundstücks auf Grund eines Kaufanwartschaftsvertrages überlassen hat, wenn es von diesem Vertrage aus berechtigtem Grunde zurücktritt (§ 35 MSchG); **g)** Räume, welche die für das Wohnungswesen zuständigen obersten Landesbehörden vom Mieterschutz ausgenommen haben (§§ 52, 52 MSchG).

3. Beschränkungen durch Mieterschutz. Soweit die dem Dauerrecht unterworfenen Räume im Falle der Vermietung dem Mieterschutz unterliegen, also die zu 2 angeführten Ausnahmen nicht Platz greifen würden, kann der Heimfallanspruch nur geltend gemacht werden, wenn eine der folgenden Bedingungen, deren Katalog durch Vereinbarung zwar eingeschränkt, aber nicht vermehrt werden kann, erfüllt ist, nämlich **a)** bei erheblicher Belästigung des Eigentümers oder eines Hausbewohners oder erheblicher Gefährdung der Räume oder des Gebäudes durch unangemessenen Gebrauch oder Vernachlässigung der gebotenen Sorgfalt seitens des Berechtigten oder einer Person, die zu seinem Hausstand oder Geschäftsbetrieb gehört oder der er den Gebrauch überlassen hat, sowie bei unbefugter Gebrauchsüberlassung an einen Dritten unter den Voraussetzungen des § 2 MSchG; **b)** bei Verzug mit der Zahlung des Entgelts für das Dauerrecht unter den Voraussetzungen, die nach § 3 MSchG bei Verzug mit der Zahlung des Mietzinses gelten; **c)** bei Eigenbedarf des Eigentümers unter den Voraussetzungen, die nach § 4 MSchG bei Eigenbedarf des Eigentümers gelten (W-W 3; D 9; a.M. Bä 2 c); **d)** im Falle des Todes des Berechtigten nach Maßgabe des § 19 MSchG; **e)** bei Werks- und Betriebswohnungen unter gewissen Voraussetzungen nach Auflösung des Dienst- oder Arbeitsverhältnisses nach Maßgabe der §§ 20—23b MSchG; **f)** im Falle des Konkurses des Berechtigten (§ 26 MSchG, § 19 KO).

V. Verjährung des Heimfallanspruchs (Abs. 3)

§ 36 Abs. 3 WEG ist dem § 4 ErbVO (vgl. die dortige A) nachgebildet und stellt wie diese Vorschrift eine Ausnahme von § 902 BGB dar.

1. Ohne Rücksicht auf die Kenntnis (nicht das Kennenmüssen) des Eigentümers von dem Eintritt der Voraussetzungen des Heimfallanspruchs beträgt die Verjährungsfrist zwei Jahre; sie beginnt mit dem Eintritt dieser Voraussetzungen.

2. Bei früherer Kenntnis des Eigentümers von dem Eintritt der Voraussetzungen des Heimfallanspruchs beträgt die Verjährungsfrist sechs Monate; sie beginnt in diesem Falle mit dem Zeitpunkte, in dem der Eigentümer die Kenntnis erlangt; für die frühere Kenntnis des Eigentümers ist ggf. der Berechtigte beweispflichtig (D 12; Ho 5).

VI. Verfahrensrecht

1. Der Heimfallanspruch (§ 36 Abs. 1—3) ist im Klagewege zu verfolgen; er geht auf Verurteilung des Berechtigten zur Übertragung des Dauerrechts auf den Eigentümer oder den Dritten (§ 894 ZPO). Zuständig ist ohne Rücksicht auf den Wert des Streitgegenstandes das Amtsgericht, in dessen Bezirk das Grundstück liegt. Der obsiegende Eigentümer hat gegen den bisherigen Berechtigten nach § 34 Abs. 2 einen Anspruch auf Herausgabe der dem Dauerrecht unterworfenen Räume und Gebäude- und Grundstücksteile, und zwar auf Herausgabe an sich selbst oder an den Dritten (W-W 7).

2. Der Anspruch des Berechtigten auf Zahlung der Entschädigung (Abs. 4) ist gleichfalls im Klagewege geltend zu machen. Zuständig ist hier je nach dem Werte des Streitgegenstandes das Amtsgericht oder das Landgericht.

§ 37

Vermietung

(1) Hat der Dauerwohnberechtigte die dem Dauerwohnrecht unterliegenden Gebäude- oder Grundstücksteile vermietet oder verpachtet, so erlischt das Miet- oder Pachtverhältnis, wenn das Dauerwohnrecht erlischt.

(2) Macht der Eigentümer von seinem Heimfallanspruch Gebrauch, so tritt er oder derjenige, auf den das Dauerwohnrecht zu übertragen ist, in das Miet- oder Pachtverhältnis ein; die Vorschriften der §§ 571 bis 576 des Bürgerlichen Gesetzbuches gelten entsprechend.

(3) Absatz 2 gilt entsprechend, wenn das Dauerwohnrecht veräußert wird. Wird das Dauerwohnrecht im Wege der Zwangsvollstreckung veräußert, so steht dem Erwerber ein Kündigungsrecht in entsprechender Anwendung des § 57 a des Gesetzes über die Zwangsversteigerung und Zwangsverwaltung zu.

I. Allgemeines

Kraft seines Nutzungsrechts (§ 31 zu II 4) ist der Berechtigte mangels anderweitiger Vereinbarung (§ 33 zu III 2 a) befugt, die seinem Dauerrecht unterliegenden Räume und Grundstücksbestandteile zu vermieten oder zu verpachten; hierbei handelt es sich wie bei der Vermietung oder Verpachtung durch den Nießbraucher (§ 1056 BGB) oder den Erbbauberechtigten (§ 30 ErbVO) rechtlich um erstmalige Vermietung oder Verpachtung, nicht um Untervermietung oder Unterverpachtung (§ 549 BGB); der Eigentümer hat daher nach Beendigung des Miet- oder Pachtverhältnisses gegen den Mieter oder Pächter nicht den Rückgabeanspruch aus § 556 Abs. 3, sondern nur den Herausgabeanspruch aus § 985 BGB. § 37 WEG behandelt die Frage, was aus dem Miet- oder Pachtverhältnis wird, wenn das Dauerrecht des Vermieters oder Verpächters erlischt oder auf einen anderen übertragen wird. Dabei ist hinsichtlich der Rechtsfolgen grundsätzlich zwischen dem Erlöschen des Dauerrechts und seiner Übertragung zu unterscheiden.

II. Erlöschen des Dauerrechts (s. § 31 zu V 1)

Hat der Nießbraucher oder Erbbauberechtigte das Gebäude vermietet oder verpachtet, so endigt mit der Beendigung des Nießbrauchs oder Erbbaurechts nicht auch das Miet- oder Pachtverhältnis, vielmehr tritt in entsprechender Anwendung des § 571 BGB der Eigentümer in das Miet- oder Pachtverhältnis ein (§ 1056 BGB, § 30 ErbVO). Anders ist die Regelung beim Dauerrecht: Mit seinem Erlöschen erlischt auch das von dem Berechtigten eingegangene Miet- oder Pachtverhältnis (§ 37 Abs. 1). Der Grund für diese abweichende Behandlung liegt darin, daß der Gesetzgeber ein solches Miet- oder Pachtverhältnis wirtschaftlich als eine Art Untervermietung oder Unterverpachtung ansieht (W-W 2). Auf Mieterschutz kann sich der Mieter nicht berufen (Ho 1 a). Erlischt so das Miet- oder Pachtverhältnis vor Ablauf der Zeit, für die es eingegangen ist, so haftet der Berechtigte, der einseitig oder auf Grund einer Vereinbarung mit dem Eigentümer sein Dauerrecht aufgegeben hat (§ 31 zu V 1 b), dem Mieter oder Pächter nach § 541 BGB (W-W 2; D 2; We 2).

III. Übertragung des Dauerrechts

Anders als die Beendigung des Dauerrechts hat seine Übertragung auf einen anderen kein Erlöschen des Miet- oder Pachtverhältnisses zur Folge, vielmehr tritt nach dem Grundsatz „Kauf bricht nicht Miete" (§ 571 BGB) der Erwerber des Dauerrechts an Stelle des bisherigen Berechtigten als Vermieter oder Verpächter in die aus dem Miet- oder Pachtverhältnis sich ergebenden Rechte und Verpflichtungen ein, wenn beim Übergang des Dauerrechts auf den Erwerber (d. h. mit der Eintragung des Erwerbers als neuen Berechtigten im Grundbuch) die vermieteten oder verpachteten Räume oder Grundstücksteile dem Mieter oder Pächter bereits überlassen waren. Die §§ 571—576 BGB gelten entsprechend (also — abweichend von § 1056 BGB — auch § 573 Satz 2 BGB). Danach ist insbesondere eine Vorausverfügung des bisherigen Berechtigten über den Miet- oder Pachtzins insoweit wirksam, als sie sich auf den Miet- oder Pachtzins für den zur Zeit des Rechtsüberganges laufenden Kalendermonat bezieht; geht das Dauerrecht nach dem 15. Tage des Monats über, so ist die Verfügung auch insoweit wirksam, als sie sich auf den Miet- oder Pachtzins für den folgenden Kalendermonat bezieht; eine Verfügung über den Miet- oder Pachtzins für eine spätere Zeit muß der Erwerber gegen sich gelten lassen, wenn er sie zur Zeit des Rechtsüberganges kennt (§ 573 BGB). Ein Rechtsgeschäft, das zwischen dem Mieter oder Pächter und dem bisherigen Berechtigten in Ansehung der Miet- oder Pachtzinsforderung vorgenommen worden ist (insbesondere die Entrichtung des Miet- oder Pachtzinses), ist dem Erwerber gegenüber wirksam, soweit es sich nicht auf den Miet- oder Pachtzins für eine spätere Zeit als den Kalendermonat bezieht, in dem der Mieter oder Pächter von dem Rechtsübergang Kenntnis erhält; erlangt der Mieter oder Pächter die Kenntnis nach dem 15. Tage des Monats, so ist das Rechtsgeschäft auch insoweit wirksam, als es sich auf den Miet- oder Pachtzins für den folgenden Kalendermonat bezieht; ein Rechtsgeschäft, das nach dem Rechtsübergang vorgenommen wird, ist jedoch unwirksam, wenn der Mieter oder Pächter bei der Vornahme des Rechtsgeschäfts von dem Rechtsübergang Kenntnis hat (§ 574 BGB). Der Erwerber kann das Miet- oder Pachtverhältnis nach Maßgabe des geschlossenen Vertrages kündigen; stehen die Räume unter Mieterschutz, so kann das Mietverhältnis nur dann aufgehoben oder gekündigt werden, wenn ein Grund hierfür nach dem MSchG dem Mieter gegenüber gegeben ist; Gründe, die in der Person des bisherigen Berechtigten liegen, kommen nicht in Betracht (D 3). Diese Grundsätze gelten in allen Fällen einer Übertragung des Dauerrechts:

1. Heimfall (§ 37 Abs. 2). Erwerber ist hier der Eigentümer oder der von ihm bezeichnete Dritte (§ 36 Abs. 1 Satz 1).

2. Rechtsgeschäftliche Veräußerung (§ 37 Abs. 3 Satz 1). Der Erwerber des Dauerrechts tritt in das Miet- oder Pachtverhältnis nicht ein, wenn der bisherige Berechtigte (auf Grund einer Vereinbarung nach § 33 Abs. 4 Nr. 1) zur Vermietung oder Verpachtung nicht befugt war (W-W 5; a.M. Ho 1 zu b, c).

3. Veräußerung im Wege der Zwangsvollstreckung (§ 37 Abs. 3 Satz 2; s. § 33 zu II 1 e). Wird das Dauerrecht versteigert oder freihändig veräußert, so kann der in das Miet- oder Pachtverhältnis eintretende Ersteher in entsprechender Anwendung des § 57a ZVG das Miet- oder Pachtverhältnis unter Einhaltung der gesetzlichen Kündigungsfrist zum ersten zulässigen Kündigungstermin kündigen, jedoch müssen auch hier die durch die §§ 57c und 57d ZVG (i. d. F. des Art. 3 Nr. 14 des Gesetzes über Maßnahmen auf dem Gebiete der Zwangsvollstrekkung vom 20. 8. 53, BGBl. I 952) zugunsten der Aufbaumieter eingeführten Einschränkungen entsprechend gelten (Art. 6 des Gesetzes vom 20. 8. 53; W-W 3). Stehen die vermieteten Räume unter Mieterschutz, so scheidet das besondere Kündigungsrecht des Erstehers aus (§ 1 Abs. 4 MSchG); es gelten dann für die Aufhebung oder Kündigung des Mietverhältnisses nur die Vorschriften des MSchG.

IV. Vermietung (Verpachtung) vor Bestellung des Dauerrechts

Waren die dem Dauerrecht unterworfenen Räume oder Grundstücksteile bereits vor Bestellung des Dauerrechts vermietet oder verpachtet und dem Mieter oder Pächter überlassen worden, so gilt § 577 Satz 1 BGB: Der Berechtigte tritt an Stelle des Vermieters oder Verpächters in das Miet- oder Pachtverhältnis ein; die §§ 571—576 BGB sind entsprechend anzuwenden.

§ 38

Eintritt in das Rechtsverhältnis

(1) Wird das Dauerwohnrecht veräußert, so tritt der Erwerber an Stelle des Veräußerers in die sich während der Dauer seiner Berechtigung aus dem Rechtsverhältnis zu dem Eigentümer ergebenden Verpflichtungen ein.

(2) Wird das Grundstück veräußert, so tritt der Erwerber an Stelle des Veräußerers in die sich während der Dauer seines Eigentums aus dem Rechtsverhältnis zu dem Dauerwohnberechtigten ergebenden Rechte ein. Das gleiche gilt für den Erwerb auf Grund Zuschlages in der Zwangsversteigerung, wenn das Dauerwohnrecht durch den Zuschlag nicht erlischt.

I. Allgemeines

Während § 37 WEG das Schuldverhältnis zwischen dem Berechtigten und einem Mieter oder Pächter der dem Dauerrecht unterliegenden Räume und Grundstücksteile behandelt, enthält § 38 Vorschriften über schuldrechtliche Beziehungen zwischen dem Berechtigten und dem Gebäudeeigentümer (d. h. dem Grundstückseigentümer, wenn das Grundstück, dem Erbbauberechtigten, wenn ein Erbbaurecht mit dem Dauerrecht belastet ist), die nicht zum Inhalt des Dauerrechts gehören. Über das der Bestellung des Dauerrechts zugrunde liegende Schuldverhältnis selbst (in der Regel wird es sich um einen Kaufvertrag handeln) sagt das WEG nichts. Die aus diesem Schuldverhältnis sich ergebenden Rechtsbeziehungen zwischen dem Berechtigten und dem Eigentümer regeln sich daher nach den getroffenen Vereinbarungen und den Vorschriften des BGB (Formfreiheit des schuldrechtlichen Vertrages über die Bestellung oder Veräußerung des Dauerrechts, Anspruch des Bestellers oder Veräußerers auf Entgelt, Haftung für Sach- und Rechtsmängel, Folgen von Nichterfüllung, Verzug und sonstigen Vertragsverletzungen, kein Rücktrittsrecht des Eigentümers, der erfüllt und das Entgelt gestundet hat, nach § 454 BGB). § 38 bezweckt auch, die rein schuldrechtlichen, also nicht zum Inhalt des Dauerrechts gehörenden Rechtsbeziehungen der Beteiligten bei einem Personenwechsel durch Rechtsnachfolger mit der dinglichen Rechtslage in Einklang zu halten (W-W 7; Begr.). Hier ist zu unterscheiden:

1. Gesamtrechtsnachfolge. Daß sowohl der Gesamtrechtsnachfolger (insbesondere der Erbe) des Berechtigten wie auch der des Eigentümers nicht nur in dinglicher, sondern auch in schuldrechtlicher Beziehung voll in die Rechtsstellung seines Vorgängers mit allen ihren Rechten und Pflichten eintritt, ergibt sich ohne weiteres aus dem Wesen der Gesamtrechtsnachfolge (W-W 6); insofern erübrigte sich daher eine besondere Regelung im WEG.

2. Sonderrechtsnachfolge. Eine entsprechende Regelung für den Fall der Sonderrechtsnachfolge (Veräußerung des Dauerrechts oder des Grundstücks) enthält § 38. Soweit es sich dabei um die Veräußerung des Grundstücks (oder Erbbaurechts) handelt (Abs. 2), hat § 571 BGB als Vorbild gedient. Die gleichartige Regelung bei der Veräußerung des Dauerrechts (Abs. 1) ist eine gesetzgeberische Neuerung; bei anderen Dienstbarkeiten kam sie infolge deren Unveräußerlichkeit nicht in Frage. Dadurch, daß den rein schuldrechtlichen Beziehungen der Beteiligten Wirkung für und gegen ihre jeweiligen Rechtsnachfolger beigelegt wird, erhalten auch sie eine Art dinglicher Rechtswirkung, wenn sie auch nicht zum Inhalt des Dauerrechts gemacht werden (D 3). Gemeinsam ist den in beiden Absätzen des § 38 getroffenen Regelungen, daß der Erwerber **a)** jeweils für die Dauer seines Rechts (Dauerrecht, Eigentum, Erbbaurecht) — vgl. § 571 Abs. 1 BGB — und **b)** in die Rechte und Verpflichtungen seines Rechtsvorgängers eintritt. Wenn Abs. 1 nur die Verpflichtungen des Berechtigten, Abs. 2 nur die Rechte des Eigentümers erwähnt, so ist das ungenau; es beruht auf der (nicht immer zutreffenden) Annahme des Gesetzgebers, daß die gegenüberstehenden Rechte (des Berechtigten) und Verpflichtungen (des Eigentümers) im Regelfalle zum Inhalt des Dauerrechts gehören (W-W 7; D 10).

II. Die Regelung im einzelnen

1. Veräußerung des Dauerrechts (Abs. 1). Da der Erwerber des Dauerrechts für die Dauer seiner Berechtigung in die Rechtsstellung des bisherigen Berechtigten eintritt, übernimmt er nur Dauerverpflichtungen, die während dieser Zeit fällig werden, also namentlich die laufende Zahlung des Entgelts sowie sonstige laufende Zahlungen (Grundstückslasten, Verzinsung und Tilgung von Grundpfandrechten, Beiträge zu den Kosten der Zentralheizung u. dgl.) für diese Zeit oder einmalige Verpflichtungen, die während dieser Zeit entstehen, dagegen nicht die Haftung für rückständige Zahlungen oder die Verpflichtung zur Zahlung von Entgelt, wenn dieses bei seinem Eintritt in das Rechtsverhältnis bereits vollständig gezahlt war. Anderseits haftet auch der bisherige Berechtigte nicht (entsprechend § 571 Abs. 2 BGB) für Verpflichtungen des Erwerbers. Rechte, in die der Erwerber eintritt, können z. B. Ansprüche gegen den Eigentümer aus Mängelhaftung, auf Errichtung des Gebäudes oder auf Löschung vorgehender oder gleichstehender Eigentümergrundschulden (§ 41 Abs. 2) sein (D 17).

2. Rechtsgeschäftliche Veräußerung des Grundstücks (Erbbaurechts) (Abs. 2 Satz 1). Anders als im Falle des § 571 Abs. 1 BGB setzt der Eintritt des Erwerbers in die schuldrechtlichen Beziehungen des bisherigen Eigentümers zu dem Berechtigten nicht voraus, daß die vom

Dauerrecht betroffenen Räume und Grundstücksteile dem Berechtigten überlassen sind. Für den Eintritt entscheidend ist vielmehr nur die Eintragung des Erwerbers als Eigentümer (Erbbauberechtigter) im Grundbuch, die Rechte und Verpflichtungen, in die der Erwerber eintritt, müssen sich unmittelbar aus den schuldrechtlichen Vereinbarungen zwischen dem Berechtigten und dem Eigentümer ergeben. Der Erwerber hat in erster Linie Anspruch auf die laufende Zahlung des Entgelts von diesem Zeitpunkte an; Rückstände kann er nicht beanspruchen. Vorausverfügungen des Veräußerers über das Entgelt muß er (abweichend von §§ 573, 574 BGB) gegen sich gelten lassen (s. § 40 zu II). Anderseits haftet der Veräußerer nicht (wie nach § 571 Abs. 2 BGB) für Verpflichtungen des Erwerbers. Als Rechte des Erwerbers kommen ferner die den laufenden oder einmaligen Verpflichtungen des Berechtigten entsprechenden Ansprüche des Erwerbers in Frage, als Verpflichtungen die den Ansprüchen des Berechtigten entsprechenden Pflichten des Eigentümers (s. zu 1; D 11—14).

3. Veräußerung in der Zwangsversteigerung (Abs. 2 Satz 2). Sofern bei der Zwangsversteigerung des Grundstücks (Erbbaurechts) das Dauerrecht nicht durch den Zuschlag erlischt (s. § 39 zu II, III), gelten hier dieselben Grundsätze wie bei der rechtsgeschäftlichen Veräußerung. Das außerordentliche Kündigungsrecht nach § 57a ZVG hat der Ersteher nicht. Für die Veräußerung des Grundstücks (Erbbaurechts) durch den Konkursverwalter muß dasselbe gelten (D 15).

§ 39

Zwangsversteigerung

(1) Als Inhalt des Dauerwohnrechts kann vereinbart werden, daß das Dauerwohnrecht im Falle der Zwangsversteigerung des Grundstücks abweichend von § 44 des Gesetzes über die Zwangsversteigerung und Zwangsverwaltung auch dann bestehen bleiben soll, wenn der Gläubiger einer dem Dauerwohnrecht im Range vorgehenden oder gleichstehenden Hypothek, Grundschuld, Rentenschuld oder Reallast die Zwangsversteigerung in das Grundstück betreibt.

(2) Eine Vereinbarung gemäß Absatz 1 bedarf zu ihrer Wirksamkeit der Zustimmung derjenigen, denen eine dem Dauerwohnrecht im Range vorgehende oder gleichstehende Hypothek, Grundschuld, Rentenschuld oder Reallast zusteht.

(3) Eine Vereinbarung gemäß Absatz 1 ist nur wirksam für den Fall, daß der Dauerwohnberechtigte im Zeitpunkt der Feststellung der Versteigerungsbedingungen seine fälligen Zahlungsverpflichtungen gegenüber dem Eigentümer erfüllt hat; in Ergänzung einer Vereinbarung nach Absatz 1 kann vereinbart werden, daß das Fortbestehen des Dauerwohnrechts vom Vorliegen weiterer Voraussetzungen abhängig ist.

Übersicht

I. Allgemeines

Als Belastung des Grundstücks (oder eines Erbbaurechts) steht das Dauerrecht im Rangverhältnis zu anderen eingetragenen Rechten. Es fällt also nicht in das geringste Gebot, wenn der Inhaber eines ihm im Range vorgehenden oder gleichstehenden Rechtes die Zwangsversteigerung des Grundstücks (oder des Erbbaurechts) betreibt, sondern erlischt durch den Zuschlag (§§ 10, 44, 52, 91 ZVG); Mieterschutz gilt nur gegenüber dem Heimfallanspruch (§ 36 Abs. 2 WEG) und kommt hier nicht in Frage. Dadurch wird der Inhaber eines Dauerrechts schlechter gestellt als ein Mieter, da der Ersteher an Stelle des Vermieters in das Mietverhältnis eintritt (§ 57 ZVG, § 571 BGB) und gegen seine Kündigung nach § 57a ZVG der Mieter in weitem Umfange durch den Mieterschutz (§ 1 Abs. 4 MSchG) und die §§ 57c, 57d ZVG gesichert ist. Diesem Nachteil des Dauerrechts sucht § 39 WEG, soweit möglich, abzuhelfen; er knüpft dabei an § 59 ZVG an, wonach unter gewissen Voraussetzungen eine von den gesetzlichen Vorschriften abweichende Feststellung des geringsten Gebots und der Versteigerungsbedingungen möglich ist; den Weg des bedingten Rangrücktritts (§§ 880, 881 BGB), der auch in Frage gekommen wäre, hat der Gesetzgeber wegen der damit verbundenen technischen Schwierigkeiten nicht gewählt (W-W 1).

II. Inhalt

Nach § 44 ZVG wird nur ein solches Gebot zugelassen, durch das die dem Anspruch des betreibenden Gläubigers vorgehenden Rechte (einschließlich der Verfahrenskosten) gedeckt werden. Nach § 59 ZVG kann jeder Beteiligte eine hiervon abweichende Feststellung des geringsten Gebots verlangen, wenn Beteiligte, deren Rechte hierdurch beeinträchtigt werden, zustimmen; soll das Fortbestehen eines Rechtes bestimmt werden, das nach § 52 ZVG erlöschen würde, so bedarf es nicht der Zustimmung von nachstehenden Beteiligten. Steht nicht fest, ob ein Recht durch die Abweichung beeinträchtigt wird, so ist das Grundstück mit der verlangten Abweichung und ohne sie auszubieten. Darüber hinaus läßt nunmehr § 39 WEG schon vor Einleitung eines Zwangsversteigerungsverfahrens die Vereinbarung zu, daß im Falle einer Zwangsversteigerung des Grundstücks (Erbbaurechts) das Dauerrecht auch dann bestehen bleiben soll, wenn der Gläubiger eines Grundpfandrechts oder einer Reallast, die dem Dauerrecht vorgehen oder gleichstehen, die Zwangsversteigerung betreibt. Wird eine solche Vereinbarung wirksam getroffen, so ist § 59 ZVG anzuwenden.

2. Natur. Die Vereinbarung muß als Inhalt des Dauerrechts zwischen dem Berechtigten und dem Grundstückseigentümer (Erbbauberechtigten) getroffen werden. Sie bedarf der Aufnahme in die Eintragungsbewilligung und der Eintragung im Grundbuch, wodurch sie dingliche Wirkung gegenüber den Rechtsnachfolgern der Vertragschließenden erlangt. Ausdrückliche Eintragung im Grundbuch ist zweckmäßig, aber nicht notwendig; es genügt, nach § 32 Abs. 2 Satz 1, Bezugnahme auf die Eintragungsbewilligung (Bä 4; D 14; a. M. W-W 13).

3. Betreibender Gläubiger

a) Das Bestehenbleiben des Dauerrechts kann nur für den Fall vereinbart werden, daß der Gläubiger eines Grundpfandrechts (Hypothek, Grundschuld, Rentenschuld) oder einer Reallast die Zwangsversteigerung betreibt, und zwar kommt die Vereinbarung nur in Betracht, wenn das Recht eines solchen Gläubigers dem Dauerrecht im Range vorgeht oder gleichsteht; betreibt der Gläubiger eines dem Dauerrecht im Range nachstehenden Rechts die Zwangsversteigerung, so bleibt das Dauerrecht auch ohne Vereinbarung bestehen (§§ 44, 52 ZVG).

b) Betreibt ein Gläubiger der Rangklassen 1—3 (§ 10 Nr. 1—3 ZVG) die Zwangsversteigerung, so hat die Vereinbarung keine Wirkung. In einem solchen Falle muß der Berechtigte diese Gläubiger gemäß § 268 BGB (vgl. § 75 ZVG) befriedigen, wenn er sein Dauerrecht erhalten will.

c) Andere dingliche Rechte am Grundstück (Erbbaurecht) gehen nicht auf Befriedigung aus dem Grundstück (§ 10 ZVG), können also das Bestehen des Dauerrechts nicht beeinträchtigen. Diesen Berechtigten gegenüber kommt daher eine Vereinbarung nach § 39 WEG nicht in Betracht.

III. Zustimmungserfordernisse (Abs. 2)

1. Erforderlich ist zur Wirksamkeit der Vereinbarung grundsätzlich die Zustimmung

a) aller Grundpfandgläubiger und Reallastberechtigten, deren Rechte dem Dauerrecht im Range vorgehen oder gleichstehen; eine Ausnahme gilt sinngemäß nur für den Fall, daß ein dem betreibenden Gläubiger im Range vorgehender Gläubiger nicht zugestimmt hat, da dessen Recht in das geringste Gebot aufzunehmen ist und beim Zuschlag bestehen bleibt (§§ 44, 52 ZVG), also durch das Dauerrecht nicht beeinträchtigt wird (W-W 6—10; Bä 5; D 7);

b) eines Dritten, mit dessen Recht (Nießbrauch oder Pfandrecht) ein Grundpfandrecht oder eine Reallast der zu a) bezeichneten Art belastet ist (§§ 1071, 1276 BGB).

2. Nicht erforderlich ist die Zustimmung anderer dinglicher Berechtigter. Ihre Rechte (z.B. Dienstbarkeiten) erlöschen auch bei Bestehenbleiben des Dauerrechts mit dem Zuschlag, wenn ein ihnen und dem Dauerrecht vorgehender Gläubiger die Zwangsversteigerung betreibt (W-W 12; D 9).

3. Eintragung. Ebenso wie die Vereinbarung muß auch die Zustimmung derjenigen Realgläubiger, deren Zustimmung zur Wirksamkeit der Vereinbarung erforderlich ist, im Grundbuch eingetragen werden, und zwar bei dem Recht desjenigen, der die Zustimmung erteilt hat (vgl. § 18 GBV, W-W 13; D 14). Die Vereinbarung wird auch schon vor Erteilung der Zustimmung eingetragen werden können, da diese nur Voraussetzung für die Wirksamkeit der Vereinbarung, nicht für ihre Eintragbarkeit ist, doch wird das Fehlen der Zustimmungen zu vermerken sein (D 7).

IV. Sonstige Bedingungen für das Bestehenbleiben des Dauerrechts (Abs. 3)

1. Gesetzliche Bedingung (Abs. 3 Halbs. 1). Die Wirkung der Vereinbarung (Aufnahme des Dauerrechts in das geringste Gebot) tritt nur ein, wenn der Berechtigte im Zeitpunkt der Feststellung der Versteigerungsbedingungen (also im Versteigerungstermin, § 66 Abs. 1 ZVG) seine fälligen Zahlungsverpflichtungen gegenüber dem Eigentümer — insbesondere die Zahlung des Entgelts, aber auch vereinbarte Beitragsleistungen zur Instandhaltung oder Lastentragung — erfüllt hat. Diese Vorschrift ist unabdingbar.

2. Vereinbarte Bedingung (Abs. 3 Halbs. 2). Berechtigter und Eigentümer können ferner nach freiem Belieben als Inhalt des Dauerrechts weitere Bedingungen für das Bestehenbleiben des Dauerrechts vereinbaren, z. B. daß kein Grund für einen Heimfallanspruch vorliegt oder daß an den Ersteher ein höheres Entgelt zu zahlen ist. Werden solche Zusatzvereinbarungen nachträglich getroffen, so bedürfen sie nicht der Zustimmung der Realgläubiger, weil diese dadurch begünstigt werden (W-W 16; D 12).

V. Bedingtes Recht

Läßt sich im Versteigerungstermin nicht einwandfrei feststellen, ob die Voraussetzungen für das Bestehenbleiben des Dauerrechts gegeben oder nicht gegeben sind — z. B. weil nicht feststeht, ob alle zur Wirksamkeit der Vereinbarung erforderlichen Zustimmungen erteilt sind, ob der Berechtigte seine fälligen Zahlungsverpflichtungen gegenüber dem Eigentümer erfüllt hat oder ob die für das Bestehenbleiben des Dauerrechts vereinbarten Bedingungen eingetreten sind —, so ist das Dauerrecht als bedingtes Recht (§§ 50, 51 ZVG) zu behandeln. Es ist daher in das geringste Gebot aufzunehmen. Ergibt sich nachträglich, daß das Dauerrecht nicht bestehen geblieben ist, so hat der Ersteher den Betrag, um den sich der Wert des Grundstücks durch das Erlöschen des Dauerrechts erhöht hat und den das Vollstreckungsgericht bei Feststellung des geringsten Gebots zu bestimmen hat, drei Monate nach Kündigung zu zahlen und vom Zuschlag ab zu verzinsen (vgl. auch §§ 125, 128 ZVG; W-W 17; D 13).

§ 40

Haftung des Entgelts

(1) Hypotheken, Grundschulden, Rentenschulden und Reallasten, die dem Dauerwohnrecht im Range vorgehen oder gleichstehen, sowie öffentliche Lasten, die in wiederkehrenden Leistungen bestehen, erstrecken sich auf den Anspruch auf das Entgelt für das Dauerwohnrecht in gleicher Weise wie auf eine Mietzinsforderung, soweit nicht in Absatz 2 etwas Abweichendes bestimmt ist. Im übrigen sind die für Mietzinsforderungen geltenden Vorschriften nicht entsprechend anzuwenden.

(2) Als Inhalt des Dauerwohnrechts kann vereinbart werden, daß Verfügungen über den Anspruch auf das Entgelt, wenn es in wiederkehrenden Leistungen ausbedungen ist, gegenüber dem Gläubiger einer dem Dauerwohnrecht im Range vorgehenden oder gleichstehenden Hypothek, Grundschuld, Rentenschuld oder Reallast wirksam sind. Für eine solche Vereinbarung gilt § 39 Abs. 2 entsprechend.

Übersicht

I. Allgemeines

Der Umstand, daß, wirtschaftlich betrachtet, das dem Dauerrecht zugrunde liegende Schuldverhältnis eine gewisse Ähnlichkeit mit einem Miet- oder Pachtverhältnis aufweist (vgl. auch § 37 zu II), wirft die Frage auf, ob und inwieweit etwa das Entgelt für ein Dauerrecht rechtlich Miet- oder Pachtzinsen gleichzustellen ist. Dabei handelt es sich um die Fragen, ob und inwieweit Rechte, die eine Befriedigung aus dem Grundstück gewähren, sich bei Vermietung des Grundstücks auch auf die Mietzinsen erstrecken, ob und inwieweit solche Mietzinsen durch die Zwangsvollstreckung in das unbewegliche Vermögen erfaßt werden und ob und inwieweit Vorausverfügungen über die Mietzinsen gegenüber einem Erwerber des Grundstücks wirksam sind. Diese Fragen regelt § 40 WEG. Daß — ähnlich wie beim Mietverhältnis (§ 571 BGB) — im Falle der Veräußerung des belasteten Grundstücks der Erwerber an Stelle des bisherigen Eigentümers in das zwischen diesem und dem Berechtigten bestehende Rechtsverhältnis (und damit in das Recht auf das Entgelt) eintritt, ist bereits im § 38 Abs. 2 bestimmt.

II. Die Grundsatzregelung enthält § 40 Abs. 1 Satz 2.

Danach sind die für Mietzinsforderungen geltenden Vorschriften auf den Anspruch auf das Entgelt für das Dauerrecht nicht entsprechend anzuwenden. Daraus ergibt sich insbesondere, daß Vorausverfügungen des Eigentümers über das Entgelt (§ 573 BGB) und Rechtsgeschäfte zwischen dem Berechtigten und dem Eigentümer über den Anspruch auf das Entgelt, insbesondere die Entrichtung des Entgelts (§ 574 BGB), mag es sich bei dem Entgelt um eine einmalige Zahlung oder um wiederkehrende Leistungen handeln, gegenüber einem rechtsgeschäftlichen Erwerber des Grundstücks (Erbbaurechts), Grundpfandgläubigern (§§ 1124, 1192, 1200 BGB) und Reallastberechtigten (§ 1107 BGB), dem Ersteher in der Zwangsversteigerung des Grundstücks (§§ 57, 57b ZVG) bei Bestehenbleiben des Dauerrechts (§ 39), dem Zwangsverwalter (§ 21 Abs. 2, § 148 Abs. 1 ZVG) und dem Konkursverwalter (§ 21 Abs. 2 KO) grundsätzlich wirksam sind.

III. Ausnahmeregelung

Abweichend von der vorstehenden Grundsatzregelung bestimmt § 40 Abs. 1 Satz 1, daß Grundpfandrechte und Reallasten, die dem Dauerrecht im Range vorgehen oder gleichstehen, sowie öffentliche Lasten, die in wiederkehrenden Leistungen bestehen, sich auf den Anspruch auf das Entgelt für das Dauerrecht in gleicher Weise wie auf eine Mietforderung erstrecken, soweit nicht im Absatz 2 etwas Abweichendes bestimmt ist.

1. Doppelter Ausnahmecharakter. Die Vorschrift ist in doppelter Hinsicht eine Ausnahmebestimmung:

a) Sie enthält eine Ausnahme von dem Grundsatz des § 40 Abs. 1 Satz 2, daß die für Mietzinsforderungen geltenden Vorschriften auf den Anspruch auf das Entgelt nicht entsprechend anzuwenden sind (s. zu II).

b) Grundsätzlich gelten für die Zwangsvollstreckung in den Anspruch auf das Entgelt die Vorschriften über die Forderungspfändung (§§ 828ff., 865 Abs. 2 Satz 2 ZPO). Ist jedoch die Zwangsverwaltung des Grundstücks (Erbbaurechts) angeordnet, so umfaßt die Beschlagnahme auch den Anspruch auf das Entgelt (§ 21 Abs. 2, § 148 Abs. 1 Satz 1 ZVG), wenn das Recht des betreibenden Gläubigers dem Dauerrecht im Range vorgeht oder gleichsteht (§ 40 Abs. 1 Satz 1 WEG; s. unten zu 2).

2. Auf den Anspruch auf das Entgelt erstrecken sich nur

a) Grundpfandrechte (Hypotheken, Grundschulden, Rentenschulden) und Reallasten, jedoch nur, wenn sie dem Dauerrecht im Range vorgehen oder gleichstehen, also nicht dem Dauerrecht nachstehende Rechte solcher Art oder Rechte anderer Art, hinsichtlich deren es vielmehr bei der Grundsatzregelung (II) bleibt;

b) öffentliche Lasten, die in wiederkehrenden Leistungen bestehen, nach Maßgabe des Gesetzes über die Pfändung von Miet- und Pachtzinsforderungen wegen Ansprüche aus öffentlichen Grundstückslasten vom 9. 3. 34 (RGBl. I 181); vgl. auch § 10 Abs. 1 Nr. 3 u. 7, § 156 Abs. 1 ZVG.

3. Umfang der Haftung

a) Den zu 2 genannten Gläubigern haftet der Anspruch auf das Entgelt nicht nur dann, wenn dieses in wiederkehrenden Leistungen, sondern auch dann, wenn es in einer einmaligen Zahlung besteht, der Anspruch auf diese aber noch nicht erfüllt ist (D 5 a; a. M. W-W 10).

b) Soweit der Anspruch auf das Entgelt fällig ist, wird er mit dem Ablauf eines Jahres nach dem Eintritt der Fälligkeit von der Haftung gegenüber den zu 2 genannten Gläubigern frei, wenn nicht vorher die Beschlagnahme zugunsten eines dieser Gläubiger erfolgt. Ist das Entgelt im voraus zu entrichten, so erstreckt sich die Befreiung nicht auf das Entgelt für eine spätere Zeit als den zur Zeit der Beschlagnahme laufenden und, wenn die Beschlagnahme nach dem 15. Tage des Monats erfolgt, den folgenden Kalendermonat (§ 1123 Abs. 2 BGB).

c) Zum Entgelt gehören auch vom Berechtigten gemäß § 33 Abs. 4 Nr. 3 übernommene Beiträge zu den Grundstückslasten (W-W 7; D 1; vgl. § 33 zu III 2 c, § 38 zu II 1).

4. Vorausverfügungen

a) Gesetzeslage. Gegenüber den zu 2 genannten Gläubigern und dem Zwangsverwalter sind vor der Beschlagnahme über das Entgelt getroffene Verfügungen (insbesondere seine Einziehung) insoweit unwirksam, als sie sich auf das Entgelt für eine spätere Zeit als den zur Zeit der Beschlagnahme laufenden und, wenn die Beschlagnahme nach dem 15. Tage des Monats erfolgt, den folgenden Kalendermonat beziehen (§ 1124 BGB).

b) Rechtsprechung. Durch die höchstrichterliche Rechtsprechung ist jedoch die Tragweite des § 1124 BGB eingeschränkt worden. Nachdem schon das RG (**RG** 94, 279; 127, 116; 136, 414; 144, 194) den Satz entwickelt hatte, daß § 1124 BGB (und ebenso die §§ 573, 574 BGB, 57b, 148 ZVG, 21 KO) nicht gelten, wenn der Mieter Vorauszahlungen geleistet hat, die bereits im Mietvertrage vorgesehen sind, hat der BGH von dieser Einschränkung zugunsten von Mietern, die einen Baukostenzuschuß geleistet haben und diesen vereinbarungsgemäß „abwohnen", abgesehen und ausgesprochen, daß der Ersteher in der Zwangsversteigerung, der Zwangsverwalter und der Konkursverwalter solche Mietzinsvorauszahlungen gegen sich gelten lassen müssen; nur wenn der Baukostenzuschuß nicht als Mietzinsvorauszahlung, sondern als Darlehn gegeben worden ist, gilt das nicht, doch kann sich auch dann, wenn der in einem Aufbauvertrage vereinbarte Baukostenzuschuß als Darlehn bezeichnet ist, aus dem Zusammenhang der getroffenen Vereinbarungen ergeben, daß eine Mietzinsvorauszahlung gemeint ist (**BGH** 6, 202; 15, 296; 16, 31; L-M Nr. 1 ZVG § 57b). Bei sinngemäßer Anwendung dieser Rechtsprechung nach § 40 Abs. 1 Satz 1 WEG ist eine vereinbarungsgemäße Vorauszahlung des Entgelts für das Dauerrecht seiner Zweckbestimmung (Baukostenzuschuß, wesentlicher Beitrag zur Baufinanzierung, Vorbem. vor § 31 zu V) nach den zu 2 genannten Gläubigern und dem Zwangsverwalter gegenüber grundsätzlich wirksam, die Vorschrift des § 1124 BGB insoweit daher praktisch ausgeschaltet, solange an der höchstrichterlichen Rechtsprechung festgehalten wird (vgl. hierzu W-W 3—5).

c) Vereinbarungen. Darüber hinaus läßt § 40 Abs. 2 ausdrücklich dinglich wirkende Vereinbarungen zwischen dem Berechtigten und dem Eigentümer dahin zu, daß Verfügungen über den Anspruch auf das Entgelt gegenüber dem Gläubiger eines Grundpfandrechts oder einer Reallast, die dem Dauerrecht im Range vorgehen oder gleichstehen, (entgegen § 1124 BGB) wirksam sind, jedoch nur dann, wenn das Entgelt in wiederkehrenden Leistungen ausbedungen ist. Die Vereinbarung bedarf zu ihrer Wirksamkeit der Zustimmung der dem Berechtigten im Range vorgehenden oder gleichstehenden Grundpfandgläubiger und Reallastberechtigten; insoweit gilt § 39 Abs. 2 entsprechend (s. § 39 zu III). Als Inhalt des Dauerrechts ist sie (ausdrücklich oder durch Bezugnahme auf die Eintragungsbewilligung) im Grundbuch einzutragen. Im Rahmen des § 40 Abs. 2 wird auch vereinbart werden können, daß (entgegen der zu Nr. 2 erwähnten höchstrichterlichen Rechtsprechung) Vorauszahlungen eines in wiederkehrenden Leistungen bestehenden Entgelts den zu 2 genannten Gläubigern und dem Zwangsverwalter gegenüber ganz oder teilweise unwirksam sein sollen (W-W 9a).

§ 41

Besondere Vorschriften für langfristige Dauerwohnrechte

(1) Für Dauerwohnrechte, die zeitlich unbegrenzt oder für einen Zeitraum von mehr als zehn Jahren eingeräumt sind, gelten die besonderen Vorschriften der Absätze 2 und 3.

(2) Der Eigentümer ist, sofern nicht etwas anderes vereinbart ist, dem Dauerwohnberechtigten gegenüber verpflichtet, eine dem Dauerwohnrecht im Range vorgehende oder gleichstehende Hypothek löschen zu lassen für den Fall, daß sie sich mit dem Eigentum in einer Person vereinigt, und die Eintragung einer entsprechenden Löschungsvormerkung in das Grundbuch zu bewilligen.

(3) Der Eigentümer ist verpflichtet, dem Dauerwohnberechtigten eine angemessene Entschädigung zu gewähren, wenn er von dem Heimfallanspruch Gebrauch macht.

I. Langfristige Dauerrechte (Abs. 1)

1. Begriff. § 41 enthält zwei Sondervorschriften (Abs. 2 u. 3) für langfristige Dauerrechte. Das sind Dauerrechte, die entweder zeitlich unbegrenzt (z. B. auch für die Lebenszeit des Berechtigten) oder für einen Zeitraum von mehr als zehn Jahren eingeräumt sind. Ein auf bestimmte Zeitdauer eingeräumtes Dauerrecht ist nur dann langfristig, wenn es entweder von vornherein für mehr als zehn Jahre bestellt oder, falls es für eine kürzere Zeit bestellt ist, vor deren Ablauf derart verlängert wird, daß vom Zeitpunkte der Verlängerung ab seine Laufzeit noch mehr als zehn Jahre beträgt (W-W 1; D 2a). Beginn und Ende der Zeitdauer, für die das Dauerrecht bestellt ist, ergeben sich aus der getroffenen Vereinbarung. Falls nichts anderes vereinbart, wird für den Beginn der Laufzeit der Zeitpunkt der Eintragung im Grundbuch maßgebend sein, jedoch, wenn in diesem Zeitpunkte das Gebäude noch nicht errichtet ist, der Zeitpunkt, von dem ab die dem Dauerrecht unterliegenden Räume benutzt werden können (vgl. Hu 1).

2. Langfristiges und eigentumsähnliches Dauerrecht. Das langfristige Dauerrecht ist nicht identisch mit dem eigentumsähnlichen Dauerrecht (Vorbem. vor § 31 zu V 2), Langfristigkeit bildet aber eine Voraussetzung für dieses. Kurzfristige Dauerrechte, d. h. solche, die für einen Zeitraum von höchstens zehn Jahren eingeräumt sind, haben also stets mietähnlichen Charakter (Vorbem. vor § 31 zu V 1), langfristige Dauerrechte aber sind nicht immer eigentumsähnlich, sondern können auch mietähnlichen Charakter haben. Aus der Aufgabe des langfristigen Dauerrechts, die Grundlage für ein eigentumsähnliches Dauerrecht zu schaffen, erklären sich die in Abs. 2 u. 3 gegebenen Sondervorschriften.

II. Löschungsverpflichtung des Eigentümers (Abs. 2)

1. Löschungsverpflichtung im allgemeinen. Um dem Berechtigten mit Rücksicht auf seine finanziellen Leistungen zur Tilgung von Grundstücksbelastungen das Aufrücken in die erste Rangstelle und damit die Erlangung einer eigentümerähnlichen Stellung zu ermöglichen, verpflichtet § 41 Abs. 2 den jeweiligen Eigentümer dem jeweiligen Berechtigten gegenüber, ein dem Dauerrecht im Range vorgehendes oder gleichstehendes Grundpfandrecht für den Fall löschen zu lassen, daß es sich mit dem Eigentum in einer Person vereinigt. Wenn das Gesetz hier nur von „Hypothek" spricht, so ist das eine redaktionelle Ungenauigkeit; gemeint sind auch Grund- und Rentenschulden (vgl. §§ 1192, 1199 BGB; W-W 2; Hu 2a; a. M. D 4 u. 9). Die Löschungsverpflichtung des Eigentümers besteht kraft Gesetzes, ist aber abdingbar; sie kann durch Vereinbarung zwischen dem Berechtigten und dem Eigentümer ausgeschlossen oder beschränkt werden. Der Anspruch des Berechtigten gegen den Eigentümer ist ggf. im Klagewege (§ 894 ZPO) geltend zu machen; § 52 WEG ist nicht anwendbar.

2. Materiellrechtlich gibt § 41 Abs. 2 dem Berechtigten einen abdingbaren Anspruch darauf, daß der Eigentümer auf dem Dauerrecht im Range vorgehende oder gleichstehende Grundpfandrechte, die zu Eigentümergrundschulden geworden sind, verzichtet und andere Verfügungen über sie unterläßt (D 3). Es wird also nicht die Entstehung der Eigentümergrundschuld verhindert, sondern nur dem Eigentümer der Verzicht auf die entstandene Eigentümergrundschuld zur Pflicht gemacht. Immer aber muß es sich um ursprüngliche Fremdgrundpfandrechte handeln, die erst später zu Eigentümergrundschulden geworden sind; Eigentümergrundschulden, die von vornherein als solche eingetragen worden sind (§ 1196 BGB), fallen nicht unter Abs. 2, ihre Löschung muß besonders ausbedungen werden (§ 33 zu III 4; Hu 2a).

3. Vereinigung des Grundpfandrechts mit dem Eigentum. Dem Zweck des § 41 Abs. 2 entsprechend, werden nicht alle Fälle hierher gehören, in denen das Grundpfandrecht sich mit dem Eigentum in einer Person vereinigt (§ 889 BGB), sondern nur diejenigen, in denen ursprüngliche, für Schulden des Eigentümers bestellte Fremdpfandrechte zu Eigentümergrundschulden geworden sind (s. zu 2 und vgl. hierzu D 5—8; teilweise a. M. Hu 2b); in anderen Fällen kann eine Löschungsverpflichtung des Eigentümers nur durch Vereinbarung begründet werden.

a) Danach müssen die sog. „forderungsbekleideten Eigentümerhypotheken" (§ 1177 Abs. 2 BGB) ausscheiden, also die Fälle, in denen der Eigentümer den Gläubiger befriedigt hat, obwohl er nicht persönlicher Schuldner war (§§ 1143, 1173 BGB).

b) Ferner müssen hier die Fälle außer Betracht bleiben, in denen von vornherein — mindestens zunächst — kein Fremdpfandrecht, sondern nur eine Eigentümergrundschuld besteht, weil die Forderung nicht entstanden oder der erforderliche Brief dem Gläubiger nicht übergeben worden ist (§ 1163 Abs. 1 Satz 1, Abs. 2 BGB), es sei denn, daß diese Voraussetzungen für das Entstehen eines Fremdpfandrechts zweifelsfrei auch später nicht eintreten werden.

c) Dagegen gehören hierher die Fälle, in denen nach dem Gesetz das ursprüngliche Fremdgrundpfandrecht auf den Eigentümer übergeht, insbesondere bei Erlöschen der Forderung (§ 1163 Abs. 1 Satz 2 BGB), Verzicht des Gläubigers auf sein Pfandrecht (§ 1168 Abs. 1 BGB), Ausschlußurteil bei Unbekanntheit des Gläubigers (§ 1170 Abs. 2 Satz 1, § 1171 Abs. 2 Satz 1 BGB), Ersatzgrundpfandrecht bei Befriedigung des Gläubigers eines Gesamtgrundpfandrechts (§ 1182 Satz 1 BGB), ferner in sonstigen Fällen der Vereinigung des Grundpfandrechts mit dem Eigentum in einer Person, ohne daß dem Eigentümer auch die Forderung zusteht (§ 1177 Abs. 1 Satz 1 BGB, s. BGB § 1177 A 2), mit Ausnahme der zu b) erwähnten Fälle, schließlich auch dann, wenn eine Zwangshypothek auf Grund gerichtlicher Entscheidung gegenstandslos wird (§§ 868, 932 Abs. 2 ZPO).

4. Löschungsvormerkung. In Anlehnung an § 1179 BGB gibt § 41 Abs. 2 dem Berechtigten gegen den Eigentümer auch den (ggf. im Klagewege zu verfolgenden) Anspruch auf Bewilligung der Eintragung einer Vormerkung zur Sicherung des Anspruchs auf Löschung der Eigentümergrundschuld. Kraft Gesetzes tritt die Wirkung einer solchen Vormerkung nicht ein (W-W 2; D 10). Nach Eintragung der Vormerkung sind Verfügungen des Eigentümers über die Eigentümergrundschuld gemäß § 883 Abs. 2 BGB relativ unwirksam. Ohne Vormerkung sind sie dem Erwerber der Eigentümergrundschuld gegenüber voll wirksam (D 14, 15; a. M. Bä 2).

III. Entschädigungspflicht bei Heimfall

1. Anspruch des Berechtigten. Für den Fall, daß der Eigentümer von einem Heimfallrecht Gebrauch macht, gibt § 41 Abs. 3 dem Berechtigten nach dem Vorbild des § 32 Abs. 1 ErbVO bei einem langfristigen Dauerrecht den unabdingbaren Anspruch auf angemessene Entschädigung. Daß dem Berechtigten ein solcher Anspruch zusteht, muß, wenn ein Heimfallanspruch (§ 36) vereinbart ist, als Inhalt des Dauerrechts in die Eintragungsbewilligung aufgenommen und (ggf. durch Bezugnahme auf diese) im Grundbuch eingetragen werden (§ 36 Abs. 4 Satz 1, § 32 Abs. 3); als gesetzlicher Inhalt eines langfristigen Dauerrechts wird die Entschädigungspflicht des Eigentümers trotz ihrer Unabdingbarkeit nicht angesehen werden können (D 19; a. M. W-W § 36 A 6). Als Inhalt des Dauerrechts können auch Vereinbarungen über die Berechnung oder Höhe der Entschädigung oder die Art ihrer Zahlung getroffen werden (§ 36 Abs. 4 Satz 2); auch sie sind dann in die Eintragungsbewilligung aufzunehmen und im Grundbuch einzutragen.

2. Angemessenheit der Entschädigung. Das Gesetz enthält hierüber keine Vorschriften. Nach der amtlichen Begründung wird die angemessene Entschädigung mindestens alles das zu umfassen haben, was der Berechtigte an Leistungen zur Tilgung von Belastungen und zur Finanzierung der Baukosten beigetragen hat, wobei eine Abnutzungsentschädigung abzusetzen wäre. Danach kann die Entschädigung u. U. ganz entfallen; der Entschädigungsanspruch darf aber nicht überhaupt ausgeschlossen werden (W-W 3). Maßgebend für die Höhe der Entschädigung ist der Zeitpunkt des Heimfalls. Im Streitfalle hat darüber das Prozeßgericht zu entscheiden; § 52 WEG ist nicht anwendbar. Das Grundbuchamt hat die Angemessenheit einer vereinbarten Entschädigung nicht nachzuprüfen.

§ 42

Belastung eines Erbbaurechts

(1) Die Vorschriften der §§ 31 bis 41 gelten für die Belastung eines Erbbaurechts mit einem Dauerwohnrecht entsprechend.

(2) Beim Heimfall des Erbbaurechts bleibt das Dauerwohnrecht bestehen.

I. Allgemeines

1. Belastung des Erbbaurechts. Daß auch ein Erbbaurecht als grundstücksgleiches Recht mit einem Dauerrecht belastet werden kann, ergibt sich bereits aus § 1017 Abs. 1 BGB und § 11 Abs. 1 Satz 1 ErbVO; nur zur Ausschließung von Zweifeln bestimmt § 42 Abs. 1 dies auch ausdrücklich. Daraus folgt, daß auch an einem Wohnungserbbaurecht (§ 30 Abs. 1) ein Dauerwohnrecht, an einem Teilerbbaurecht ein Dauernutzungsrecht bestellt werden kann.

2. Zustimmung des Grundstückseigentümers zur Belastung des Erbbaurechts mit einem Dauerrecht ist dann erforderlich, wenn in entsprechender Anwendung des § 5 ErbVO ein solches Zustimmungserfordernis zwischen dem Grundstückseigentümer und dem Erbbauberechtigten als Inhalt des Erbbaurechts vereinbart worden ist (ErbVO § 5 A 3; Ho 1; OLG Stuttgart NJW 52, 979 Nr. 9; a. M. Weitnauer DNotZ 53, 119ff.; W-W 4, 5).

3. Entsprechende Geltung der §§ 31—41. Aus dem zu 1 erwähnten Grundsatz ergibt sich zwangsläufig, daß grundsätzlich die für die Belastung eines Grundstücks mit einem Dauerrecht geltenden Vorschriften auf die Bestellung des Dauerrechts an einem Erbbaurecht entsprechend anzuwenden sind. Dabei ist zu beachten, daß an die Stelle des Wortes „Grundstück" in § 31 zu Beginn von Abs. 1 Satz 1 und Abs. 2 („Ein Grundstück kann in der Weise belastet werden ..."), in § 33 Abs. 4 Nr. 3, § 38 Abs. 2, § 39 Abs. 1 sowie der Worte „Eigentum" (§ 38 Abs. 2 Satz 1, § 39 Abs. 3 Halbs. 1, § 41 Abs. 2) und „Eigentum an dem Grundstück" (§ 36 Abs. 1 Satz 2) das Wort „Erbbaurecht", an die Stelle der Worte „Eigentümer" (§ 33 Abs. 4 Nr. 5, § 34 Abs. 1, § 35 Satz 1, § 36 Abs. 2—4, § 37 Abs. 2, § 38 Abs. 1, § 41 Abs. 2 u. 3) und „Grundstückseigentümer" (§ 36 Abs. 1 Satz 1) das Wort „Erbbauberechtigte" zu treten hat. Auf einen außerhalb des Gebäudes liegenden Grundstücksteil (§ 31 Abs. 1 Satz 2) kann das Dauerrecht naturgemäß nur dann erstreckt werden, wenn auch das Erbbaurecht sich nach § 1 Abs. 2 ErbVO auf diesen (für das Bauwerk nicht erforderlichen) Teil des Grundstücks erstreckt, wobei zu beachten ist, daß nach den gesetzlichen Voraussetzungen hierfür beim Erbbaurecht das Bauwerk, beim Dauerrecht aber die ihm unterliegenden Räume wirtschaftlich die Hauptsache bleiben müssen (s. § 31 zu II 3 b).

II. Erlöschen und Heimfall des Erbbaurechts

1. Erlöschen. Mit dem Erlöschen des Erbbaurechts erlischt auch das daran bestellte Dauerrecht (§ 31 zu V 1 d; ErbVO § 27 A 1). Die für Miet- und Pachtverhältnisse geltende Sondervorschrift des § 30 ErbVO ist auf das Dauerrecht nicht anwendbar.

2. Heimfall. Nach § 33 Abs. 1 Satz 3 ErbVO würde das Dauerrecht auch beim Heimfall des Erbbaurechts erlöschen (ErbVO § 3 A 4). Hiervon abweichend bestimmt § 42 Abs. 2 WEG, daß das Dauerrecht bestehen bleibt. Der Grundstückseigentümer oder der von ihm bezeichnete Dritte (§ 3 Halbs. 2 ErbVO) tritt (entsprechend § 38 Abs. 2 Satz 1, s. § 38 zu II 2) mit dem Heimfall als neuer Erbbauberechtigter an Stelle des bisherigen Erbbauberechtigten in dessen Rechte und Pflichten gegenüber dem Berechtigten ein (D 3). Die Vorschrift des § 42 Abs. 2 ist abdingbar (D 4).

III. Teil

Verfahrensvorschriften

Vorbemerkungen

Der III. Teil des WEG (§§ 43—58) enthält Vorschriften über das Verfahren in Angelegenheiten, die sich aus dem WEG ergeben. Er zerfällt in drei Abschnitte:

1. Abschnitt (§§ 43—50): Verfahren der freiwilligen Gerichtsbarkeit in Streitigkeiten, die sich beim Raumeigentum aus der Gemeinschaft der Raumeigentümer (§§ 10—29) ergeben (also nicht in Streitigkeiten aus dem Dauerrecht).

2. Abschnitt (§§ 51, 52): Zuständigkeit der Prozeßgerichte für Klagen auf Entziehung des Raumeigentums (§ 18) und für Streitigkeiten aus den §§ 33 u. 36 Abs. 1—3 über das Dauerrecht.

3. Abschnitt (§§ 53—58): Vollstreckung eines Urteils aus § 19 durch freiwillige Versteigerung des Raumeigentums.

1. Abschnitt

Verfahren der freiwilligen Gerichtsbarkeit in Wohnungseigentumssachen

Fast alle Streitigkeiten der Raumeigentümer aus ihrem Gemeinschaftsverhältnis sind dem Verfahren der freiwilligen Gerichtsbarkeit zugewiesen. Wäre dies nicht geschehen, so wären sie im Wege des Zivilprozesses zu entscheiden; es handelt sich also bei ihnen zwar um Angelegenheiten der freiwilligen Gerichtsbarkeit, aber um eine besondere Art von ihnen, nämlich um sog. „echte Streitverfahren“ im Rahmen der freiwilligen Gerichtsbarkeit. Die besonderen Vorschriften für diese Verfahren (§§ 43—50) schließen sich eng an die Verfahrensregelung in der HausratsVO (6. DVO zum Ehegesetz) vom 21. 10. 44 (RGBl. I 256) an.

§ 43

Entscheidung durch den Richter

(1) Das Amtsgericht, in dessen Bezirk das Grundstück liegt, entscheidet im Verfahren der freiwilligen Gerichtsbarkeit:

1. auf Antrag eines Wohnungseigentümers über die sich aus der Gemeinschaft der Wohnungseigentümer und aus der Verwaltung des gemeinschaftlichen Eigentums ergebenden Rechte und Pflichten der Wohnungseigentümer untereinander mit Ausnahme der Ansprüche im Falle der Aufhebung der Gemeinschaft (§ 17) und auf Entziehung des Wohnungseigentums (§§ 18, 19);

2. auf Antrag eines Wohnungseigentümers oder des Verwalters über die Rechte und Pflichten des Verwalters bei der Verwaltung des gemeinschaftlichen Eigentums;

3. auf Antrag eines Wohnungseigentümers oder Dritten über die Bestellung eines Verwalters im Falle des § 26 Abs. 2;

4. auf Antrag eines Wohnungseigentümers oder des Verwalters über die Gültigkeit von Beschlüssen der Wohnungseigentümer.

(2) Der Richter entscheidet, soweit sich die Regelung nicht aus dem Gesetz, einer Vereinbarung oder einem Beschluß der Wohnungseigentümer ergibt, nach billigem Ermessen.

(3) Für das Verfahren gelten die besonderen Vorschriften der §§ 44 bis 50.

(4) An dem Verfahren Beteiligte sind:

1. in den Fällen des Absatzes 1 Nr. 1 sämtliche Wohnungseigentümer;

2. in den Fällen des Absatzes 1 Nrn. 2 und 4 die Wohnungseigentümer und der Verwalter;

3. im Falle des Absatzes 1 Nr. 3 die Wohnungseigentümer und der Dritte.

Übersicht

A. Im Verfahren der freiwilligen Gerichtsbarkeit zu erledigende Angelegenheiten (Abs. 1)

I. Entscheidungen über Rechte und Pflichten der Raumeigentümer untereinander (Abs. 1 Nr. 1)

1. Hierher gehörende Angelegenheiten

a) Grundsatz. Im Verfahren der freiwilligen Gerichtsbarkeit sind grundsätzlich alle Streitigkeiten zu entscheiden, die sich aus der Gemeinschaft der Raumeigentümer und der Verwaltung des gemeinschaftlichen Eigentums zwischen Raumeigentümern über ihre Rechte und Pflichten ergeben, mag dem Streit eine gesetzliche Vorschrift, eine Vereinbarung oder ein Beschluß der Raumeigentümer zugrunde liegen. Nicht hierher gehören demnach Streitigkeiten zwischen Raumeigentümern oder von Raumeigentümern mit Dritten, die sich nicht aus der Gemeinschaft der Raumeigentümer oder der Verwaltung des gemeinschaftlichen Vermögens ergeben, wie z. B. Streitigkeiten über die Begründung, Übertragung oder Aufhebung des Raumeigentums oder über die Grenzen des Sondereigentums; solche Streitigkeiten sind im Zivilprozeßwege auszutragen (W-W 4; D 3). Auch Ansprüche aus unerlaubter Handlung scheiden hier aus (a. M. D 4; Ho 1), sofern nicht zugleich eine aus der Raumeigentümergemeinschaft oder der Verwaltung des gemeinschaftlichen Eigentums sich ergebende Pflicht verletzt ist (W-W 4). In das Verfahren der freiwilligen Gerichtsbarkeit fallen danach insbesondere

aa) aus dem 2. Abschnitt (§§ 10ff.) Streitigkeiten über Ansprüche auf Einwilligung in die Aufhebung der Gemeinschaft im Falle des § 11 Abs. 1 Satz 3 (§ 11 zu II 2 b) und auf Erteilung der Zustimmung zur Veräußerung des Raumeigentums im Falle des § 12 Abs. 2 (s. § 12 zu IV 2 a), Besitzstreitigkeiten zwischen Raumeigentümern (§ 13 zu V 2 b), Streitigkeiten über die Instandhaltungspflicht und das zulässige Maß des Gebrauchs (§ 14 Nr. 1, s. § 14 zu II 1 u. 2) sowie über die sonstigen Pflichten der Raumeigentümer aus § 14 (s. § 14 zu IV), die Regelung des ordnungsmäßigen Gebrauchs im Falle des § 15 Abs. 3 (s. § 15 zu IV), Streitigkeiten über die Verteilung der Nutzungen, Lasten und Verwaltungskosten (§ 16) sowie darüber, ob ein Anspruch auf die Aufhebung der Gemeinschaft (§ 17) besteht;

bb) aus dem 3. Abschnitt (§§ 20ff.) Ansprüche auf ordnungsmäßige Verwaltung (§ 21 Abs. 4, 5; s. § 21 zu D III) und Schadensersatzansprüche gegen Raumeigentümer aus Verstößen hiergegen (§ 21 zu E III), alle Ansprüche aus § 22, Streitigkeiten über Bestellung oder Abberufung des Verwalters durch Mehrheitsbeschluß (§ 26 Abs. 2).

b) Ausnahmen. Abweichend von dem Grundsatz zu 1 ist nicht im Verfahren der freiwilligen Gerichtsbarkeit, sondern im Zivilprozeßwege zu entscheiden über Ansprüche

aa) im Falle der Aufhebung der Gemeinschaft (§ 17), d. h. die aus der bereits geschehenen Aufhebung der Gemeinschaft sich ergebenden Ansprüche (Durchführung der Auseinandersetzung nach §§ 752ff. BGB, vgl. § 10 zu I 2 e, § 11 zu II 2 c);
bb) auf Entziehung des Raumeigentums (§ 18); vgl. hierzu § 51.

2. Antragsberechtigte und Beteiligte. Antragsberechtigt ist im Verfahren zu I jeder Raumeigentümer (aber nicht der Verwalter oder ein Dritter). Beteiligte (im materiellen Sinne, s. unten zu B II 1 a) sind sämtliche Raumeigentümer (Abs. 4 Nr. 1).

II. Entscheidungen über Rechte und Pflichten des Verwalters (Abs. 1 Nr. 2)

1. Hierher gehörende Angelegenheiten. Im Verfahren der freiwilligen Gerichtsbarkeit ist nur über solche Rechte und Pflichten des Verwalters zu entscheiden, die sich bei der Verwaltung des gemeinschaftlichen Eigentums ergeben, z. B. über seine Pflicht zur Einberufung der Raumeigentümerversammlung nach § 24 Abs. 1 u. 2 (s. § 24 zu III 1), vor allem über seine Aufgaben und Befugnisse nach den §§ 27 u. 28. Dagegen gehören nicht hierher Ansprüche, die sich aus dem zwischen den Raumeigentümern und dem Verwalter geschlossenen Vertrage ergeben, z. B. der Anspruch des Verwalters auf Vergütung, die Ansprüche der Raumeigentümer auf Abberufung des Verwalters (s. § 26 zu IV) und auf Schadensersatz gegen ihn (vgl. W-W 8; D 6); in solchen Fällen hat das Prozeßgericht zu entscheiden.

2. Antragberechtigte und Beteiligte. Antragsberechtigt und beteiligt sind in den Fällen des Abs. 1 Nr. 2 der Verwalter und jeder Raumeigentümer.

III. Entscheidungen über die Bestellung eines Verwalters (Abs. 1 Nr. 3) in dringenden Fällen, wenn ein Verwalter fehlt (§ 26 Abs. 2; s. § 26 zu II 2). Antragsberechtigt und beteiligt ist jeder Raumeigentümer sowie ein Dritter, der ein berechtigtes Interesse an der Bestellung eines Verwalters hat.

IV. Entscheidungen über die Gültigkeit von Beschlüssen der Raumeigentümer (Abs. 1 Nr. 4)

1. Umfang der Entscheidungsbefugnis. Nach § 23 Abs. 4 ist ein Beschluß der Raumeigentümer nur dann ungültig, wenn er gemäß § 43 Abs. 1 Nr. 4 für ungültig erklärt ist. Die Entscheidungsbefugnis des Richters der freiwilligen Gerichtsbarkeit erstreckt sich grundsätzlich auf alle Fälle, in denen die Gültigkeit eines Beschlusses der Raumeigentümer von einem Raumeigentümer oder dem Verwalter bezweifelt oder bestritten wird, mag die Ungültigkeit des Beschlusses aus Vorschriften des WEG oder aus davon abweichenden Vereinbarungen der Raumeigentümer hergeleitet werden, mag es sich um die (konstitutiv wirkende) Ungültigkeitserklärung nach § 23 Abs. 4 oder um die Feststellung der absoluten Nichtigkeit des Beschlusses handeln (s. § 23 zu III 1, 2; W-W 11; D 8). Für ungültig zu erklären ist z. B. eine Gebrauchsregelung durch Mehrheitsbeschluß, wenn sie sich nicht im Rahmen des § 15 Abs. 2 oder des § 21 Abs. 3 hält (s. § 15 zu III 2, § 21 zu D II 4). Zu entscheiden ist nur über die Gültigkeit oder Ungültigkeit des Beschlusses (D 8). Über die Gültigkeit eines Beschlusses, der die Erhebung der Klage auf Entziehung des Raumeigentums fordert (§ 18 Abs. 3), wird nicht das Gericht der freiwilligen Gerichtsbarkeit nach § 43 Abs. 1 Nr. 4, sondern das Prozeßgericht im Rahmen der Entziehungsklage (§ 51) zu entscheiden haben (D 8); dagegen ist die Gültigkeit eiues die Erhebung der Entziehungsklage ablehnenden Beschlusses im Verfahren der freiwilligen Gerichtsbarkeit nachzuprüfen.

2. Antragsrecht und Beteiligung. Antragsberechtigt und beteiligt sind der Verwalter und jeder Raumeigentümer. Der Antrag kann nur innerhalb eines Monats seit der Beschlußfassung gestellt werden, es sei denn, daß der Beschluß gegen eine Rechtsvorschrift verstößt, auf deren Einhaltung nicht rechtswirksam verzichtet werden kann (§ 23 Abs. 4 Satz 2; s. § 23 zu III 3). Ein Dritter, der ein rechtliches Interesse an der Feststellung der Ungültigkeit eines Beschlusses hat, kann dieses Interesse nicht nach § 43 WEG, sondern nur durch Erhebung der Feststellungsklage nach § 256 ZPO verfolgen.

B. Zuständigkeit und Verfahren

I. Zuständigkeit

1. Gesetzliche Regelung. Sachlich zuständig ist ohne Rücksicht auf den Geschäftswert im ersten Rechtszuge das Amtsgericht. Örtlich zuständig ist dasjenige Amtsgericht, in dessen Bezirk das im Miteigentum der Raumeigentümer stehende Grundstück liegt (§ 43 Abs. 1). Die sachliche sowohl wie die örtliche Zuständigkeit hat ausschließlichen Charakter. Bei Streit oder Ungewißheit über die örtliche Zuständigkeit oder bei (rechtlicher oder tatsächlicher) Verhinderung des zuständigen Gerichts an der Ausübung des Richteramts ist § 5 FGG anzuwenden.

2. Schiedsvertrag. Soweit die Beteiligten über die unter A bezeichneten Angelegenheiten einen Vergleich schließen können (also nicht über die Bestellung eines Verwalters im Falle des § 26 Abs. 2, s. oben zu A III), müssen sie trotz des ausschließlichen Charakters der Zuständigkeiten in Angelegenheiten der freiwilligen Gerichtsbarkeit nach § 1025 ZPO (vgl. auch § 44 Abs. 1 und 2 WEG) auch als befugt angesehen werden, die Zuständigkeit eines Schiedsgerichts zu vereinbaren (Begr. zu § 43 unter Hinweis auf Mügel, Aufwertungsrecht, 5. Aufl., S. 976, und Harmening-Duden, Währungsgesetze, S. 215; W-W 14; D 9; Hu 11; We 2; vgl. die für Pachtrechtsstreitigkeiten im Verfahren in Landwirtschaftssachen ergangene, aber allgemein grundsätzliche Entscheidung **BGH** 6, 248 [253ff.]; zweifelnd Bä 4). Eine Schiedsvereinbarung wird auch zum Inhalt des Sondereigentums (§ 5 Abs. 4, § 10 Abs. 2) gemacht werden können (W-W 14 a).

II. Verfahren

1. Allgemeines. Das Gericht entscheidet im Verfahren der freiwilligen Gerichtsbarkeit (Abs. 1). Es gelten also für das Verfahren die allgemeinen Vorschriften im ersten Abschnitt (§§ 1—34) des FGG (für das Kostenrecht die Reichskostenordnung), soweit nicht das WEG Sondervorschriften enthält. Daraus ergibt sich insbesondere: **a)** Das Verfahren kennt keine Parteien, sondern nur Beteiligte, wobei zwischen Beteiligten im formellen Sinne (d. h. den an dem gerichtlichen Verfahren Beteiligten, also dem Antragsteller und den übrigen Personen, die zur Wahrnehmung eigener sachlicher Interessen aus eigenem Antrieb am Verfahren teilnehmen oder vom Gericht zu dem Verfahren hinzugezogen worden sind) und Beteiligten im materiellen Sinne (d. h. allen Personen, deren Rechte oder Pflichten durch die Regelung der Angelegenheit unmittelbar betroffen werden können, s. oben zu A I 2, II 2, III, IV 2) zu unterscheiden ist (Schlegelberger FGG § 6 A 6). — **b)** Es gilt der Untersuchungsgrundsatz, d. h. das Gericht hat von Amts wegen die zur Feststellung der Tatsachen erforderlichen Ermittlungen zu veranstalten und die geeignet erscheinenden Beweise aufzunehmen (§ 12 FGG). — **c)** Mündliche Verhandlungen sind nicht unbedingt erforderlich (s. jedoch § 44 Abs. 1 WEG). — **d)** Gerichtliche Verfügungen werden mit der Bekanntmachung an denjenigen wirksam, für den sie ihrem Inhalt nach bestimmt sind (§ 16 FGG), bei mehreren Beteiligten (so stets in den Verfahren nach § 43 Abs. 1 WEG) also mit der letzten Bekanntmachung an einen Beteiligten. Endentscheidungen werden jedoch erst mit dem Eintritt der formellen Rechtskraft wirksam (§ 45 Abs. 2 WEG). — **e)** Wegen der Stellung des Verwalters als Zustellungsbevollmächtigter s. § 27 zu III 2 c.

2. Besonderheiten

a) Antragsverfahren. Während das Verfahren der freiwilligen Gerichtsbarkeit im allgemeinen von dem Grundsatz beherrscht wird, daß der Richter seine Anordnungen von Amts wegen zu treffen hat (Amtsverfahren), wird das Verfahren in den Angelegenheiten des § 43 Abs. 1 WEG nur auf Antrag eingeleitet; der Richter wird also in diesen Angelegenheiten nicht von Amts wegen tätig. Zur Frage, wer antragsberechtigt ist, s. oben zu A I 2, II 2, III, IV 2. Von dem Verfahrensantrag, d. h. dem Begehren der Einleitung eines Verfahrens, ist der Sachantrag zu unterscheiden, d. h. der Antrag auf Erlaß einer Entscheidung bestimmten Inhalts, wie er im Zivilprozeß vorgeschrieben ist (§ 253 Abs. 2 Nr. 2 ZPO). Ein solcher Sachantrag ist im Verfahren nach § 43 WEG nicht erforderlich (vgl. auch § 21 zu D III a. E).

b) Entscheidungsgrundlagen (§ 43 Abs. 2) sind für den Richter in den Verfahren des § 43 Abs. 1 WEG das Gesetz sowie Vereinbarungen und gültige Beschlüsse der Raumeigentümer. An diese Entscheidungsgrundlagen ist der Richter gebunden, soweit nicht etwa § 242 BGB eine Abweichung von vertraglichen Abmachungen erfordert (W-W 12). Nur wenn Entscheidungsgrundlagen solcher Art fehlen, hat der Richter nach billigem Ermessen zu entscheiden (vgl. auch § 15 Abs. 3, § 21 Abs. 4).

c) Ergänzende Verfahrensvorschriften, die für das Verfahren in den Angelegenheiten des § 43 Abs. 1 zu den allgemeinen Vorschriften im ersten Abschnitt des FGG hinzutreten, enthält das WEG in den §§ 44—50 (§ 43 Abs. 3); sie sind im allgemeinen der verfahrensrechtlichen Regelung (§§ 11ff.) in der sog. HausratsVO (6. DVO zum Ehegesetz) vom 21. 10. 44 (RGBl. I 256) nachgebildet und gehen den allgemeinen Vorschriften im 1. Abschnitt des FGG vor. S. im einzelnen hierzu die Erläuterungen zu den §§ 44—50 WEG.

§ 44

Allgemeine Verfahrensgrundsätze

(1) Der Richter soll mit den Beteiligten in der Regel mündlich verhandeln und hierbei darauf hinwirken, daß sie sich gütlich einigen.

(2) Kommt eine Einigung zustande, so ist hierüber eine Niederschrift aufzunehmen, und zwar nach den Vorschriften, die für die Niederschrift über einen Vergleich im bürgerlichen Rechtsstreit gelten.

(3) Der Richter kann für die Dauer des Verfahrens einstweilige Anordnungen treffen. Diese können selbständig nicht angefochten werden.

(4) In der Entscheidung soll der Richter die Anordnungen treffen, die zu ihrer Durchführung erforderlich sind. Die Entscheidung ist zu begründen.

I. Allgemeines

§ 44 enthält unter Übernahme der in der HausratsVO (§ 13 Abs. 2—4, § 15) getroffenen Regelung einige allgemeine Verfahrensgrundsätze, die — namentlich im Hinblick darauf, daß es sich bei den im § 43 Abs. 1 erwähnten Angelegenheiten um sog. „echte Streitverfahren" handelt — das Verfahren der freiwilligen Gerichtsbarkeit bei diesen Angelegenheiten in gewissen Punkten dem Zivilprozeßverfahren annähern.

II. Mündliche Verhandlung

Während das FGG die Frage, ob eine mündliche Verhandlung mit den Beteiligten stattfinden oder ohne solche im schriftlichen Verfahren entschieden werden soll, ungeregelt läßt und damit dem pflichtmäßigen Ermessen des Richters freien Raum läßt, gibt ihm die Sollvorschrift im § 44 Abs. 1 WEG auf, „in der Regel" mit den Beteiligten mündlich zu verhandeln (ebenso § 13 Abs. 2 HausratsVO, noch weitergehend § 15 Abs. 1 und 5 LwVG). Die mündliche Verhandlung, die hier nicht eine solche der Parteien vor dem Richter wie im Zivilprozeß, sondern eine Verhandlung des Richters mit den Beteiligten ist, soll also nur den Regelfall bilden, ist aber nicht unbedingt vorgeschrieben, sondern kann in geeigneten Fällen, in denen sie keine praktische Bedeutung hat, unterbleiben (z. B. bei der Entscheidung über die Bestellung eines Verwalters nach § 43 Abs. 1 Nr. 3, W-W 1; D 11; vgl. auch § 46 Abs. 1 Satz 2). Den Beteiligten muß jedoch in jedem Falle Gelegenheit gegeben werden, sich zur Sache zu äußern (vgl. auch § 14 Abs. 2 Satz 1 LwVG).

III. Einigung

Die mündliche Verhandlung soll nicht nur der Aufklärung des Sachverhalts, sondern auch dem Versuch einer gütlichen Einigung der Beteiligten dienen; hierauf soll der Richter besonders hinwirken (§ 44 Abs. 1 WEG; § 13 Abs. 2 HausratsVO in Anlehnung an §§ 296, 349 Abs. 1 Satz 1, § 495 Abs. 1 ZPO). Gelingt die Einigung, so ist über ihren Inhalt eine Niederschrift nach Maßgabe der §§ 159—163 ZPO aufzunehmen (§ 44 Abs. 2 WEG; vgl. § 13 Abs. 3 HausratsVO). Die Niederschrift ist also insbesondere den Beteiligten vorzulesen oder zur Durchsicht vorzulegen; daß dies geschehen und der Vergleich genehmigt worden ist, muß in der Niederschrift vermerkt werden.

IV. Einstweilige Anordnungen

(§ 44 Abs. 3 WEG; vgl. § 13 Abs. 4 HausratsVO, § 18 Abs. 1 Satz 1 LwVG) können (an Stelle der im Verfahren der freiwilligen Gerichtsbarkeit nicht zulässigen einstweiligen Verfügungen nach §§ 935, 940 ZPO) erlassen werden, um zunächst eine Regelung streitiger Fragen für die Dauer des Verfahrens zu treffen oder um den Erfolg der Endentscheidung zu sichern. Solche einstweiligen Anordnungen setzen keinen Antrag voraus, sondern können vom Gericht auch von Amts wegen getroffen werden, wenn ein Verfahren nach § 43 Abs. 1 anhängig geworden ist. Die nach § 13 Abs. 4 HausratsVO zweifelhafte Frage, ob einstweilige Anordnungen selbständig angefochten werden können, stellt § 44 Abs. 3 WEG in verneinendem Sinne klar (vgl. OGHBZ NJW 49, 582; anders die Regelung im § 18 Abs. 2 LwVG). Auch die Zurückweisung eines Antrags auf Erlaß einer einstweiligen Verfügung kann nicht selbständig angefochten werden, wie aus § 45 Abs. 1 zu folgern ist (W-W 3; D 4). In beiden Fällen ist eine Anfechtung nur im Zusammenhange mit der Anfechtung der Endentscheidung durch sofortige Beschwerde möglich.

V. Endentscheidung (§ 44 Abs. 4)

1. **Durchführungsanordnungen.** Zugleich mit der Entscheidung in der Hauptsache sollen die Anordnungen getroffen werden, die zu ihrer Durchführung (insbesondere zur Beseitigung eines der Entscheidung widersprechenden Zustandes) notwendig sind (vgl. § 15 HausratsVO).

2. **Begründung.** Die (den Verfahrensantrag für die Instanz erledigende) Endentscheidung muß mit einer Begründung versehen werden. Dies ist gegenüber dem allgemeinen Verfahren des FGG und der HausratsVO eine Neuerung, entspricht aber dem § 21 Abs. 1 LwVG.

§ 45

Rechtsmittel, Rechtskraft

(1) Gegen die Entscheidung ist die sofortige Beschwerde zulässig, wenn der Wert des Beschwerdegegenstandes fünfzig Deutsche Mark übersteigt.

(2) Die Entscheidung wird mit der Rechtskraft wirksam. Sie ist für alle Beteiligten bindend.

(3) Aus rechtskräftigen Entscheidungen, gerichtlichen Vergleichen und einstweiligen Anordnungen findet die Zwangsvollstreckung nach den Vorschriften der Zivilprozeßordnung statt.

(4) Haben sich die tatsächlichen Verhältnisse wesentlich geändert, so kann der Richter auf Antrag eines Beteiligten seine Entscheidung oder einen gerichtlichen Vergleich ändern, soweit dies zur Vermeidung einer unbilligen Härte notwendig ist.

I. Rechtsmittel

1. Sofortige Beschwerde. Gegen die (den Verfahrensantrag erledigende) Endentscheidung des Amtsgerichts (nur eine solche versteht § 45 unter „Entscheidung") ist die sofortige Beschwerde (§ 22 FGG) statthaft (vgl. § 14 Satz 1 HausratsVO), wenn der Wert des Beschwerdegegenstandes 50 DM übersteigt. Wegen der Form der Beschwerdeeinlegung s. § 21 FGG. Das Amtsgericht darf seine Entscheidung nicht ändern (§ 18 Abs. 2 FGG). Beschwerdegericht ist die zuständige Zivilkammer des übergeordneten Landgerichts. Anschlußbeschwerde ist nicht zulässig (**RG** 120, 274; anders § 22 Abs. 2 LwVG; streitig für das Verfahren nach der HausratsVO; a. M. D 2; Hu 1 r, die aus dem Wesen des „echten Streitverfahrens" die Zulässigkeit der Anschlußbeschwerde herleiten wollen).

2. Weitere sofortige Beschwerde ist nach § 27 FGG gegen die Endentscheidung des Beschwerdegerichts gegeben, wenn diese auf einer Verletzung des Gesetzes beruht (h. M., zweifelnd Ho 1). Über die weitere Beschwerde entscheidet der zuständige Zivilsenat des übergeordneten Oberlandesgerichts, in Bayern des Bayerischen Obersten Landesgerichts (Gesetz Nr. 124 i. d. F. des 3. Änderungsgesetzes vom 23. 11. 53, GVBl. S. 191), in Rheinland-Pfalz das OLG Neustadt (Gesetz vom 15. 6. 49, GVBl. S. 255). Will das OLG von der auf weitere Beschwerde ergangenen Entscheidung eines anderen OLG, des Reichsgerichts oder des Bundesgerichtshofs abweichen, so hat es die weitere Beschwerde unter Begründung seiner Rechtsauffassung dem BGH vorzulegen, der dann zu entscheiden hat (§ 28 FGG).

II. Wirksamkeit

Abweichend von § 16 FGG werden Endentscheidungen nicht schon mit der Bekanntmachung an die Beteiligten, sondern erst mit dem Eintritt der formellen Rechtskraft (s. zu III) wirksam. Wirksamkeit der Entscheidung bedeutet, daß alle Beteiligten (§ 43 Abs. 4 WEG) an sie gebunden sind (§ 45 Abs. 2 WEG, vgl. § 16 Abs. 1 HausratsVO).

III. Die formelle Rechtskraft

der Entscheidung tritt ein, **1.** wenn mangels Erreichung der Beschwerdesumme von 50 DM die sofortige Beschwerde unzulässig ist, mit der Zustellung der Entscheidung; **2.** bei Nichtanfechtung der Entscheidung oder Einlegung eines unzulässigen Rechtsmittels mit dem Ablauf der zweiwöchigen Frist für die Einlegung der sofortigen Beschwerde; **3.** bei Verzicht aller Beteiligten auf Rechtsmittel mit der Erklärung dieses Verzichts; **4.** bei zulässiger Rechtsmitteleinlegung mit der Zustellung der letztinstanzlichen Entscheidung oder der Rücknahme des Rechtsmittels.

IV. Zwangsvollstreckung

Vollstreckungstitel sind formell rechtskräftige Endentscheidungen, gerichtliche Vergleiche und einstweilige Anordnungen, sofern diese Titel einen vollstreckbaren Inhalt haben, d. h. einem oder mehreren Beteiligten die Verpflichtung zu bestimmten Leistungen, Handlungen, Unterlassungen oder Duldungen auferlegen. Das Vollstreckungsverfahren richtet sich nach den Vorschriften im 8. Buch der ZPO.

V. Materielle Rechtskraft

Ob und inwieweit gerichtliche Entscheidungen im Verfahren der freiwilligen Gerichtsbarkeit materieller Rechtskraft fähig sind, d. h. den Richter in einem späteren Verfahren in derselben Angelegenheit zwischen denselben Beteiligten binden, ist streitig. Für die Angelegenheiten des § 43 Abs. 1 trifft § 45 Abs. 4 (vgl. § 17 HausratsVO) eine Sonderregelung. Danach gilt folgendes:

1. Grundsätzlich sind formell rechtskräftige Endentscheidungen und gerichtliche Vergleiche unabänderlich und für den Richter in einem neuen Verfahren bindend, äußern also materielle Rechtskraft (W-W 5; D 5).

2. Ausnahmen bestehen insofern, als der Richter auf Antrag eines Beteiligten seine Entscheidung oder einen gerichtlichen Vergleich (nicht aber eine sonstige Vereinbarung oder einen Beschluß der Raumeigentümer) ändern kann, 1. wenn die der Entscheidung oder dem Vergleich zugrunde liegenden tatsächlichen Verhältnisse sich wesentlich geändert haben und 2. soweit die Änderung zur Vermeidung einer unbilligen Härte notwendig ist.

§ 46

Verhältnis zu Rechtsstreitigkeiten

(1) Werden in einem Rechtsstreit Angelegenheiten anhängig gemacht, über die nach § 43 Abs. 1 im Verfahren der freiwilligen Gerichtsbarkeit zu entscheiden ist, so hat das Prozeßgericht die Sache insoweit an das nach § 43 Abs. 1 zuständige Amtsgericht zur Erledigung im Verfahren der freiwilligen Gerichtsbarkeit abzugeben. Der Abgabebeschluß kann nach Anhörung der Parteien ohne mündliche Verhandlung ergehen. Er ist für das in ihm bezeichnete Gericht bindend.

(2) Hängt die Entscheidung eines Rechtsstreits vom Ausgang eines in § 43 Abs. 1 bezeichneten Verfahrens ab, so kann das Prozeßgericht anordnen, daß die Verhandlung bis zur Erledigung dieses Verfahrens ausgesetzt wird.

I. Abgabe durch das Prozeßgericht (Abs. 1)

1. Abgabepflicht. Da in den Angelegenheiten des § 43 Abs. 1 WEG das Amtsgericht als Gericht der freiwilligen Gerichtsbarkeit im ersten Rechtszuge ausschließlich zuständig ist (§ 43 zu B I 1), ist dem Prozeßgericht die Entscheidung in einer solchen Angelegenheit entzogen, wenn sie irrtümlich im Klagewege bei ihm anhängig gemacht wird. Das Prozeßgericht hat (auch im höheren Rechtszuge) aber in einem solchen Falle die Klage nicht wegen Unzuständigkeit des angerufenen Gerichts ohne sachliche Prüfung abzuweisen, sondern an das zuständige Amtsgericht zur Erledigung im Verfahren der freiwilligen Gerichtsbarkeit abzugeben (§ 46 Abs. 1 WEG; vgl. § 18 HausratsVO und dazu Fachinger MDR 49, 75; s. auch § 12 Abs. 2 LwVG). Wegen der kostenrechtlichen Behandlung der Abgabe s. § 50.

2. Verfahren. Die Abgabe hat durch besonderen Beschluß, nicht etwa formlos zu geschehen. Vor Erlaß des Abgabebeschlusses hat das Gericht den Beteiligten Gelegenheit zur Äußerung zu geben, doch ist eine mündliche Verhandlung nicht erforderlich.

3. Bindende Wirkung. Der Abgabebeschluß bindet, auch wenn er unrichtig ist, das Amtsgericht, an das die Sache abgegeben wird. Ob der Beschluß auch die Beteiligten bindet, sagt das Gesetz nicht, doch wird das anzunehmen sein (so auch Hu 1 b), da § 46 WEG (ebenso wie § 18 HausratsVO) keine Anfechtung des Beschlusses durch die Beteiligten vorsieht, die Abgabe auch nicht als Zurückweisung eines das Verfahren betreffenden Gesuchs (§ 567 Abs. 1 ZPO) angesehen werden kann und § 276 Abs. 2 ZPO keinen Schluß auf das Gegenteil zuläßt. Entscheidet das Prozeßgericht unzulässigerweise in der Sache selbst, so wird das ergangene Urteil, wenn es rechtskräftig geworden ist, als die Prozeßparteien bindend zu erachten sein (D 2).

II. Abgabe an das Prozeßgericht

Nicht geregelt ist im WEG und in der HausratsVO der Fall, daß eine Angelegenheit, für die nicht das Amtsgericht als Gericht der freiwilligen Gerichtsbarkeit, sondern das Prozeßgericht zuständig ist (z. B. für Ansprüche aus §§ 17—19 WEG, s. § 43 Abs. 1 Nr. 1), irrtümlich beim Amtsgericht als Gericht der freiwilligen Gerichtsbarkeit geltend gemacht wird. Es wird anzunehmen sein, daß in diesem Falle § 46 Abs. 1 entsprechend anwendbar ist (vgl. auch § 12 Abs. 1 LwVG; a. M. Hu 1 d).

III. Aussetzung der Verhandlung

Ist das Prozeßgericht zwar sachlich zuständig, hängt aber die Entscheidung des bei ihm anhängigen Rechtsstreits vom Ausgang eines Verfahrens nach § 43 Abs. 1 ab, so kann es, wie § 46 Abs. 2 WEG in Ergänzung des § 148 ZPO bestimmt, die Verhandlung bis zur rechtskräftigen Erledigung dieses Verfahrens aussetzen.

§ 47
Kostenentscheidung

Welche Beteiligten die Gerichtskosten zu tragen haben, bestimmt der Richter nach billigem Ermessen. Er kann dabei auch bestimmen, daß die außergerichtlichen Kosten ganz oder teilweise zu erstatten sind.

I. Gerichtskosten

Nach § 2 Nr. 1 KostO hat im Antragsverfahren der freiwilligen Gerichtsbarkeit derjenige die gerichtlichen Kosten (Gebühren und Auslagen) zu tragen, der die Tätigkeit des Gerichts veranlaßt hat. Abweichend hiervon überläßt § 47 Satz 1 WEG nach dem Vorbild des § 20 Satz 1 HausratsVO (vgl. § 44 LwVG) es dem billigen Ermessen des Richters, zu bestimmen, welche Beteiligten die Gerichtskosten des Verfahrens zu tragen haben. Er kann daher die Gerichtskosten dem oder den unterliegenden, aber, wenn es billig erscheint, auch anderen Beteiligten auferlegen. Die Kostenentscheidung kann grundsätzlich nur zusammen mit der Entscheidung in der Hauptsache angefochten werden; ergeht jedoch eine Entscheidung in der Hauptsache nicht, weil diese sich ohne gerichtliche Entscheidung erledigt hat, so ist gegen die dann erforderliche „isolierte“ Kostenentscheidung die sofortige Beschwerde zulässig, wenn der Wert des Beschwerdegegenstandes 50 DM übersteigt (§ 20a FGG).

II. Außergerichtliche Kosten

Im Verfahren der freiwilligen Gerichtsbarkeit hat grundsätzlich jeder Beteiligte die ihm erwachsenen außergerichtlichen Kosten (insbesondere die Kosten seines Prozeßbevollmächtigten, wenn er einen solchen bestellt hat), selbst zu tragen. Abweichend hiervon gibt § 47 Satz 2 WEG (entsprechend § 20 Satz 2 HausratsVO, vgl. auch § 45 LwVG) dem Richter die Befugnis, zu bestimmen, daß die einem oder mehreren Beteiligten erwachsenen außergerichtlichen Kosten von anderen Beteiligten ganz oder teilweise erstattet werden; auch hierüber entscheidet das billige Ermessen des Richters. Hat er bei der Kostenentscheidung eine solche Bestimmung versehentlich unterlassen, so wird diese in sinngemäßer Anwendung von § 321 ZPO nachgeholt werden können (W-W 1; D 2; anders im Falle des § 45 Abs. 1 Satz 1 LwVG, weil dort die Erstattung außergerichtlicher Kosten nur bei Entscheidung der Hauptsache angeordnet werden kann.

§ 48
Kosten des Verfahrens

(1) Für das gerichtliche Verfahren wird die volle Gebühr erhoben. Kommt es zur gerichtlichen Entscheidung, so erhöht sich die Gebühr auf das Dreifache der vollen Gebühr. Wird der Antrag zurückgenommen, bevor es zu einer Entscheidung oder einer vom Gericht vermittelten Einigung gekommen ist, so ermäßigt sich die Gebühr auf die Hälfte der vollen Gebühr.

(2) Der Richter setzt den Geschäftswert nach dem Interesse der Beteiligten an der Entscheidung von Amts wegen fest. Als Geschäftswert ist, sofern nicht ausnahmsweise das Interesse der Beteiligten erheblich höher oder niedriger zu bewerten ist, der jährliche Mietwert der Gebäude- und Grundstücksteile anzunehmen.

(3) Für das Beschwerdeverfahren werden die gleichen Gebühren wie im ersten Rechtszug erhoben.

I. Gerichtsgebühren

Nach § 48 Abs. 1 und 3, der dem § 21 Abs. 1 und 3 HausratsVO entspricht, betragen in den Verfahren nach § 43 Abs. 1 gleichmäßig für alle Rechtszüge die Sätze der Gerichtsgebühren **1.** die volle Gebühr (§ 26 KostO), wenn ein gerichtlicher Vergleich zustande kommt, **2.** das Dreifache der vollen Gebühr, wenn eine Endentscheidung ergeht, **3.** die Hälfte der vollen Gebühr, wenn der Verfahrensantrag zurückgenommen wird, bevor es zu einer Endentscheidung oder zu einem gerichtlichen Vergleich gekommen ist.

II. Geschäftswert

Der Geschäftswert, nach dem die Gerichtsgebühren zu berechnen sind, ist vom Richter von Amts wegen festzusetzen. Maßgebend für die Höhe des Geschäftswertes ist das Interesse der Beteiligten an der Entscheidung über den Verfahrensantrag, das für den Regelfall mit dem jährlichen (so nach der durch Art. 14 des Gesetzes über Maßnahmen auf dem Gebiete des Kostenrechts vom 7. 8. 52 — BGBl. I 401 — geänderten Fassung des § 48) Mietwert der im Streit befangenen Gebäude und Grundstücksteile gleichzusetzen ist (§ 48 Abs. 2).

§ 49

Rechtsanwaltsgebühren

(1) Die für die bürgerlichen Rechtsstreitigkeiten geltenden Vorschriften der Gebührenordnung für Rechtsanwälte sind sinngemäß anzuwenden.

(2) Im Beschwerdeverfahren erhält der Rechtsanwalt die gleichen Gebühren wie im ersten Rechtszug.

(3) Die Gebühren bemessen sich nach dem für die Berechnung der Gerichtsgebühren maßgebenden Geschäftswert.

Die Gebühren der Rechtsanwälte bestimmen sich, obwohl es sich um Angelegenheiten der freiwilligen Gerichtsbarkeit handelt, nach den für bürgerliche Rechtsstreitigkeiten geltenden Vorschriften der RAGebO (vgl. § 22 HausratsVO und § 48 LwVG); es kommen also außer der Prozeßgebühr insbesondere auch Verhandlungs-, Beweis- und Vergleichsgebühren in Frage. Die Gebührensätze richten sich nach § 9 RAGebO i. V. mit Art. 1 des Gesetzes über Maßnahmen auf dem Gebiete des Kostenrechts vom 7. 8. 52 (BGBl. I 401); sie bestimmen sich nach dem Geschäftswert, den das Gericht für die Berechnung der Gerichtsgebühren festgesetzt hat, und sind — ebenso wie die Gerichtsgebühren — für alle Rechtszüge gleich.

§ 50

Kosten des Verfahrens vor dem Prozeßgericht

Gibt das Prozeßgericht die Sache nach § 46 an das Amtsgericht ab, so ist das bisherige Verfahren vor dem Prozeßgericht für die Erhebung der Gerichts- und Rechtsanwaltskosten als Teil des Verfahrens vor dem übernehmenden Gericht zu behandeln.

§ 50 regelt die Abgabe einer Angelegenheit nach § 43 Abs. 1 vom Prozeßgericht an das Gericht der freiwilligen Gerichtsbarkeit (§ 46) in kostenrechtlicher Hinsicht im Anschluß an § 23 HausratsVO (vgl. auch § 12 Abs. 3 LwVG und § 276 Abs. 3 Satz 1 ZPO) dahin, daß für die Erhebung der Gerichts- und Rechtsanwaltskosten das Verfahren vor beiden Gerichten als einheitliches Verfahren angesehen wird, d. h. das Verfahren vor dem abgebenden Gericht ist kostenrechtlich als ein Teil des Verfahrens vor dem übernehmenden Gericht zu behandeln Die Gerichts- und Rechtsanwaltskosten richten sich also ausschließlich nach den §§ 47—49 WEG

2. Abschnitt

Zuständigkeit für Rechtsstreitigkeiten

Während der 1. Abschnitt des III. Teils des WEG das Verfahren der freiwilligen Gerichtsbarkeit in Raumeigentumsangelegenheiten behandelt, betrifft der 2. Abschnitt (§§ 51, 52) das Zivilprozeßverfahren in Angelegenheiten des WEG, enthält jedoch insoweit nur Zuständigkeitsvorschriften; im übrigen bleiben die allgemeinen Vorschriften des GVG und der ZPO unberührt. § 51 bezieht sich auf Rechtsstreitigkeiten aus dem Raumeigentum, § 52 auf Rechtsstreitigkeiten aus dem Dauerrecht. Anders als im Verfahren der freiwilligen Gerichtsbarkeit nach § 43 Abs. 1 sind die im 2. Abschnitt geregelten zivilprozessualen Zuständigkeiten keine ausschließlichen, wobei jedoch § 24 ZPO zu beachten ist (W-W § 52 A 2a; D Einf. A 2). Schiedsverträge sind zulässig.

§ 51

Zuständigkeit für die Klage auf Entziehung des Wohnungseigentums

Das Amtsgericht, in dessen Bezirk das Grundstück liegt, ist ohne Rücksicht auf den Wert des Streitgegenstandes für Rechtsstreitigkeiten zwischen Wohnungseigentümern wegen Entziehung des Wohnungseigentums (§ 18) zuständig.

I. Allgemeines

Von den aus dem Raumeigentum sich ergebenden Streitigkeiten sind nach § 43 Abs. 1 WEG der Entscheidung im Zivilprozeßverfahren vorbehalten **1.** die Ansprüche im Falle der Aufhebung der Gemeinschaft der Raumeigentümer (§ 17, s. dort zu I), **2.** der Anspruch gegen einen Raumeigentümer auf Entziehung des Raumeigentums (§§ 18, 19). § 51 befaßt sich nur mit der gerichtlichen Zuständigkeit bei Geltendmachung des Anspruchs zu 2. Für die Zuständigkeit im Falle der Aufhebung der Raumeigentümergemeinschaft bestehen also keine Besonderheiten (vgl. § 24 ZPO).

II. Zuständigkeit bei Klage auf Entziehung des Raumeigentums (§ 18)

Hier ist zuständig: **1.** sachlich das Amtsgericht ohne Rücksicht auf den Wert des Streitgegenstandes, **2.** örtlich das Amtsgericht, in dessen Bezirk das Grundstück liegt. Die Zuständigkeit des Amtsgerichts ist mit Rücksicht auf die Eilbedürftigkeit der Erledigung dieser Rechtsstreitigkeiten und auf ihre Ähnlichkeit mit Mietstreitigkeiten vorgeschrieben worden (Begr.).

§ 52

Zuständigkeit für Rechtsstreitigkeiten über das Dauerwohnrecht

Das Amtsgericht, in dessen Bezirk das Grundstück liegt, ist ohne Rücksicht auf den Wert des Streitgegenstandes zuständig für Streitigkeiten zwischen dem Eigentümer und dem Dauerwohnberechtigten über den in § 33 bezeichneten Inhalt und den Heimfall (§ 36 Abs. 1 bis 3) des Dauerwohnrechts.

I. Allgemeines

Streitigkeiten aus dem Dauerrecht (§§ 31—42) sind — anders als Streitigkeiten aus dem Raumeigentum — stets im Zivilprozeßverfahren zu erledigen. § 52 WEG regelt nur die sachliche und örtliche Zuständigkeit für einige Arten dieser Streitigkeiten.

II. Besondere Zuständigkeitsregelung

1. Sie **betrifft** nur Streitigkeiten zwischen dem Eigentümer (Erbbauberechtigten) und dem Berechtigten über **a)** den in § 33 bezeichneten Inhalt des Dauerrechts, insbesondere über den Gebrauch und die Nutzungen, die Instandhaltung und Instandsetzung der dem Dauerrecht unterliegenden Gebäudeteile, die Versicherung des Gebäudes und seinen Wiederaufbau im Falle der Zerstörung (§ 33 Abs. 4), **b)** den Heimfall des Dauerrechts (§ 36 Abs. 1—3) mit Ausnahme von Streitigkeiten über die Entschädigung für den Heimfall (§ 36 Abs. 4).

2. Für die zu 1 erwähnten Streitigkeiten ist **zuständig: a)** sachlich das Amtsgericht ohne Rücksicht auf den Wert des Streitgegenstandes, **b)** örtlich das Amtsgericht, in dessen Bezirk das Grundstück liegt.

III. Andere Streitigkeiten aus dem Dauerrecht

1. Hierher gehören Streitigkeiten über **a)** das Bestehen, die Dauer oder den Gegenstand des Dauerrechts, **b)** Ansprüche aus § 34, **c)** die Beschränkung der Veräußerungsbefugnis (§ 35), **d)** die Entschädigung für den Heimfall (§ 36 Abs. 4), **e)** Ansprüche aus den §§ 37, 38, **f)** das Bestehenbleiben des Dauerrechts im Falle der Zwangsversteigerung des Grundstücks (§ 39), **g)** den Anspruch auf Entgelt für das Dauerrecht und die Haftung des Entgelts (§§ 40, 41 Abs. 3), **h)** Ansprüche auf Löschung von Eigentümergrundschulden (§ 41 Abs. 2), **i)** sonstige Ansprüche aus dem der Bestellung des Dauerrechts zugrunde liegenden schuldrechtlichen Verhältnis.

2. Für die **Zuständigkeit** in den zu III 1 erwähnten Streitigkeiten gelten die allgemeinen Vorschriften. Es ist also im ersten Rechtszuge je nach dem Werte des Streitgegenstandes das Amtsgericht oder das Landgericht zuständig. Den Wert des Streitgegenstandes hat das Gericht nach freiem Ermessen festzusetzen (§ 3 ZPO; § 9 GKG); § 10 GKG ist nicht anwendbar (W-W 5; D 4).

3. Abschnitt

Verfahren bei der Versteigerung des Wohnungseigentums

Nach § 19 Abs. 1 Satz 1 (s. § 19 zu I 2 b) wird das gegen einen Raumeigentümer ergangene rechtskräftige Urteil, das diesen zur Veräußerung seines Raumeigentums verurteilt, wenn er dem Urteil nicht freiwillig Folge leistet, durch zwangsweise Veräußerung des Raumeigentums im Wege der sog. „freiwilligen Versteigerung" vollstreckt. Diese Art der Versteigerung wurde gewählt, weil die Zwangsversteigerung nach dem ZVG für diese Fälle, in denen es sich nicht um eine Zwangsvollstreckung in das Raumeigentum wegen Geldforderungen, sondern lediglich um die Veräußerung des Raumeigentums handelt, nicht geeignet ist. Da das Verfahren der freiwilligen Versteigerung bundesrechtlich nicht geregelt ist und da landesgesetzliche Regelungen teils völlig fehlen, teils unzulänglich sind, mußte es im WEG selbst geordnet werden. Das ist in den §§ 53—58 geschehen, die sich an die entsprechenden Vorschriften des PreußFGG (Art. 66ff.) anlehnen, aber zur Anpassung an die aus dem WEG sich ergebenden Besonderheiten in Einzelheiten abweichen und einige zusätzliche Bestimmungen enthalten (Begr. zu § 53—58). Die §§ 53—58 beziehen sich nur auf die Versteigerung des Raumeigentums zur Durchführung eines Urteils aus § 19.

§ 53

Zuständigkeit, Verfahren

(1) Für die freiwillige Versteigerung des Wohnungseigentums im Falle des § 19 ist jeder Notar zuständig, in dessen Amtsbezirk das Grundstück liegt.

(2) Das Verfahren bestimmt sich nach den Vorschriften der §§ 54 bis 58. Für die durch die Versteigerung veranlaßten Beurkundungen gelten die allgemeinen Vorschriften. *Die Vorschriften der Verordnung über die Behandlung von Geboten in der Zwangsversteigerung vom 30. Juli 1941 (Reichsgesetzbl. I S. 354, 370) in der Fassung der Verordnung vom 27. Januar 1944 (Reichsgesetzbl. I S. 47) sind sinngemäß anzuwenden.*

I. Zuständigkeit (Abs. 1)

1. Sachlich sind für das Versteigerungsverfahren ausschließlich die Notare zuständig. Eine Zuständigkeit der Gerichte kommt also auch da nicht in Frage, wo sie etwa nach Landesrecht vorgesehen ist.

2. Örtlich zuständig ist jeder Notar, in dessen Amtsbezirk das Grundstück liegt. Amtsbezirk ist der Oberlandesgerichtsbezirk, in dem der Notar seinen Amtssitz hat. Unter den im Oberlandesgerichtsbezirk vorhandenen Notaren haben die Antragsteller die Wahl. Bei Meinungsverschiedenheiten der Antragsteller über den zu wählenden Notar hat derjenige Notar den Vorzug, der zuerst in der Sache tätig geworden ist (vgl. § 4 FGG; W-W 2; D 3).

II. Verfahren (Abs. 2 Satz 1)

Das Versteigerungsverfahren ist in den §§ 54—58 unter Ausschluß landesrechtlicher Vorschriften vollständig geregelt. Vorschriften des FGG sind nur insoweit anzuwenden, als § 53 Abs. 2 Satz 2 (s. unten zu III) und § 58 Abs. 2 WEG auf sie verweisen. Das Verfahren endet mit dem Zuschlag; die Auflassung gehört nicht mehr dazu (D 5).

III. Beurkundungen (Abs. 2 Satz 2)

Die Beurkundungstätigkeit des versteigernden Notars richtet sich nach den allgemeinen Vorschriften, d. h., soweit rechtsgeschäftliche Erklärungen zu beurkunden sind, nach den §§ 181, 168ff. FGG, soweit es sich um die Beurkundung von Tatsachen handelt, nach den landesrechtlichen Vorschriften (in den früher preußischen Ländern nach Art. 31 PreußFGG). Da die Versteigerung eine amtliche Tätigkeit des Notars ist, darf er trotz § 170 Nr. 1 FGG den von ihm erteilten Zuschlag selbst beurkunden (Schlegelberger FGG § 181 A 3; W-W 3; D 4).

IV. Höchstzulässiges Gebot und Preisvorschriften

1. GeboteVO. § 53 Abs. 2 Satz 3 ist heute gegenstandslos, nachdem die VO über die Behandlung von Geboten in der Zwangsversteigerung durch Art. 5 Nr. 16 des Gesetzes über Maßnahmen auf dem Gebiete der Zwangsvollstreckung vom 20. 8. 53 (BGBl. I 952) mit Wirkung vom 1. 10. 53 aufgehoben worden ist.

2. Preisvorschriften. Bei der Entziehung und Versteigerung des Raumeigentums wird es sich in aller Regel um bebaute Grundstücke handeln; diese unterliegen nach der VO PR 75/52 vom 28. 11. 52 (BGBl. I 792) nicht mehr der Preisbindung, so daß die VO über die Preisüberwachung und die Rechtsfolgen von Preisverstößen im Grundstücksverkehr vom 7. 7. 42 (RGBl. I 451) insoweit nicht mehr anwendbar ist. Wenn aber ausnahmsweise das Gebäude noch nicht errichtet ist (s. § 3 zu B II 3 b), sind die Preisvorschriften noch zu berücksichtigen; sie sind auch nicht durch die VO PR 1/55 über die Aufhebung von Preisvorschriften für die Veräußerung von Grundstücken im Wege der Zwangsversteigerung vom 17. 4. 45 (BAnz. Nr. 75 vom 20. 4. 55) aufgehoben worden, da diese VO sich nicht auf die freiwillige Versteigerung bezieht.

§ 54

Antrag, Versteigerungsbedingungen

(1) Die Versteigerung erfolgt auf Antrag eines jeden der Wohnungseigentümer, die das Urteil gemäß § 19 erwirkt haben.

(2) In dem Antrag sollen das Grundstück, das zu versteigernde Wohnungseigentum und das Urteil, auf Grund dessen die Versteigerung erfolgt, bezeichnet sein. Dem Antrag soll eine beglaubigte Abschrift des Wohnungsgrundbuches und ein Auszug aus dem amtlichen Verzeichnis der Grundstücke beigefügt werden.

(3) Die Versteigerungsbedingungen stellt der Notar nach billigem Ermessen fest; die Antragsteller und der verurteilte Wohnungseigentümer sind vor der Feststellung zu hören.

Vgl. Art. 66, 67 Abs. 1 PreußFGG.

I. Antrag

1. Antragsrecht. Die Einleitung des Versteigerungsverfahrens setzt ein rechtskräftiges Urteil nach § 19 WEG und einen schriftlichen Antrag voraus. Zum Antrage berechtigt ist jeder Raumeigentümer mit Ausnahme des Verurteilten, also nicht nur die Gesamtheit der Raumeigentümer, und auch ein Raumeigentümer, der dem Beschlusse nach § 18 Abs. 3 nicht zugestimmt hat oder von der Pflichtverletzung des Verurteilten persönlich nicht betroffen ist (Bä 1; D 1).

2. Als **Erfordernisse** schreibt die Sollvorschrift des § 54 Abs. 2 (deren Nichteinhaltung also den Antrag nicht unwirksam macht) vor:

a) für den Inhalt des Antrags die Bezeichnung **aa)** des Grundstücks, **bb)** des zu versteigernden Raumeigentums, **cc)** des Urteils, das dem Antrage zugrunde liegt;

b) als Anlagen des Antrags aa) eine beglaubigte Abschrift des Wohnungsgrundbuchs (Teileigentumsgrundbuchs), **bb)** eines Auszugs aus dem amtlichen Verzeichnis der Grundstücke (§ 2 Abs. 2 GBO; § 6 AVO vom 8. 8. 35, RGBl. I 1089) als Ersatz für das fehlende Grundbuch des Grundstücks.

II. Versteigerungsbedingungen (Abs. 3)

1. Feststellung. Sie liegt hier nicht dem Antragsteller, sondern dem Notar ob, der sich dabei vom billigen Ermessen leiten zu lassen und vorher den Antragsteller und den verurteilten Raumeigentümer zu hören hat. Gegen die Feststellung, die vor dem Versteigerungstermin getroffen werden muß (§ 55 Abs. 2 Nr. 5), ist sofortige Beschwerde statthaft (§ 58 Abs. 1); die festgestellten Versteigerungsbedingungen werden daher dem Antragsteller und dem verurteilten Raumeigentümer bekanntzumachen sein (Hu 6; D 11).

2. Inhalt. Da es sich nicht um eine Zwangsversteigerung handelt, gibt es hier weder einen betreibenden Gläubiger noch ein geringstes Gebot. Der Zuschlag bringt nicht die das Raumeigentum belastenden dinglichen Rechte zum Erlöschen, auch nicht einen Eigentumsübergang, sondern nur einen Kaufvertrag zustande. Der Inhalt der Versteigerungsbedingungen wird daher im wesentlichen dem eines angemessenen Kaufvertrages entsprechen müssen (W-W 2; D 5—7). Ist eine Beschränkung der Veräußerungsbefugnis (§ 12) vereinbart, so wird auch zu bestimmen sein, ob der Zuschlag erst nach oder schon vor dem Nachweis der Zustimmung des oder der Zustimmungsberechtigung erteilt werden kann (D 9).

§ 55

Terminsbestimmung

(1) Der Zeitraum zwischen der Anberaumung des Termins und dem Termin soll nicht mehr als drei Monate betragen. Zwischen der Bekanntmachung der Terminsbestimmung und dem Termin soll in der Regel ein Zeitraum von sechs Wochen liegen.

(2) Die Terminsbestimmung soll enthalten:

1. die Bezeichnung des Grundstücks und des zu versteigernden Wohnungseigentums;

2. Zeit und Ort der Versteigerung;

3. die Angabe, daß die Versteigerung eine freiwillige ist;

4. die Bezeichnung des verurteilten Wohnungseigentümers sowie die Angabe des Wohnungsgrundbuchblattes *und, soweit möglich, des von der Preisbehörde bestimmten Betrages des höchstzulässigen Gebots*)*;

5. die Angabe des Ortes, wo die festgestellten Versteigerungsbedingungen eingesehen werden können.

(3) Die Terminsbestimmung ist öffentlich bekanntzugeben:

1. durch einmalige, auf Verlangen des verurteilten Wohnungseigentümers mehrmalige Einrückung in das Blatt, das für Bekanntmachungen des nach § 43 zuständigen Amtsgerichts bestimmt ist;

2. durch Anschlag der Terminsbestimmung in der Gemeinde, in deren Bezirk das Grundstück liegt, an die für amtliche Bekanntmachungen bestimmte Stelle;

3. durch Anschlag an die Gerichtstafel des nach § 43 zuständigen Amtsgerichts.

(4) Die Terminsbestimmung ist dem Antragsteller und dem verurteilten Wohnungseigentümer mitzuteilen.

(5) Die Einsicht der Versteigerungsbedingungen und der in § 54 Abs. 2 bezeichneten Urkunden ist jedem gestattet.

Vgl. Art. 67 Abs. 2, 68—71 PreußFGG.

I. Terminsanberaumung (Abs. 1)

Es soll betragen **1.** der Zeitraum zwischen der Bekanntmachung der Terminsbestimmung (Abs. 3) und dem Termin in der Regel 6 Wochen, **2.** der Zeitraum zwischen der Terminsanberaumung und dem Termin nicht mehr als 3 Monate.

II. Terminsbestimmung

1. Ihr notwendiger **Inhalt** ergibt sich aus Abs. 2.

2. Öffentliche Bekanntgabe ist nach Maßgabe des Abs. 3 erforderlich.

3. Besondere Mitteilung an den Antragsteller und den verurteilten Raumeigentümer ist durch Abs. 4 vorgeschrieben.

III. Einsicht in die Versteigerungsbedingungen

(§ 54 Abs. 3) und die im § 54 Abs. 2 bezeichneten Urkunden (Abschrift des Wohnungsgrundbuchs oder Teileigentumsgrundbuchs und Auszug aus dem amtlichen Verzeichnis der Grundstücke) steht jedem frei (§ 55 Abs. 5); ein Interesse an der Einsichtnahme braucht nicht glaubhaft gemacht zu werden. Einsicht in das Urteil und den Versteigerungsantrag kann nicht verlangt werden (D 12; a.M. Hu 5), desgleichen nicht Besichtigung der im Sondereigentum des verurteilten Raumeigentümers stehenden Räume (D 13).

---

*) Die kursiv gedruckten Worte sind durch die Aufhebung der GeboteVO gegenstandslos geworden (s. § 53 zu IV 1).

§ 56

Versteigerungstermin

(1) In dem Versteigerungstermin werden nach dem Aufruf der Sache die Versteigerungsbedingungen und die das zu versteigernde Wohnungseigentum betreffenden Nachweisungen bekanntgemacht. Hierauf fordert der Notar zur Abgabe von Geboten auf.

(2) Der verurteilte Wohnungseigentümer ist zur Abgabe von Geboten weder persönlich noch durch einen Stellvertreter berechtigt. Ein gleichwohl erfolgtes Gebot gilt als nicht abgegeben. Die Abtretung des Rechtes aus dem Meistgebot an den verurteilten Wohnungseigentümer ist nichtig.

(3) Hat nach den Versteigerungsbedingungen ein Bieter durch Hinterlegung von Geld oder Wertpapieren Sicherheit zu leisten, so gilt in dem Verhältnis zwischen den Beteiligten die Übergabe an den Notar als Hinterlegung.

Vgl. Art. 72, 73 PreußFGG.

I. Die Einleitung des Verfahrens im Versteigerungstermin vollzieht sich in drei Phasen:

1. Aufruf der Sache;

2. Bekanntmachung a) der Versteigerungsbedingungen (§ 54 zu II), **b)** der das zu versteigernde Raumeigentum betreffenden Nachweisungen, nämlich des dem Versteigerungsantrage zugrunde liegenden Urteils (§ 19), der beglaubigten Abschrift des Wohnungsgrundbuchs (Teileigentumsgrundbuchs), des Auszugs aus dem amtlichen Grundstücksverzeichnis und des Mindestgebots (§ 57 Abs. 3).

3. Aufforderung zur Abgabe von Geboten; der Zeitpunkt der Aufforderung ist in der Niederschrift festzustellen (vgl. § 57 Abs. 1; D 3).

II. Ausschluß des verurteilten Raumeigentümers als Bieter

Um zu verhindern, daß der verurteilte Raumeigentümer sein Raumeigentum ersteigert und damit in der Raumeigentümerschaft verbleibt, schließt § 56 Abs. 2 ihn vom Bieten aus: er kann weder persönlich noch durch einen Stellvertreter Gebote abgeben; geschieht dies doch, so gilt das Gebot als nicht abgegeben. Ebensowenig kann ihm das Recht des Meistbietenden aus dem Meistgebot abgetreten werden; eine solche Abtretung ist nichtig.

III. Sicherheitsleistung (Abs. 3)

Hat der Notar in den Versteigerungsbedingungen (§ 54 Abs. 3) bestimmt, daß ein Bieter (durch Hinterlegung von Geld oder Wertpapieren) Sicherheit zu leisten habe, so kann die Sicherheit dem Notar übergeben werden; die Übergabe gilt dann im Verhältnis zwischen den Beteiligten (Antragsteller, verurteilter Raumeigentümer und Bieter) als Hinterlegung (vgl. § 69 Abs. 3 ZVG).

§ 57

Zuschlag

(1) Zwischen der Aufforderung zur Abgabe von Geboten und dem Zeitpunkt, in welchem die Versteigerung geschlossen wird, soll *unbeschadet des § 53 Abs. 2 Satz 3** **) mindestens eine Stunde liegen. Die Versteigerung soll solange fortgesetzt werden, bis ungeachtet der Aufforderung des Notars ein Gebot nicht mehr abgegeben wird.**

(2) Der Notar hat das letzte Gebot mittels dreimaligen Aufrufs zu verkünden und, soweit tunlich, den Antragsteller und den verurteilten Wohnungseigentümer über den Zuschlag zu hören.

(3) Bleibt das abgegebene Meistgebot *hinter sieben Zehnteln des von der Preisbehörde bestimmten Betrages des höchstzulässigen Gebots oder in Ermangelung eines solchen** **) hinter sieben Zehnteln des Einheitswertes des versteigerten Woh-**

---

*) Gegenstandslos infolge Aufhebung der GeboteVO (s. § 53 zu IV I).

nungseigentums zurück, so kann der verurteilte Wohnungseigentümer bis zum Schluß der Verhandlung über den Zuschlag (Absatz 2) die Versagung des Zuschlags verlangen.

(4) Wird der Zuschlag nach Absatz 3 versagt, so hat der Notar von Amts wegen einen neuen Versteigerungstermin zu bestimmen. Der Zeitraum zwischen den beiden Terminen soll sechs Wochen nicht übersteigen, sofern die Antragsteller nicht einer längeren Frist zustimmen.

(5) In dem neuen Termin kann der Zuschlag nicht nach Absatz 3 versagt werden.

Vgl. Art. 74 PreußFGG.

I. Abgabe von Geboten

Zwischen der Aufforderung zur Abgabe von Geboten und dem Schluß der Versteigerung soll mindestens eine Stunde liegen, um übereilte Entschlüsse zu verhüten. Die Versteigerung dauert aber länger, wenn noch später Gebote abgegeben werden; sie soll solange fortgesetzt werden, bis ungeachtet der Aufforderung des Notars ein Gebot nicht mehr abgegeben wird (§ 57 Abs. 1). Ein Gebot erlischt, wenn ein Übergebot abgegeben oder die Versteigerung ohne Erteilung des Zuschlags geschlossen wird (§ 156 Satz 2 BGB). Das letzte Gebot hat der Notar durch dreimaligen Aufruf zu verkünden. Meldet sich kein weiterer Bieter, so endet damit die Versteigerung. Sodann hat der Notar den Antragsteller und den verurteilten Raumeigentümer über den Zuschlag zu hören, soweit dies tunlich ist (§ 57 Abs. 2), und darauf über den Zuschlag zu entscheiden.

II. Nichterreichung des Mindestgebots (Abs. 3—5; vgl. §§ 74a, 74b ZVG)

Erreicht das abgegebene Meistgebot nicht $^7/_{10}$ des nach § 61 festgestellten Einheitswertes des versteigerten Raumeigentums (eine Festsetzung des Verkehrswertes wie im Falle des § 74a Abs. 5 ZVG kommt hier nicht in Betracht), so kann der verurteilte Raumeigentümer bei seiner Anhörung nach Abs. 2, also bis zum Schluß der Verhandlung über den Zuschlag, die Versagung des Zuschlags verlangen. Wird daraufhin der Zuschlag versagt, so hat der Notar von Amts wegen unter Beachtung der §§ 55, 56 einen neuen Versteigerungstermin zu bestimmen, der nicht länger als 6 Wochen nach dem ersten Termin liegen soll, sofern nicht der Antragsteller einer längeren Frist zustimmt. In dem neuen Termin kann, wenn das Meistgebot wiederum hinter $^7/_{10}$ des Einheitswertes des versteigerten Raumeigentums zurückbleibt, der Zuschlag nicht mehr aus diesem Grunde versagt werden.

III. Erteilung des Zuschlags

Die Entscheidung darüber, ob dem Meistbietenden der Zuschlag erteilt wird, hat der Notar entweder im Versteigerungstermin oder in einem sofort anzuberaumenden Verkündungstermin (vgl. § 87 ZVG) zu verkünden; er kann sie auch selbst beurkunden (s. § 53 zu III). Gegen seine Entscheidung ist die sofortige Beschwerde gegeben (§ 58 Abs. 1). Mit der Rechtskraft des Zuschlagsbeschlusses kommt ein den Versteigerungsbedingungen entsprechender Kaufvertrag zwischen dem Ersteher und dem verurteilten Raumeigentümer zustande (§ 156 Satz 1 BGB).

IV. Auflassung

Zum Übergang des versteigerten Raumeigentums auf den Ersteher sind weiterhin Auflassung und Eintragung im Grundbuch erforderlich. Da die Auflassungserklärung des verurteilten Raumeigentümers bereits durch das gegen ihn ergangene rechtskräftige Urteil ersetzt ist (§ 19 zu II 1 b), bedarf es zur Auflassung nur noch der Annahmeerklärung des Erstehers, die vor dem Notar oder dem Grundbuchamt abzugeben ist (KG HRR 36, 137).

§ 58

Rechtsmittel

(1) Gegen die Verfügung des Notars, durch die die Versteigerungsbedingungen festgesetzt werden, sowie gegen die Entscheidung des Notars über den Zuschlag findet das Rechtsmittel der sofortigen Beschwerde mit aufschiebender Wirkung statt. Über die sofortige Beschwerde entscheidet das Landgericht, in dessen Bezirk das Grundstück liegt. Eine weitere Beschwerde ist nicht zulässig.

(2) Für die sofortige Beschwerde und das Verfahren des Beschwerdegerichts gelten die Vorschriften des Reichsgesetzes über die Angelegenheiten der freiwilligen Gerichtsbarkeit.

I. Rechtsmittel

1. Anfechtbar sind nur **a)** die Festsetzung der Versteigerungsbedingungen durch den Notar (§ 54 Abs. 3), **b)** die Entscheidung des Notars über den Zuschlag (§ 57). Andere Verfügungen des Notars unterliegen keiner Anfechtung.

2. Sofortige Beschwerde. Das in den Fällen der Anfechtbarkeit zulässige Rechtsmittel ist die sofortige Beschwerde nach § 22 FGG. Sie hat (entgegen § 24 Abs. 1 FGG) aufschiebende Wirkung (§ 58 Abs. 1 Satz 1). Beschwerdeberechtigt sind der oder die Antragsteller und der verurteilte Raumeigentümer, sofern sie durch die angefochtene Verfügung des Notars beschwert sind (§ 20 FGG), bei Versagung des Zuschlags auch der Meistbietende, bei Erteilung des Zuschlags andere Bieter, wenn sie sich auf Unwirksamkeit des Meistgebots berufen (D 7). Eine weitere Beschwerde (§ 27 FGG) ist ausgeschlossen (§ 58 Abs. 1 Satz 3).

II. Zuständigkeit und Verfahren

1. Zuständigkeit. Beschwerdegericht ist das Landgericht, in dessen Bezirk das Grundstück liegt. Ohne Einfluß auf die Zuständigkeit ist also der Amtssitz des versteigernden Notars.

2. Verfahren. Es richtet sich nach den §§ 21—23, 25 FGG. Die Beschwerdeentscheidung wird mit ihrer Bekanntmachung rechtskräftig und wirksam. Die Entscheidung über die Kosten des Beschwerdeverfahrens richtet sich nach § 123 KostO.

IV. Teil

Ergänzende Bestimmungen

§ 59

Ausführungsbestimmungen für die Baubehörden

Der Bundesminister für Wohnungsbau erläßt im Einvernehmen mit dem Bundesminister der Justiz Richtlinien für die Baubehörden über die Bescheinigung gemäß § 7 Abs. 4 Nr. 2, § 32 Abs. 2 Nr. 2.

Die Richtlinien sind für das Bundesgebiet mit Zustimmung des Bundesrats am 3. 8. 51 erlassen und im BAnz 51 Nr. 152 (GemMinBl S. 198) verkündet worden (abgedruckt auch bei W-W S. 226ff., D S. 551f., Bä S. 132ff., Hu S. 190f.).

§ 60

Ehewohnung

Die Vorschriften der Verordnung über die Behandlung der Ehewohnung und des Hausrats (Sechste Durchführungsverordnung zum Ehegesetz) vom 21. Oktober 1944 (Reichsgesetzbl. I S. 256) gelten entsprechend, wenn die Ehewohnung im Wohnungseigentum eines oder beider Ehegatten steht oder wenn einem oder beiden Ehegatten das Dauerwohnrecht an der Ehewohnung zusteht.

§ 60 erklärt zur Behebung von Zweifeln die HausratsVO auch dann für anwendbar, wenn die Ehewohnung im Wohnungseigentum eines oder beider Ehegatten steht oder wenn einem oder beiden Ehegatten das Dauerwohnrecht an der Ehewohnung zusteht (Begr.). Da der Richter nur die Benutzung der Ehewohnung durch die geschiedenen Ehegatten zu regeln hat, ergeben sich für die Anwendung der HausratsVO im Rahmen des WEG keine Besonderheiten.

§ 61

Einheitsbewertung

Jedes Wohnungseigentum bildet eine wirtschaftliche Einheit im Sinne des § 2 des Reichsbewertungsgesetzes und einen selbständigen Steuergegenstand im Sinne des Grundsteuergesetzes.

I. Einheitsbewertung

Nach § 2 des Reichsbewertungsgesetzes vom 16. 10. 34 (RGBl. I 1035) ist jede „wirtschaftliche Einheit" für sich zu bewerten, wobei die Verkehrsanschauung darüber entscheidet, was als wirtschaftliche Einheit anzusehen ist. Die Frage, ob beim Raumeigentum das Grundstück und Gebäude im ganzen (§ 50 des Reichsbewertungsgesetzes) oder das einzelne Raumeigentum als wirtschaftliche Einheit anzusehen ist, klärt § 61 im zweiten Sinne.

II. Grundsteuer

Nach dem Grundsteuergesetz vom 1. 12. 36 (RGBl. I 986) ist Steuergegenstand für die Grundsteuer das Grundstück einschließlich der Bestandteile. Gehört der Steuergegenstand mehreren, so haften sie nach § 7 Abs. 2 des Grundsteuergesetzes für die Grundsteuer als Gesamtschuldner; danach würden auch die Raumeigentümer eines Gebäudes für die Grundsteuer gesamtschuldnerisch haften. Dies wird aber durch § 61 WEG ausgeschlossen; danach bildet jedes Raumeigentum einen selbständigen Steuergegenstand i. S. des Grundsteuergesetzes, so daß die Grundsteuer von jedem Raumeigentümer für sein Raumeigentum zu erheben ist (vgl. auch Nr. 78 der Grundsteuer-Richtlinien vom 10. 4. 54, Beilage zum BAnz Nr. 73 vom 14. 4. 54).

§ 62

Gleichstellung mit Eigenheim

Im Wohnungseigentum stehende Wohnungen, die die Voraussetzungen einer Kleinwohnung im Sinne der Vorschriften über die Gemeinnützigkeit im Wohnungswesen erfüllen, stehen in steuer- und gebührenrechtlicher Hinsicht einer Wohnung im eigenen Einfamilienhaus (Eigenheim) gleich.

§ 62 dehnt die für Eigenheime (d. h. Wohnungen im eigenen Einfamilienhaus) in steuer- und gebührenrechtlicher Hinsicht bestehenden Vergünstigungen auf Wohnungen aus, die im Wohnungseigentum stehen. Dies gilt jedoch nur dann, wenn diese Wohnungen die Voraussetzungen einer „Kleinwohnung" i. S. des § 10 der VO zur Durchführung des Gesetzes über die Gemeinnützigkeit im Wohnungswesen vom 23. 7. 40 (RGBl. I 1012) erfüllen, also eine bestimmte Wohnfläche nicht übersteigen. Vgl. auch § 28a d. 1. WohnBauGes. i. d. F. d. § 23 d. Ges. v. 23. 10. 51 (BGBl. I 865). Wegen der Einzelheiten und der steuerrechtlichen Fragen im allgemeinen s. insbesondere W-W S. 196ff., Raue bei Diester, S. 514ff. und das bei beiden angeführte Schrifttum sowie Ringleb DNotZ. 56, 81ff., Mölders JR 52, 231, BFH DNotZ 55, 663.

§ 63

Überleitung bestehender Rechtsverhältnisse

(1) Werden Rechtsverhältnisse, mit denen ein Rechtserfolg bezweckt wird, der den durch dieses Gesetz geschaffenen Rechtsformen entspricht, in solche Rechtsformen umgewandelt, so ist als Geschäftswert für die Berechnung der hierdurch veranlaßten Gebühren der Gerichte und Notare im Falle des Wohnungseigentums ein Fünfundzwanzigstel des Einheitswertes des Grundstückes, im Falle des Dauerwohnrechtes ein Fünfundzwanzigstel des Wertes des Rechtes anzunehmen.

(2) Erfolgt die Umwandlung gemäß Absatz 1 binnen zweier Jahre seit dem Inkrafttreten dieses Gesetzes, so ermäßigen sich die Gebühren auf die Hälfte. Die Frist gilt als gewahrt, wenn der Antrag auf Eintragung in das Grundbuch rechtzeitig gestellt ist.

(3) Durch Landesgesetz können Vorschriften zur Überleitung bestehender, auf Landesrecht beruhender Rechtsverhältnisse in die durch dieses Gesetz geschaffenen Rechtsformen getroffen werden.

I. Allgemeines

§ 63 sieht davon ab, unmittelbare Vorschriften zur Überleitung bestehender Rechtsverhältnisse in die durch das WEG geschaffenen Rechtsformen zu treffen, gibt aber in Abs. 1 und 2 durch gebührenrechtliche Erleichterungen einen Anreiz für eine solche Überleitung und in Abs. 3 eine entsprechende Ermächtigung für das Landesrecht (Begr.).

II. Gebührenrechtliche Erleichterungen

1. Rechtsverhältnisse, deren Umwandlung in Rechtsformen des WEG gebührenrechtlich begünstigt wird, sind solche, mit denen ein Rechtserfolg bezweckt wird, der den durch das WEG geschaffenen Rechtsformen entspricht. Hierher gehören vor allem dingliche Rechtsverhältnisse wie das echte Stockwerkseigentum (s. Einleitung zu III 2 a), soweit es noch besteht, das uneigentliche Stockwerkseigentum (s. Einleitung zu III 2 b), das Miteigentum nach Wohneinheiten in Württemberg-Baden, soweit es sich noch nach dem aufgehobenen Gesetz vom 12. 6. 50 richtet (s. Einleitung a.a.O.), das Wohnungsrecht nach § 1093 BGB und die besonderen Rechtsgestaltungen, die in Süddeutschland auf der Grundlage des § 1093 BGB geschaffen wurden (Vorbem. I 1 vor § 31 WEG), aber unter Umständen auch rein schuldrechtliche Rechtsverhältnisse wie Miet- oder Pachtverträge (OLG Hamburg MDR 55, 42 Nr. 29; W-W 1; a. M. Hu 1).

2. Die **Begünstigungen** beziehen sich auf die Gebühren der Gerichte und Notare, die durch die Umwandlung der alten in die neuen Rechtsformen (Raumeigentum, Raumerbbaurecht, Dauerrecht) entstehen, und sind von zweierlei Art:

a) Als Geschäftswert ist nur $^{1}/_{25}$ des Wertes anzunehmen, und zwar bei der Umwandlung in Raumeigentum (Raumerbbaurecht) vom Einheitswert des Grundstücks (Erbbaurechts), bei der Umwandlung in ein Dauerrecht vom Werte des Dauerrechts (Abs. 1).

b) Außerdem ermäßigte sich der Gebührensatz auf die Hälfte, wenn mindestens der Antrag auf Eintragung der Rechtsänderung im Grundbuch bis zum 19. 3. 53 einschließlich (s. zu § 64) gestellt worden war (Abs. 2).

III. Landesrecht

§ 63 WEG sieht zwar davon ab, die Überleitung der alten Rechtsverhältnisse in die neuen Formen selbst zu regeln, Abs. 3 ermächtigt aber den Landesgesetzgeber, Vorschriften zur Überleitung auf Landesrecht beruhender Rechtsverhältnisse zu treffen, die im Zeitpunkte des Erlasses dieser landesgesetzlichen Überleitungsregelung bestehen (W-W 2).

§ 64

Inkrafttreten

Dieses Gesetz tritt am Tage nach seiner Verkündung in Kraft.

Das WEG ist im BGBl. (I 175) vom 19. 3. 51 verkündet worden, also im Bundesgebiet am 20. 3. 51 in Kraft getreten.

FSC
www.fsc.org
MIX
Papier | Fördert gute Waldnutzung
FSC® C083411

Kolibri 360 GmbH
Ferdinand-Jühlke-Straße 7
99095 Erfurt, Deutschland
produktsicherheit@kolibri360.de